Auguste Walras

De la nature de la richesse et de l'origine de la valeur

ISBN : 978-1502704641

10   9   8   7   6   5   4   3   2   1

Auguste Walras

De la nature de la richesse et de l'origine de la valeur

Table de Matières

AVANT-PROPOS

C'est en me livrant à des recherches philosophiques sur la nature et l'origine de la propriété, que j'ai été conduit sur le terrain de l'économie politique. Les principes de cette dernière science ne m'étaient que très imparfaitement connus, lorsque j'essayai, pour la première fois, de résoudre une des questions les plus importantes du droit naturel, et d'arriver à une bonne théorie du domaine personnel de l'homme sur les choses. Mais malgré mon ignorance primitive, au sujet des matières économiques, je me croyais en droit de penser qu'il y avait des rapports intimes entre la théorie de la propriété et la théorie de la richesse, et j'étais loin de me dissimuler que, quels que fussent les résultats moraux auxquels pourraient me conduire mes réflexions sur la nature du domaine et sur les formes de la possession, il me serait impossible de légitimer mes principes aux yeux des autres et à mes propres yeux, tant que je n'aurais pas trouvé la contre-épreuve de mes opinions dans les doctrines de l'Économie politique, et dans les vérités qu'il n'appartient qu'à elle de nous enseigner. Ce dernier point me paraissait, au reste, assez facile à obtenir ; car je m'étais imaginé, je ne sais sur quel fondement, que la science de la richesse était une science fort avancée, presque parfaite, et qu'il ne fallait à un homme d'un esprit ordinaire et d'un sens droit, qu'un peu de soin et de travail, pour s'édifier assez promptement sur le mécanisme industriel de la société. La réputation des économistes était si bien établie dans mon esprit, et ce que je savais, par ouï-dire, de leurs ouvrages, m'avait tellement prévenu en leur faveur, que je me flattais de trouver sans peine, dans leurs écrits, tout ce qu'il me serait nécessaire d'emprunter à l'économie politique, pour étayer mes idées sur la propriété, et pour vérifier les résultats que j'aurais obtenus de mes recherches. Aussi dès que je fus parvenu à une espèce de système sur la nature et l'origine de la propriété, et que je crus avoir rencontré des principes assez nouveaux pour être regardés comme des paradoxes, et assez hardis, à mes propres yeux, pour ne pouvoir être avancés qu'avec beaucoup de précaution, je me hâtai de chercher chez les économistes quelques maximes, ou, pour mieux dire, quelques axiomes qui pussent me fortifier dans ma doctrine, ou m'y faire renoncer entièrement : persuadé, comme je l'étais, que ma méthode était aussi facile que régulière, et qu'il me suffirait d'ouvrir quelques livres d'économie politique, un peu avantageusement connus, pour y voir toutes mes idées sur la propriété se convertir en principes incontestables, ou en bizarres -rêveries qui ne mériteraient plus de trouver le moindre accès d'ans mon esprit.

Qu'on juge, si on le peut en ce moment, du désappointement que j'éprouvai, lorsque, ayant entrepris de consulter les principaux ouvrages qui traitent de l'économie politique, je trouvai, chez les divers auteurs auxquels nous les devons, autant ou plus d'obscurité, sur la nature de la richesse et sur son origine, que j'en avais déjà trouvé, chez les publicistes, sur la nature et l'origine de la propriété.; lorsque je découvris, au fond de leurs doctrines, des erreurs tout aussi déplorables que celles qui ont fait du droit naturel un véritable champ de bataille, où toutes les opinions viennent se combattre et s'entrechoquer ; lorsque je crus apercevoir, entre les différentes écoles d'économistes, des divergences si remarquables, et, dans les ouvrages même d'un seul auteur, des contradictions si palpables, qu'elles me firent soupçonner, avec juste raison, qu'elles tenaient à une ignorance générale sur les premiers principes de la science et sur la nature même de l'objet qui sert de base aux théories économiques ! Ceux qui sont un peu versés dans l'étude de l'économie politique, et qui n'ignorent pas les querelles qui divisent les écrivains des différentes écoles, ne trouveront peut-être pas mon langage exagéré, et ne voudront pas croire, je l'espère, qu'il y ait dans mes expressions le Moindre sentiment d'aigreur ou de dépit. Ils n'auront pas besoin que je déroule à leurs yeux le tableau des erreurs, des omissions et des contradictions qui fourmillent dans les écrits des divers économistes. Il suffit d'avoir parcouru les ouvrages, d'ailleurs si remarquables, de MM. Say, de Tracy, Ganilh, Massias et de Sismondi,[1] sans parler des économistes étrangers pour se convaincre qu'il n'y a que peu de points, dans la science de la richesse, sur lesquels tous ces auteurs se trouvent d'accord, et pour en conclure que l'économie politique, loin d'être arrivée à son dernier progrès, en est encore à ses premiers essais, et que si l'on peut trouver, dans les divers ouvrages qui lui ont été. consacrés, un grand nombre d'opinions saines et beaucoup de détails ingénieux et exacts, il serait au moins très difficile à qui que ce soit d'en extraire quelque chose qui ressemblât à un corps de doctrine bien solide et bien déterminé, ou, en un mot, à une véritable science.

La chose étant, ou me paraissant être telle que je viens de le dire, il me fut par conséquent impossible à moi-même de trouver dans l'économie politique, telle qu'elle est enseignée de nos jours, une confirmation ou une réfutation quelconque de mes idées sur la propriété. Force me fut de m'arrêter dans mes recherches morales, et de suspendre toute espèce de jugement, sur la nature du domaine et sur son origine, sur son application et sur les formes dont elle est susceptible, jusqu'à ce que mes propres réflexions m'eussent appris comment les idées que j'avais conçues, à ce sujet, pouvaient s'accorder avec une bonne théorie de la richesse, et comment les principes du droit naturel, tels que je me les figurais, pouvaient s'autoriser et se défendre par des considérations empruntées à un autre ordre d'idées qu'à celui de la justice. Je laissai donc de côté pour un moment, le système que je m'étais fait sur la propriété, et je m'enfonçai plus sérieusement dans l'étude de l'économie politique, avec la ferme résolution de ne renoncer à ce nouveau travail, qu'après avoir découvert et réparé, autant qu'il serait en mon pouvoir, le vide des systèmes d'économie politique connus et publiés jusqu'à ce jour. Le découragement que j'avais éprouvé, à la première lecture des ouvrages qui traitent de cette science, fit bientôt place à une nouvelle ardeur, et, à moins que je ne me trompe grossièrement, il me semble que je fus assez tôt et assez bien récompensé de mon zèle, par les premiers résultats que j'en obtins.

Et d'abord, ce fut avec la plus vive satisfaction que je reconnus la vérité et la rectitude du sentiment qui m'avait conduit à penser que le droit naturel et l'économie politique avaient un point de contact très réel et très remarquable. La divergence et l'imperfection des principales doctrines économiques n'avaient nullement affaibli dans mon esprit la confiance que j'avais mise dans cette opinion que la théorie de la propriété était étroitement liée à celle de la richesse. Mes études subséquentes me fortifièrent, de plus en plus, dans cette idée, qui, d'une espèce de préjugé qu'elle avait été pour moi, dans le principe, devint, pour ainsi dire et en très peu de temps, un article de foi fondé sur une mûre réflexion. Et, en effet, après avoir examiné quelque temps la nature de la richesse, l'idée de la valeur qui la caractérise, et la source de cette valeur, je restai convaincu, et je le suis encore, que le rapport que j'avais entrevu, dès l'origine de mes investigations entre la théorie de la richesse et celle de la propriété, était fondé sur l'identité même de leur objet. Telle fut la découverte, assez précieuse, ce me semble, qui confirma mes premiers pressentiments, et qui ne me permit plus de séparer l'étude de la propriété de celle de la richesse, mais qui m'obligea, au contraire, à mener de front la question du domaine personnel et les principes de l'économie politique.

Le rapport qui existe entre ces deux espèces de recherches, consiste, comme je le crois, et comme je le dis, dans l'identité même de leur objet, ou dans la similitude absolue des choses sur lesquelles portent l'une et l'autre théorie. Non que je prétende, ce qu'à Dieu ne plaise, que le droit naturel et l'économie politique soient une seule et même science. Je sais que chacune d'elles se fonde sur des considérations diverses, et qu'elles se forment et se développent dans deux sphères excentriques, dans deux ordres d'idées bien distincts et bien délimités, dont l'un a pour objet l'utile, et l'autre le juste. Jamais je ne confondrai l'intérêt avec le devoir, ou le sensible avec le rationnel. Mais ce que je veux dire ici, et ce que j'ai tâché de démontrer, dans le courant de cet ouvrage, c'est que la richesse et la propriété ont leur origine commune dans un même fait qui n'est pas autre, à mon avis, que la limitation de certains biens ou la rareté de certains objets utiles ; c'est que les choses qui ont de la valeur et qui constituent la richesse proprement dite, ou la richesse sociale, comme on l'appelle quelquefois, sont exactement les mêmes choses qui tombent dans la sphère du domaine personnel, et qui deviennent l'objet de la propriété. Or, ce principe étant une

Auguste Walras

fois admis et reconnu, on ne peut plus s'empêcher de déduire, par une conséquence irrésistible, que l'étude de la propriété et celle de la richesse doivent s'éclairer mutuellement, et qu'elles ne peuvent rester isolées l'une de l'autre, sans se condamner à une profonde et éternelle obscurité.

Mais il ne suffit pas de dire que le droit naturel et l'économie politique doivent se prêter un mutuel appui. Il faut encore savoir quelle est, de ces deux sciences, celle qui doit servir de fondement à l'autre, celle qui est antérieure à l'autre, logiquement parlant. Après avoir signalé l'alliance qui existe entre la théorie de la richesse et celle de la propriété, il reste à déterminer dans quel ordre il convient de présenter les principes de ces deux sciences. Les raisons qui doivent nous guider dans ce choix ne peuvent se puiser ailleurs que dans la parfaite connaissance du rapport qui unit les deux théories. Or, je l'ai dit et je le répète, ce qui rapproche la théorie de la richesse de celle de la propriété, c'est précisément la similitude absolue, l'identité essentielle des choses qui leur servent d'objet. Parmi les biens dont l'homme jouit ici-bas, il y en a qui se distinguent des autres par un caractère spécial et particulier qui est celui de la limitation ou de la rareté. Cette limitation dont certains bien se trouvent affectés, produit chez eux un double phénomène : c'est elle qui leur donne de la valeur, et c'est elle aussi qui les rend appropriables. C'est donc à la limitation de certains biens qu'il faut rapporter et l'origine de la richesse et celle de la propriété. Maintenant il reste à savoir quel est, de ces deux caractères, celui qu'on doit décrire le premier. Or il me paraît évident que si nous voulons procéder logiquement, et nous ménager une lumière plus abondante, il faut commencer par décrire le phénomène de la valeur ; car c'est lui qui peut être considéré comme la cause de l'appropriation. Et, en effet, la propriété se fonde, ce me semble, sur l'idée de la richesse. Je m'explique. La valeur seule rend la possession avantageuse, et une possession avantageuse est la seule qui puisse ou qui veuille se légitimer. Qui voudrait être propriétaire, n'était la valeur dont jouit sa propriété, et l'avantage que lui procure cette valeur ? A quoi pourraient servir des lois sur la propriété, si ce n'est à garantir aux propriétaires l'avantage qui résulte pour eux de la valeur des choses qu'ils possèdent ? C'est donc à la valeur à rendre compte de la propriété, à l'expliquer et à la motiver. C'est à l'économie politique qu'il appartient d'éclairer le droit naturel, plutôt qu'il n'appartient au droit naturel d'éclairer l'économie politique. Le phénomène de la valeur est la conséquence la plus immédiate et la plus importante qui ressorte du fait de la limitation. Sans doute l'appropriabilité en ressort tout aussi promptement et d'une manière tout aussi nécessaire ; mais, encore une fois, ce n'est pas dans l'appropriabilité des choses, c'est dans leur valeur que gît, pour chacun de nous, le véritable avantage qui se rencontre dans la possession des biens limités. Telle est la première considération qui me porte à accorder à l'économie politique une priorité logique sur l'étude du droit naturel, ou, pour mieux dire, sur celle de la propriété, qui ne forme qu'une partie du droit naturel.

Une autre observation me confirme dans cette idée : c'est la comparaison du juste et de l'utile. Évidemment l'idée de l'utilité a quelque chose de plus étendu que celle de la justice ; car tout ce qui est utile n'est pas juste, et il n'y a qu'un certain nombre de faits qui soient justes et utiles en même temps. La justice est une exception à l'utilité et., en toutes choses, l'étude de la règle doit précéder celle de l'exception. Ainsi les notions du droit naturel sont subordonnées aux principes de l'économie politique, sinon dans leur essence et dans leur origine, au moins dans leur application et dans leur développement.[2]

On voit, par ce qui précède, combien je m'étais d'abord abusé, et combien on s'abuserait, à mon exemple, en entreprenant de résoudre la question de la propriété, sans avoir la moindre connaissance sur la valeur, sur sa nature et sur son origine, et comment on se condamnerait à une obscurité perpétuelle, tant qu'on voudrait raisonner sur le droit naturel, sans avoir acquis au préalable des idées nettes et précises sur les matières qui font l'objet de l'économie politique. Plus on méditera sur la nature de l'homme et sur sa position ici-bas, plus on aura lieu de se convaincre que la théorie de la justice est la dernière conquête de l'intelligence, la plus belle et la plus haute manifestation de la pensée humaine, et que toute législation, pour être bonne et salutaire, présuppose une multitude de connaissances physiques et mathématiques qui peuvent bien paraître d'abord complètement étrangères aux idées du droit et du devoir, mais qui n'en sont pas moins indispensables pour nous conduire sûrement à une bonne théorie de la justice. Qu'on se résigne donc à une nécessité contre laquelle il serait inutile et dangereux de se raidir : qu'on ne se lasse point de comparer l'idée d'utilité avec celle de la justice, et de perfectionner les unes par les autres, les notions que l'on peut acquérir sur les divers objets qui intéressent l'humanité.

Si les considérations que je viens d'exposer ne paraissaient pas suffisantes pour établir la rectitude de ce procédé, il serait, je crois, très facile d'en achever la démonstration, en jetant un coup d'œil sur l'histoire du droit naturel. Je ne crains pas d'être contredit par beaucoup d'hommes réfléchis, en affirmant que si l'on trouve encore tant de lacunes et tant d'imperfections dans les théories du droit naturel, en général, et dans celles de la propriété, en particulier, c'est parce que les publicistes sont restés trop longtemps étrangers aux principes de l'économie politique, et que leur ignorance sur la nature de la richesse et sur son origine, a été un obstacle continuel à ce qu'ils pussent établir une bonne théorie du domaine personne.[3]

Mais s'il est vrai que les principes du droit naturel doivent s'appuyer sur ceux de l'économie politique, il ne faudrait pas conclure de là (et ce que j'ai déjà dit écarte suffisamment une pareille idée) que les économistes actuels puissent fournir beaucoup de lumière aux publicistes. La répugnance ou l'indifférence que ces derniers ont pu éprouver pour les doctrines économiques, trouverait au besoin sa justification dans l'incohérence de ces doctrines, et dans les nombreuses contradictions échappées à ceux qui les ont établies. En sorte qu'on ne peut admettre que la théorie de la propriété doit se fonder sur la théorie de la richesse, sans ajouter que celle-ci est à refaire, et qu'elle exige une complète réédification.

Il y a donc une belle tâche à remplir pour celui qui saura vouer le même culte au droit naturel et à l'économie politique. C'est d'établir la théorie de la richesse, et d'en déduire ensuite la théorie de la propriété. Tel est aussi le but que je me suis proposé d'atteindre,[4] et que je signale en même temps à l'ambition de ceux qui s'intéressent au succès des sciences morales et politiques. La vue de l'isolement et de la discordance qui ont existé longtemps, et qui existent encore aujourd'hui, entre les publicistes et les économistes, loin de me détourner de mes premières recherches, m'a fait sentir le besoin de les étendre et de les multiplier. La vue plus affligeante encore du peu d'accord qui existe, parmi les économistes, loin de me faire renoncer à mes idées sur la propriété, m'a inspiré, au contraire, le désir de les vérifier, à quelque prix que ce fût. Si les longueurs que j'ai éprouvées, et auxquelles je me suis soumis volontairement, m'ont retardé dans la recherche de la vérité, relativement au système de la propriété, elles ne m'ont pas fait abandonner la question à la solution de laquelle j'avais d'abord consacré tous mes efforts ; mais, par une juste compensation de ma prudence et de ma retenue, elles m'ont offert l'occasion de fortifier et de compléter ma théorie du domaine personnel, par une théorie non moins exacte de la richesse. Ainsi mon point de vue primitif a été agrandi plutôt que changé. Je suis sorti, pour un moment, du droit naturel, afin d'y revenir ensuite plus à-propos, avec plus de force et d'autorité, riche des faits que j'aurais empruntés à l'économie politique, et des lumières dont je lui serais redevable. Sans répudier, en aucune manière, les idées du droit et du devoir, et les principes de la morale et du droit naturel qui s'appliquent à la possession des choses, sans renoncer au système que je m'étais fait à ce sujet, je me suis attaché à trouver d'abord une bonne théorie de la richesse, convaincu, comme je l'étais alors, et comme je le suis encore aujourd'hui, que cette dernière étude doit précéder l'autre et lui servir de fondement. La tâche que je me suis imposée à ce sujet, a été longue et difficile. Il suffira, pour en juger, de vouloir bien penser, d'après ce que j'ai dit, que les ouvrages des économistes, j'entends ceux des plus distingués, ne m'ont, fourni

Auguste Walras

que des documents erronés, des matériaux incomplets, et que j'ai été obligé de refaire complètement, ou à, peu près, la théorie de la valeur, ou la science de la richesse, pour y trouver un fondement solide à la théorie de la propriété. Le travail même dont je parle n'est pas précisément terminé, et quoiqu'il soit assez avancé pour m'inspirer quelque confiance dans les résultats que j'en ai obtenus, et dans ceux que je pourrai en obtenir par la suite, je ne puis pas affirmer qu'il contienne déjà toute la matière d'un traité d'économie politique.

J'entreprends aujourd'hui de mettre le publie dans la confidence des premiers pas que j'ai tenté de faire pour sortir des routes battues par les économistes qui m'ont précédé. Le premier point à établir, c'était l'objet même de l'économie politique ; les premiers faits à étudier, c'étaient la nature et l'origine de la richesse. Ces deux questions dominent toutes les autres, et tant qu'elles ne seront pas résolues d'une manière satisfaisante, il n'y aura, ni pour l'économie politique, ni pour le droit naturel, aucune chance de progrès. L'essai que je publie en ce moment doit donc être considéré comme le fondement d'un édifice qui contiendra, dans son enceinte, une théorie complète de la richesse, de la valeur qui la caractérise et des idées qui s'y rapportent, et, ce qui n'est ni moins précieux ni moins urgent, une théorie également complète, et parallèle à la première, de la propriété ou du domaine personnel.[5] A ce titre, on ne voudra pas, je crois, en nier l'importance ; et si le sujet paraissait trop grave, et le fardeau trop pesant pour moi, je répondrais à mes lecteurs que les questions que je viens de leur signaler, et dont j'ai entrepris la solution, sont devenues l'affaire capitale de ma vie morale et intellectuelle, le but le plus ardemment poursuivi de mon ambition philosophique, et que mon âge, si par hasard on y fait attention, peut, à tout prendre, être considéré comme une garantie de ma franchise et de ma bonne foi. Quant à la détermination que je prends aujourd'hui, en séparant cette partie de mon travail de tout ce qui la suit et la complète, dans mon esprit, elle offrira, je l'espère, une preuve assez convaincante de ma circonspection et de ma déférence pour le publie ; car si je présente isolément les idées qui forment et constituent mon point de départ, dans la carrière que je me suis tracée, on comprendra facilement que je cède au besoin de voir ces idées fortifiées par l'approbation des savants. Quelque confiance que je puisse avoir placée dans les principes que j'ai analysés avec beaucoup de soin et de patience, je n'ignore pas que tous les hommes ont plus d'esprit qu'un seul, et que si la vérité se révèle et se manifeste nécessairement et primitivement dans une intelligence individuelle, ce n'est que par l'assentiment universel qu'elle peut prétendre à acquérir le caractère de la certitude. Je ne serai sûr de moi-même, je n'ajouterai foi pleine et entière à ma doctrine qu'autant qu'elle n'aura éprouvé aucune contradiction raisonnable de la part de ceux qui sont mes juges naturels dans ces matières ; et en attendant le résultat de ma démarche, à ce sujet, je bornerai à ce volume la publication de mes, travaux sur l'économie politique et le droit naturel ; car il ne pourrait y avoir, de ma part, qu'une témérité aussi périlleuse que déplacée à multiplier des volumes dont toute la force consisterait dans des principes incertains. C'est parce que j'ai le désir de bâtir sur un fondement inébranlable, que je soumets mes premières tentatives à l'épreuve d'une discussion publique, et d'une critique éclairée et consciencieuse. Jusqu'à ce qu'il me soit permis de juger du succès de cet ouvrage, et de pressentir, d'après ce succès même, le sort qui est destiné aux doctrines que j'en ai déduites, je regarderai comme une obligation pour moi de suspendre, sinon des recherches auxquelles je me livre avec beaucoup d'ardeur, au moins une publication qui satisferait en vain mon amour-propre, si elle n'était d'aucune utilité pour le public. Et ne serait-elle pas évidemment dans ce dernier cas, si elle ne faisait qu'ajouter quelques rêveries de plus à toutes celles dont le monde philosophique est impitoyablement inondé?[6]

Telles sont les réflexions préliminaires que j'ai cru devoir présenter à ceux qui voudront bien me lire, pour leur faire comprendre le caractère et la tendance de cet ouvrage, et pour leur expliquer d'avance, autant que je le puis, l'intervention fréquente des idées relatives à la propriété dans une théorie de la richesse. Peut-être les économistes de profession ne seront-ils pas complètement rassurés, en apprenant cette espèce de confusion. Mais j'ai déjà annoncé qu'il y avait pour moi le plus étroit rapport entre la théorie de la richesse et celle de la propriété. Tant qu'on ne m'aura pas prouvé que je me fais illusion à ce sujet, on ne pourra pas me reprocher avec justice la marche que j'ai adoptée. Ceux qui seraient tentés, en ce moment, de me faire quelques objections sur la nature de la voie par laquelle j'ai été conduit à l'étude de la richesse, ne voudront peut-être pas les renouveler, lorsqu'ils auront pris connaissance de cet ouvrage. Je les conjure en conséquence de suspendre leur jugement, jusqu'a ce qu'ils en aient lu le quatrième chapitre. C'est là que j'ai essayé de prouver que la propriété et la richesse portent précisément sur les mêmes objets ; et quoique j'aie fait tous mes efforts pour distinguer le juste de l'utile, et pour ne pas confondre la morale avec les mathématiques, je crois en avoir dit assez, dans tout le cours de ce volume, pour démontrer que l'étude du droit naturel et de l'économie politique peuvent et doivent marcher ensemble, pour le plus grand avantage de l'une et de l'autre science, et que la théorie de la valeur est une introduction nécessaire à celle de la propriété. Ce qu'il y a de certain, c'est que je n'aurais pas interrompu, pendant plusieurs années, mes études morales, et mes recherches philosophiques sur le domaine personnel, et que je n'aurais pas lu et médité tous les ouvrages d'économie politique que j'ai cru pouvoir consulter avec fruit, si je n'avais acquis la conviction que ma manière de procéder, à ce sujet, était la seule bonne et avantageuse. Puisse le public en juger de même.

Chapitre I

Objet de l'économie politique - Définition de la richesse

Le nom *d'Économie politique* est celui dont on se sert, le plus communément, pour désigner une série de connaissances très utiles et très importantes, qui se rapportent, en général, à la nature de la richesse, à sa production, à sa consommation et à sa diffusion dans la société. A ces recherches fondamentales sur le bien-être physique des nations et des individus, se joignent, la plupart du temps, des considérations plus ou moins empreintes de politique proprement dite, telles que des théories sur les banques, sur les monnaies, sur les impôts, sur les emprunts publics, sur les prohibitions, les douanes, etc. Il fut même un temps où les économistes ne craignaient point d'empiéter sur le terrain de la morale et du droit publie, où ils dissertaient avec autant d'ardeur que de confiance sur les formes du gouvernement, sur l'origine et l'organisation des pouvoirs, sur *l'ordre naturel* de la société. Mais, quels que fussent l'à-propos et la justesse de leurs théories, à ce sujet, et quoi qu'on puisse dire ou penser des considérations diverses que des économistes plus modernes font entrer dans le cadre de l'économie politique, il n'en est pas moins évident que toutes les opinions que l'on peut avoir, relativement aux objets dont elle s'occupe, s'appuient nécessairement sur l'étude *d'un* fait particulier, qui est celui de la *richesse,* et qu'en allant au fond de toutes les questions agitées par les économistes de toutes les sectes, on y trouve la matière et l'objet d'une science spéciale, qu'on pourrait fort bien appeler la *science de* la *richesse,* puisque cette dernière idée y joue un rôle capital. Et, en effet, de quoi s'occupent principalement les écrivains économistes, depuis Quesnay jusqu'à Turgot, et depuis Adam Smith jusqu'à M. Say, si ce n'est de nous montrer la nature et l'origine de la richesse, et de nous décrire les phénomènes qui président à sa formation, qui en facilitent la distribution, et qui en opèrent la consommation ?[7] Si d'autres idées et d'autres faits grossissent leurs ouvrages, et paraissent même les encombrer, il faut s'en prendre d'abord à la faiblesse de notre esprit, qui ne peut pas trouver la vérité et l'unité, dès son premier effort ; il faut ensuite en accuser les événements politiques et les fréquentes vicissitudes de l'état social, qui soulèvent, à chaque époque, des problèmes accidentels, par l'attrait desquels le génie se trouve séduit, et qu'il. se voit appelé à résoudre, sans avoir toujours la force ou le loisir de remonter aux principes qui les dominent, et qui en contiennent la véritable solution.

Préoccupés par les besoins philosophiques du moment où ils ont écrit, et par les querelles qu'ont fait naître la plupart des systèmes financiers adoptés par les divers gouvernements, les auteurs qui ont consacré leur plume à l'économie politique, n'ont que trop souvent négligé l'étude de la richesse considérée en elle-même et pour elle-même ; et quoiqu'on ne puisse ni mépriser, ni se dissimuler les efforts qui ont été faits, par la plupart d'entre eux, pour définir la richesse, et pour en indiquer la nature, il est évident, non-seulement qu'ils n'y ont pas toujours réussi, mais encore, et surtout, qu'ils n'ont jamais assez senti le besoin de fonder la science de la richesse, et de la traiter isolément, ou d'en exposer les principes, abstraction faite des conséquences morales qui s'en déduisent, et des applications dont ils sont susceptibles. La marche de l'esprit humain a été, sous ce rapport, parfaitement semblable à elle-même ; et il ne manque pas d'exemples, outre celui-là, qui peuvent nous apprendre combien il est difficile de s'élever jusqu'aux idées abstraites, et d'isoler l'étude de la vérité des phénomènes auxquels elle se mêle, en se réalisant. La pratique de l'arpentage a précédé l'étude de la géométrie, et l'exercice de la médecine est antérieur aux connaissances anatomiques, physiologiques et pathologiques. Mais si la science de l'étendue est sortie de l'art de mesurer les distances, et si la connaissance du corps humain, de ses fonctions diverses, et des accidents, sans nombre qui peuvent en troubler l'harmonie, est parvenue à se dégager des pratiques de l'hygiène et de la thérapeutique, on ne voit pas pourquoi la théorie de la richesse ne pourrait pas s'isoler, à son tour, de la morale et de la politique, et se distinguer des systèmes financiers et de l'étude des lois fiscales qui en ont respecté ou violé les principes. Le teins est venu, j'ose le dire, de fonder la science de la richesse, et d'en exposer les maximes d'une manière abstraite et philosophique, sauf à les appliquer ensuite au gouvernement des états et à l'administration des familles.[8] Nous serions d'autant moins excusables de nous dérober à de pareilles recherches, qui sont d'ailleurs si intéressantes par elles-mêmes, que les idées économiques ne sont pas aussi nouvelles qu'on pourrait le croire, et que la théorie de la richesse a été devancée par d'autres études dont l'apparition sur la scène intellectuelle est bien postérieure à la sienne.

Si les anciens ne nous ont pas laissé grand-chose sur l'économie politique, ce n'est pas qu'ils ne s'en fussent occupés. Cette science fut aperçue et signalée par Aristote, qui lui donna le nom de *Chrématistique*,[9] et peut-être faut-il se plaindre que ce nom-là ne lui soit pas resté ; car il désigne assez bien l'objet auquel s'appliquent ou auquel doivent s'appliquer les études économiques, et il provoque, par cela même, des recherches spéciales sur cet objet.

Le nom que la science porte aujourd'hui, et qu'elle semble vouloir conserver, ne me paraît pas aussi propre à la caractériser. La réunion des deux idées qui s'y rencontrent, et qui s'y heurtent, plutôt qu'elles ne s'y combinent, indique suffisamment l'embarras où se sont trouvés les premiers écrivains, parmi les modernes, qui ont porté leur attention sur le sujet qui va nous occuper. Elle rend compte, jusqu'à un certain point, des difficultés qu'ont éprouvées leurs nombreux successeurs. Dans les titres même de leurs ouvrages, on s'aperçoit de la tendance manifeste qu'ils ont, presque tous, à s'occuper exclusivement de la richesse publique, et à négliger la richesse privée. Il y en a même qui vont plus loin, et qui établissent des règles particulières et des maximes opposées pour l'administration de ces deux espèces de richesse. A les entendre, ce qui enrichit un simple citoyen, ruinerait l'état, et tel gouvernement arrive à l'opulence par des moyens qui plongeraient dans la détresse le père de famille qui oserait les employer.[10] Mais cette opinion erronée et la direction dont elle est le fruit tiennent l'une et l'autre à une fausse idée de la richesse et de la science qui en fait le principal objet de ses recherches. Or cette fausse idée se révèle, je le répète, dans le titre même de cette étude, et dans le malencontreux rapprochement des deux termes qui en composent le nom.

La *politique* proprement dite, est une science particulière, une partie de la morale, et du droit naturel, qui n'a aucun rapport essentiel avec la richesse considérée dans sa nature et dans son origine. *L'économie,* dans le sens qu'on attache vulgairement à ce mot,[11] n'est qu'une qualité morale, ou, si l'on veut, une vertu, dont l'exercice tend à conserver et à augmenter une fortune médiocre. Que cette fortune soit d'ailleurs une propriété publique ou une propriété privée, peu importe la différence : l'économie ne change pas de but, suivant la nature du propriétaire. Dans le sens le plus général et le plus large, ce mot peut désigner l'art d'acquérir une fortune, ou celui d'administrer une fortune acquise. Mais de quelque manière qu'on l'entende, quelque acception qu'on veuille lui donner, l'économie n'en reste pas moins indépendante de la richesse et de sa théorie. Seulement, comme un art quelconque repose toujours sur une science qui lui sert de base et de fondement, on peut dire que l'économie, pour être sage et clairvoyante, présuppose la connaissance des vérités spéculatives relatives à l'origine et à la fin de la richesse, à sa nature et à sa production. L'étude de la richesse considérée en elle-même et pour elle-même, est donc ici le seul objet qui constitue une véritable science. L'économie, dans le sens le plus étendu, ne peut être qu'un art qui s'en déduit, qui repose sur elle, qui lui emprunte des règles et des préceptes, qui lui doit ses lumières et ses succès. Cependant, pour me conformer à l'usage, et pour faciliter la discussion, je conserverai le nom *d'économie politique* à la *science de la richesse,* et je m'en servirai toujours dans ce dernier sens ; car il est bien entendu que c'est de la science que je m'occupe, et c'est à elle que je consacre cet essai.

Le premier effort de toute étude scientifique consiste à définir l'objet auquel elle s'applique. Il semble, d'après ce principe, que s'il y a quelque chose à faire aujourd'hui pour l'économie politique, ce ne devrait pas être, au moins, de lui indiquer son objet. La réputation des économistes est assez grande, pour qu'on soit naturellement porté à croire que, pour connaître la nature de la richesse, il suffit de consulter quelqu'un des nombreux ouvrages qui ont été publiés, depuis si longtemps, sur l'économie politique. Mais tel est le fâcheux état de cette science, qu'on en est encore à se demander ce que c'est que la richesse, en quoi elle consiste, et à quel signe on peut la reconnaître. Parmi tous les auteurs qui ont écrit sur la richesse, il n'y en a peut-être pas deux qui s'accordent à la définir de la même manière, et les meilleures définitions qu'on nous en ait données sont encore si défectueuses, qu'elles ont parfaitement motivé les réflexions suivantes que j'emprunte à un article d'économie politique publié dans le *Globe, il y a* plusieurs années.

« Depuis qu'il existe des sociétés, on a toujours remarqué, dans le monde, un fait qui a toujours frappé, parce qu'il est universel, et qu'un grand nombre de faits secondaires de l'ordre social se groupent autour de lui, pour lequel toutes les langues ont eu un mot, et que la langue française appelle la *richesse.* Chacun, en entendant prononcer ce mot qui éveille tant de désirs et d'espérances, met en jeu tant et de si vives passions, croit avoir une idée claire de l'objet dont il est le signe. Et, en effet, dans le mouvement général de l'humanité vers la richesse, chaque individu voit clairement le but auquel il vise ; jamais il n'y a erreur que sur les moyens. Mais sortez de la sphère étroite de l'intérêt individuel ; cherchez à découvrir le caractère général, le trait distinctif de cette richesse, sur laquelle nul ne se trompe, quand il ne s'agit que de lui seul ; demandez-en une définition nette et précise, qui s'applique à tous les cas, qui comprenne toutes les circonstances : vos questions ne recevront point de réponse, ou du moins de réponse satisfaisante. Et cette incertitude, ce vague, ne sont pas particuliers à ceux qui n'ont pas longtemps réfléchi sur le problème : il en est à peu près des savants comme du vulgaire ; il n'y a chez eux sur la richesse, rien de convenu, rien de vraiment scientifique ; et souvent, dans un même ouvrage, on voit plusieurs significations différentes se croiser et se confondre, l'auteur ne sachant pas même s'en tenir à sa propre définition. Or, l'objet de *l'économie politique* est

Auguste Walras

la *richesse,* c'est-à-dire, ce fait très-réel, mais peu précis, que chacun sent, mais que jusqu'ici nul n'a nettement déterminé, dont il reste à découvrir la nature intime, le caractère fondamental ; de telle sorte, soit dit en passant, que l'économie politique ne semble pas encore bien avancée, puisque, sans parler des autres lacunes, son objet est à définir [1][*]. »[12] Il est assez évident qu'une science ne saurait être bien avancée, lorsqu''on ne connaît pas précisément l'objet dont elle s'occupe. Ce que le *Globe* a dit en passant, ce qu'il a exprimé d'une manière dubitative, nous pouvons l'affirmer à haute voix, Nous le ferons d'autant plus hardiment que nous y sommes autorisés par un des plus célèbres économistes de notre temps. « Une science ne fait de véritable progrès, dit M. Say, que lorsqu'on est parvenu à bien déterminer le champ où peuvent s'étendre ses recherches et l'objet qu'elles doivent se proposer ; autrement on saisit çà et là un petit nombre de vérités, sans en connaître la liaison, et beaucoup d'erreurs, sans en pouvoir découvrir la fausseté [2][**]. »[13] Cette observation est incontestable. Elle nous impose l'obligation de rechercher le vrai caractère de la richesse, et d'en déterminer la nature ; car, avant tout, il faut savoir ce que l'on étudie. Comment peut-on raisonner sur la richesse, lorsqu'on ignore ce qu'elle est ? L'incertitude avouée des savants eux-mêmes, et les contradictions qui leur sont échappées sur la nature de la richesse, sont des inconvénients auxquels il faut porter remède, le plus promptement possible. On ne peut laisser subsister une pareille lacune à l'entrée de la science, sans s'exposer aux plus graves difficultés, et sans ouvrir la porte à mille erreurs. C'est donc pour nous une question capitale que celle-ci : Qu'est-ce que la richesse [3][a] ? La solution en est urgente. Elle vaut bien la peine qu'on en fasse l'objet d'une discussion large et approfondie.

Dans l'impuissance où nous sommes de nous éclairer par les ouvrages des savants, ayons recours aux idées plus communes. Voyons si nous ne seront pas plus heureux de ce côté que de l'autre. Et, à vrai dire, si le vulgaire des hommes ne met pas plus de vérité

1 *Le Globe,* t. 1er, *n° 32.*

2 *Traité d'Économie politique,* 5e édition, discours préliminaire.

3 *Note de J.-B. Say :* On ne peut pas le savoir d'après une définition.

dans sa réponse que les auteurs *ex-professo, il y met* au moins plus d'accord. Rien n'est plus facile que de ramasser dans la rue une opinion toute faite sur la nature de la richesse. Demandez au premier venu ce que c'est qu'un homme riche, il vous répondra sans hésiter : c'est *un homme qui possède beaucoup d'argent.* Pour que cette définition fût juste, il faudrait, comme dit l'école, qu'elle convînt au seul objet défini. Un homme qui a beaucoup d'argent est riche, sans contredit. Mais est-il le seul ? N'y a-t-il que lui qui soit riche ? Voilà ce qui devrait être, pour que la définition populaire de la richesse fût vraie. Or cela n'est pas, et il suffit d'un peu de réflexion pour s'en convaincre.

Faisons d'abord un premier pas, pour sortir de l'opinion vulgaire, et rejetons ce mot *beaucoup* qui n'accorde le nom de richesse qu'à une quantité d'argent considérable. « Suivant l'usage ordinaire, dit M. Say, on n'appelle riches que les personnes qui possèdent beaucoup de biens ; mais lorsqu'il s'agit d'étudier comment les richesses se forment, se distribuent et se consomment, on nomme également des richesses les choses qui méritent ce nom, soit qu'il y en ait beaucoup ou peu ; de même qu'un grain de blé est du blé, aussi bien qu'un sac rempli de cette denrée [1][*]. »[14] Il en est de la richesse, en particulier, comme de la grandeur, en général, qui, dans le sens vulgaire, ne se dit que des choses très-grandes, par opposition aux choses qui le sont peu. Mais dans le langage scientifique, l'idée de la grandeur convient également à tout ce qui est susceptible de plus et de moins, et s'applique, avec la même raison, à tous les objets, grands ou petits, qui peuvent être augmentés ou diminués. Une petite table est une grandeur, aussi bien qu'une grande table. Une faible somme d'argent est une richesse, au même titre qu'une grosse somme. La petitesse n'est qu'une moindre grandeur, et la pauvreté n'est qu'une moindre richesse. Celui qui possède cent livres d'argent est riche, par la même raison que celui qui en possède mille. Le second est plus riche que le premier, c'est vrai ; il est même dix fois plus riche ; mais ils sont riches tous les deux.

---

[1] Traité d'Économie politique, 5e édition, t. 1er, p. 2.

Reste à savoir maintenant si la possession de l'argent constitue vraiment la richesse, et s'il n'y a pas d'autre moyen d'être riche que de posséder une somme d'argent plus ou moins considérable. C'est ce que nous allons essayer de découvrir, et pour cela faisons quelques suppositions.

Voici un homme qui possède cent mille francs, en or ou en argent. Il est riche, et tout le monde s'accorde à lui donner ce titre. En voici un second qui ne possède pas un sou ; il n'a pas une seule pièce de monnaie en son pouvoir ; mais il a un domaine ou un fonds de terre contenant cinquante ou soixante arpents de bois, de prés ou de vignobles. Un troisième n'a ni argent, ni domaine, mais il possède une maison située à Paris ou dans toute autre ville. Un quatrième n'a ni argent, ni terre, ni maison, mais il a un magasin rempli de marchandises telles que du blé, du vin, de l'huile, du coton ou de la laine. Un cinquième n'ayant ni argent, ni terre, ni maison, ni marchandises, possède un certain nombre d'effets mobiliers. Il a des lits, des tables, des chaises, des fauteuils, des glaces, des pendules, des habits, des bijoux, etc. Enfin, en voici un sixième qui ne possède rien de tout ce que tous les autres ont. Il n'a, lui, ni argent, ni terre, ni maison, ni marchandises, ni meubles ou bijoux quelconques ; mais il possède une industrie ou un talent dont l'exercice lui assure une existence très honorable. C'est, si l'on veut, un médecin, ou un avocat. C'est un peintre, un musicien, un comédien, ou tout autre chose pareille. Dirons-nous maintenant que parmi toutes ces personnes il n'y a que celle qui a de l'argent qui soit riche ? Considérons-nous les autres comme pauvres ? Faudra-t-il nous apitoyer sur leur sort, et, pour satisfaire au précepte de la charité, devrons-nous ouvrir notre bourse, et leur faire part de notre argent ? Non, certes, car nous ferions une grossière injure au sens commun qui dit, avec raison, que toutes ces personnes sont riches. Et, en effet, elles le sont toutes. Chacune d'elles possède une richesse d'une espèce particulière, il est vrai, mais qui n'en est pas moins une richesse.

Or, maintenant, qu'est-ce qui fait que toutes ces personnes sont riches ? Telle est la question qu'il faut résoudre, pour avoir une juste idée de la richesse. Ce qui fait donc que toutes ces personnes sont riches, c'est que chacune d'elles possède une *certaine somme d'avantages* qui est égale, en tout ou en partie, à la somme d'avantages possédée par chacune des autres ; et les objets qu'elle possède sont des richesses, parce qu'ils peuvent se remplacer mutuellement, en tout ou en partie, et qu'ils forment, les uns par rapport aux autres, ce qu'on appelle des *équivalents*. Sans doute, il peut bien se faire que parmi ces six personnes, il y en ait de plus riches et de moins riches. Le domaine que nous avons accordé à la seconde peut bien valoir plus que les cent mille francs que nous avons donnés à la première, et la maison que nous avons attribuée à la troisième peut bien ne pas valoir la marchandise qui forme, suivant l'hypothèse, la propriété de la quatrième. Il peut se faire que tel avocat soit plus habile dans son art que tel médecin ne l'est dans le sien, et que le premier jouisse d'une clientèle plus étendue. Peut-être qu'un certain musicien tire un meilleur parti de son talent qu'un certain peintre, ou réciproquement. Mais que s'ensuit-il de là ? Que toutes ces personnes sont plus ou moins riches, sinon autant, du moins aussi bien les unes que les autres. Si l'on admet, au contraire, que leur fortune soit égale, ou que leurs possessions se vaillent mutuellement, alors elles jouissent de la même somme d'avantages, elles ne sont ni plus ni moins avancées les unes que les autres, sous le rapport de la richesse. Abstraction faite des circonstances particulières qui peuvent influencer la position d'un homme et la modifier, lui faire préférer tel avantage à tel autre, telle jouissance à telle autre, autant vaut avoir cent mille francs, en or ou en argent, qu'un domaine de cent mille francs. Autant vaut avoir un domaine de cent mille francs, qu'un hôtel à Paris ou ailleurs, qui produirait la même somme, si on le vendait ; autant vaut avoir un hôtel de cent mille francs que d'avoir en magasin des marchandises pour cent mille francs. Que l'on gagne dix mille francs par an, en exerçant la médecine, ou que l'on gagne la même somme, dans le même laps de temps, par la pratique du barreau, cela revient au même, et ainsi de suite. Ce qui fait donc que les six personnes dont nous avons parlé sont riches, et méritent toutes le même nom, c'est que chacune d'elles possède un objet qui équivaut, en tout ou en partie, à l'objet possédé par chacune des autres ; c'est qu'elles ont en main la même *valeur ou,* si l'on veut, une valeur plus ou moins considérable ; d'où je conclus que le signe caractéristique de la richesse, c'est, pour un objet quelconque, la faculté qu'il a de pouvoir représenter et tenir la place d'un objet de nature différente, mais qui a la même *valeur, ou* qui lui est égal, sous un certain rapport; et que la richesse considérée dans son sujet, qui est l'homme, consiste dans la possession d'un objet qui en vaut un autre. *Être riche,* c'est *posséder une valeur,* de quelque nature qu'elle soit ou qu'elle puisse être.

Cette découverte, si c'en est une, nous conduit à l'analyse d'une nouvelle idée, qui est celle de la valeur ; et ce que nous venons de dire doit nous aider à la définir.

Chapitre II

De la valeur *et de son origine. - ce que c'est que* l'utilité. - *de la* distinction établie par M. Say, entre l'utilité matérielle *et* l'utilité immatérielle - Ce qu'il *faut penser de cette distinction.*

La valeur est cette qualité par laquelle un objet en représente un autre d'une nature différente, et par laquelle il peut le remplacer, sous le rapport de la richesse, c'est-à-dire procurer à son possesseur une *égale somme d'avantages,* quoique d'un genre différent. Ainsi une maison ou une somme de cent mille francs, en or, ou en argent, sont des valeurs ; pourquoi ? Parce qu'une maison de cent mille francs représente une somme de cent mille francs, en or ou en argent, et qu'une somme de cent mille francs, en or ou en argent, peut tenir la place d'une maison qui vaut cent mille francs. Un domaine ou un fonds de terre est encore une valeur ; pourquoi ? Parce qu'un domaine peut valoir cent mille francs, et que dès lors il représente, sous le rapport de la richesse, soit une somme de cent mille francs, en or ou en argent, soit une maison du même prix ; en sorte que si l'on possède une somme de cent mille francs, en or ou en argent, on peut l'échanger contre un domaine, ou contre une maison du prix de cent mille francs ; et réciproquement, si l'on possède une maison ou un domaine valant cent mille francs, on peut, en cédant l'un ou l'autre de ces deux objets, obtenir en échange une somme de cent mille francs, en or ou en argent.

On voit, par ce qui précède, que l'idée de la valeur est une idée complexe, puisque d'abord elle suppose une comparaison entre deux objets qui ne sont pas de la même nature, mais qui se trouvent pourtant égaux, sous un certain rapport, et que de plus elle implique l'existence, et, tout au moins, la possibilité d'un fait particulier qui est *l'échange.* C'est par la faculté qu'il a d'être échangé qu'un objet prouve qu'il a de la valeur, et tout objet vaut plus ou moins, suivant que la cession qu'on en fait procure plus ou moins d'objets d'une autre nature qui ont aussi de la valeur. Mais l'idée de l'échange implique celle de la *propriété,* et la propriété elle-même suppose un fait très-important, et qui, jusqu'ici, a malheureusement échappé à l'observation des économistes : c'est la *limitation* de tous les objets qu'on peut s'approprier et qu'on peut donner ou recevoir en échange. Un bien qui est approprié n'appartient qu'à une seule personne ou à une seule communauté ; un bien qui a de la valeur et qui ne nous appartient pas, ne s'obtient, en général, que par le sacrifice d'un autre bien qui a de la valeur et qui nous appartient. Il suit de là que les objets qui forment des propriétés, et qui ont de la valeur, ou qui sont échangeables, sont naturellement bornés dans leur quantité. Qui dit propriété dit exclusion, et l'exclusion se fonde sur la limitation des choses propres. Qui dit échange dit sacrifice, et le sacrifice ne se motive que par la difficulté qu'on éprouve à se procurer autrement l'objet que l'on désire ou dont on a besoin. Or cette difficulté provient évidemment des bornes que la nature a mises dans la quantité de ce même objet. Si tous les objets que nous désirons étaient illimités dans leur quantité, tous les hommes les posséderaient également ; personne ne serait exclu des jouissances qu'ils procurent. Il n'y aurait pas de propriété, il ne se ferait aucun échange. Mais parmi ces objets il y en a beaucoup qui n'existent qu'en une certaine quantité. Ceux qui les possèdent ne les possèdent qu'à l'exclusion d'une foule d'hommes qui sont obligés de s'en passer, et ceux qui veulent les acquérir sont obligés de sacrifier un autre bien dont ils jouissent et que les autres ne possèdent pas. C'est là ce qui donne lieu aux échanges dont nous sommes journellement les acteurs et les témoins. Un homme qui a cent mille francs, en or ou en argent, possède une valeur qu'il peut troquer, si bon lui semble, contre une maison de cent mille francs. Mais il ne peut obtenir la possession de la maison, qu'en abandonnant ses cent mille francs, en or ou en argent. Le propriétaire de la maison est dans le même cas que lui. Sa maison de cent mille francs peut lui procurer, d'un jour à l'autre, une somme de cent mille francs, en or ou en argent, à la condition toutefois que pour avoir cette valeur, il renoncera à posséder sa maison, et par conséquent à jouir des avantages qu'elle lui procure. Ce qui domine et dirige le propriétaire de l'argent et le propriétaire de la maison, dans l'échange qu'ils font entre eux, c'est la vue de cette vérité que l'or et l'argent, d'une part, et, d'une autre part, les maisons sont des biens limités, ou qui n'existent qu'en une certaine quantité ; qu'ils appartiennent exclusivement à certaines personnes ; que ceux qui en jouissent en tirent avantage sur ceux qui n'en jouissent pas, et que, lorsque l'on veut obtenir une somme d'or ou d'argent, une maison, ou une valeur de toute autre espèce, il n'y a pas d'autre moyen d'y parvenir, sauf le cas de spoliation ou de donation volontaire, que d'offrir au propriétaire de ces biens un autre bien équivalent, une compensation du sacrifice qu'on lui demande.

Si cette observation est fondée, et je la crois incontestable, elle va nous conduire directement à la recherche et à la découverte de l'origine de la valeur. Ce n'est pas tout, en effet, que de savoir ce que c'est que la valeur, il faut encore en connaître la cause. D'où vient la valeur ? Où est la source de cette qualité ? Qu'est-ce qui fait qu'un objet a de la valeur, et qu'il équivaut à un autre ? C'est en répondant à cette question que nous rendrons peut-être à l'économie politique un des plus grands services qu'elle soit encore aujourd'hui susceptible de recevoir, si nous parvenons, comme je l'espère, à lui indiquer clairement l'objet dont elle doit s'occuper, et si, par cela même, nous lui fournissons le moyen de redresser les erreurs qui déparent quelques-unes de ses parties, et de remplir les lacunes qui en altèrent les proportions.

Deux opinions se sont accréditées sur l'origine de la valeur. L'une la place dans l'utilité, et l'autre dans le travail ou dans les frais *de* la production. La première est celle qui a réuni le plus de suffrages en France, tandis que la seconde compte, parmi ses adhérents, les plus célèbres économistes de l'Angleterre. Nous discuterons successivement ces deux opinions, et nous essaierons de leur en substituer une troisième qui nous paraît plus conforme à la vérité. Notre examen commencera par celle de ces deux doctrines qui est la plus répandue en France, et qui repose aussi, il faut le dire, sur le principe le plus général, sur celui de l'utilité.[15]

Auguste Walras

Il suffit de connaître les auteurs français qui ont écrit sur l'économie politique, depuis le commencement de ce siècle, pour se convaincre qu'ils s'accordent presque tous à placer dans l'utilité l'origine et le fondement de la valeur. C'est, disent-ils, parce qu'une chose est utile qu'elle a de la valeur. Toute valeur vient de l'utilité. C'est en vertu de son utilité qu'un objet devient échangeable, et qu'il équivaut à un autre objet, d'une nature différente, mais ayant aussi son genre d'utilité.

Pour apprécier cette doctrine, pour nous en faire une juste idée, il faut d'abord que nous sachions ce que c'est que l'utilité. Nous verrons ensuite si c'est bien là qu'il faut placer la véritable cause de la valeur.

Or, qu'est-ce que l'utilité, si ce n'est cette qualité par laquelle un objet est propre à satisfaire un besoin ou à procurer une jouissance ? « L'utilité, dit M. Say, c'est, en économie politique, la faculté qu'ont les choses de pouvoir servir à l'homme, de quelque manière que ce soit. La chose la plus inutile, ajoute M. Say, et même la plus incommode, comme un manteau de cour, a ce qu'on appelle ici son utilité, si l'usage dont elle est, quel qu'il soit, suffit pour qu'on y attache un prix [1][*]. »[16] Il y a donc cette différence entre la morale et l'économie politique, que la première n'appelle utiles que les objets qui satisfont à des besoins avoués par la raison, tandis que la seconde accorde ce nom à tous les objets que l'homme peut désirer, soit dans l'intérêt de sa conservation, soit par un effet de ses passions et de ses caprices. Ainsi le pain est utile, parce qu'il sert à notre nourriture, et les viandes les plus recherchées sont utiles, parce qu'elles flattent notre sensualité. L'eau et le vin sont utiles, parce qu'ils servent à nous désaltérer, et les liqueurs les plus dangereuses sont utiles, parce qu'il y a des hommes qui ont du goût pour elles. La laine et le coton sont utiles, parce qu'on peut s'en faire des habits ; les perles et les diamants sont utiles, comme objets de parure. Les maisons sont utiles, parce qu'elles nous mettent à l'abri des intempéries de l'air ;

---

1 *Traité d'Économie politique*, 5e édition, t. III, p. 327.

les terres sont utiles, parce qu'on peut y semer des grains, planter des arbres, construire des maisons, etc. Ainsi encore, et dans un autre ordre d'idées, la musique et la poésie sont utiles, parce qu'elles nous réjouissent ; la médecine est utile, parce qu'elle guérit nos maux ou qu'elle les soulage ; l'éloquence d'un avocat est utile, parce qu'elle sert à défendre nos droits, quelquefois même notre vie ; le talent d'un administrateur est utile, parce qu'il contribue au succès des affaires publiques. En général, la science et le travail sont utiles, parce que les connaissances que nous possédons, et l'activité que nous sommes capables de déployer, nous servent, de mille manières, à soutenir et à embellir notre existence, en faisant tourner à notre avantage toutes les facultés de la nature et tous les objets qui nous environnent.

On voit, par ce que je viens de dire, que, tout en admettant la différence qui existe entre l'utilité morale et l'utilité économique, et en reconnaissant que celle-ci est plus étendue que la première, je n'attache pas la moindre importance à la division qu'on a cru devoir établir entre *l'utilité matérielle* et *l'utilité immatérielle*. Cette division est une suite, et, pour ainsi dire, un, dernier vestige de celle que, Smith a établie dans les divers travaux des hommes, en distinguant des *travaux productifs* et des *travaux improductifs*.[17] On a fort bien prouvé depuis que tout travail utile, est productif ; et puisqu'on a proclamé l'utilité absolue du travail considéré en lui-même, et comme un simple phénomène, abstraction faite de l'objet sur lequel il s'exerce, il me semble qu'on aurait bien fait d'adopter toutes les conséquences de ce principe, et de ne plus opposer les produits matériels aux produits immatériels. Cette distinction est parfaitement oiseuse, à mon avis [1] ; elle ne conduit à aucun résultat important. Soit que l'utilité se fixe et s'incorpore dans un objet matériel, soit qu'elle en reste détachée, et qu'elle se présente comme un phénomène purement incorporel, elle n'en conserve pas moins son caractère essentiel et fondamental, qui est de satisfaire un besoin ou de procurer une jouissance. On aurait fort à faire si l'on voulait distinguer tous les caractères de nos divers besoins, et signaler

---

1 *Note de J.-B. Say : Elle* a pourtant eu l'effet de ranger au nombre des richesses une foule d'avantages dont on comptait la production pour rien.

Auguste Walras

toutes les différences qui se rencontrent parmi les choses dont nous nous servons. L'homme ne vit pas seulement de pain ; il vit d'une foule de choses qui, à tel titre ou à tel autre, lui rendent sa condition plus douce, plus agréable ; et il suffit qu'un objet quelconque puisse contribuer, de manière ou d'autre, à satisfaire un de nos besoins, ou à nous procurer quelque jouissance, pour que cet objet nous soit utile, et que les économistes le déclarent tel. Peu importe d'ailleurs que le besoin qui nous le fait désirer soit un besoin physique ou un besoin moral, peu importe qu'il nous procure une jouissance sensible ou un plaisir intellectuel. Quelle différence peut-on mettre, sous le seul rapport de l'utilité, entre un plaidoyer et un sac de blé, entre l'ordonnance d'un médecin et une bouteille de vin, entre un concert et un habit ? Si le blé nous nourrit, si le vin nous désaltère, si un habit nous garantit du froid, le talent d'un avocat défend nos droits compromis, celui d'un médecin rétablit notre santé, et le concert nous réjouit et nous amuse. Tous ces divers objets satisfont des besoins différents, qui n'en sont pas moins des besoins, et les jouissances qu'ils nous procurent, pour n'être pas toutes de la même espèce, n'en sont pas moins des jouissances.

Ce qui distingue les produits immatériels des produits matériels, suivant M. Say, c'est que ces derniers sont susceptibles de durer et de se conserver pendant un certain temps, tandis que les premiers sont consommés aussitôt que produits, sont consommés au moment même de leur production. Le principe de cette division est plus ingénieux que solide. De ce qu'un produit est immatériel, il ne s'ensuit pas nécessairement qu'il soit consommé aussitôt que produit. L'habileté d'un ouvrier, le talent d'un administrateur, la capacité d'un avoué, d'un juge, d'un médecin, ne sont-ce pas là autant de produits immatériels qui se conservent pendant toute la vie de ceux qui les possèdent [1] ? Quelle différence y a-t-il donc, sous le rapport de la durée, entre l'éloquence d'un avocat et un habit, entre la science d'un médecin et les remèdes qu'il nous prescrit, entre l'adresse d'une couturière et la robe qu'elle confectionne ? Dans les exemples que je viens de citer, tout l'avantage n'est-il pas en

1 *Note de J.-B. Say.* On conserve le fonds et non le produit.

faveur des utilités immatérielles ?

« Un médecin vient visiter un malade, dit M. Say, observe les symptômes de son mal, lui prescrit un remède et sort, sans laisser aucun produit que le malade ou sa famille puissent transmettre à d'autres personnes, ni même conserver pour la consommation d'un autre temps [1]. » L'exemple de M. Say ne me paraît pas heureusement choisi ; la réflexion qu'il nous présente reste sujette à plus d'une critique. On pourrait d'abord affirmer que le produit laissé par le médecin peut être transmis à d'autres personnes, et conservé pour la consommation d'un autre temps. L'ordonnance donnée à un malade ne peut-elle pas être transmise à un autre malade situé dans le même cas ? Le Conseil qui a sauvé un homme cette année, ne peut-il pas le sauver encore, l'année prochaine, dans la même maladie ? Je ne connais rien de plus transmissible et de plus durable qu'un produit de cette nature. Mais admettons qu'il ne le fût pas. Faisons abstraction de l'ordonnance et ne considérons, dans le médecin, que la science et la capacité qui le mettent à même d'en formuler une vingtaine tous les jours. Cette utilité immatérielle n'a-t-elle pas une véritable durée ? Le médecin qui visite dix malades, le matin, n'en peut-il pas visiter dix autres le soir ? Celui qui m'a guéri une première fois, ne peut-il pas me guérir une seconde ? Un avocat qui a plaidé dix ans, ne peut-il pas plaider dix ans encore ? Un grand acteur, un chanteur célèbre ne font-ils pas, pendant toute leur vie, les délices de leurs auditeurs ? Quelle différence peut-il y avoir, sous le seul rapport de l'économie politique, entre un arbre qui donne des fruits tous les ans, et un juge qui prononce tous les jours des jugements ? Il est donc impossible de prétendre que la condition de la durée manque aux utilités immatérielles, et que ces utilités ne puissent pas être mises en réserve, et conservées pour un teins à venir. Il n'y a au contraire rien au monde qui soit plus durable et plus transmissible, en général, que ces espèces d'utilités ; car -quoique elles paraissent d'abord limitées à la vie de ceux qui les possèdent, elles passent facilement d'un individu à un autre. Et c'est ainsi que toutes les sciences, tous les arts utiles se propagent dans le monde,

---

1 *Traité d'Économie politique,* 5e édition, t. 1er, p. 141.

Auguste Walras

et se transmettent de génération en génération.

Il y a plus. Non-seulement les utilités immatérielles jouissent d'une véritable durée, mais il n'est pas difficile d'établir que les produits matériels qu'on dit être exclusivement susceptibles de conservation, sont eux-mêmes et assez souvent consommés aussitôt que produits. Une tasse de café, par exemple, n'est censée produite qu'au moment où on me la présente, toute chaude et toute sucrée, et si je l'avale à l'instant même, comme c'est l'usage, et comme le réclame l'intérêt de ma sensualité, on conviendra que si la consommation n'a pas marché de pair avec la production, elle l'a du moins suivie de fort près, et qu'il s'est écoulé bien peu de teins entre la production et la consommation définitives. Le pain que nous mangeons est dans le même cas. Les boulangers n'en ont pas plutôt fait la quantité nécessaire, pour alimenter, chaque jour, une population donnée, que la consommation s'en empare aussitôt, et qu'il ne reste rien ou presque rien, à la fin de la journée, de tout le pain qui a été cuit dans la nuit précédente. On peut en dire autant des fruits qu'on cueille sur un arbre dès qu'ils sont mûrs, et qu'on consomme sur le champ ou peu d'instants après. Rien ne serait plus aisé que de multiplier les exemples des produits matériels dont la consommation suit immédiatement la production, et de prouver, par conséquent, que les produits de cette espèce ne jouissent, à cet égard, d'aucun avantage sur ceux dont on a voulu faire une classe à part, sous le nom de produits immatériels.

La durée d'un produit matériel peut être réelle, si on le considère comme un corps, ou comme une simple réunion de parties étendues et palpables. Mais sa durée ainsi comprise est une durée *physique,* et rien de plus ; ce n'est pas une durée *économique, si* je puis m'exprimer ainsi.

L'économie politique n'envisage que l'utilité, et, sous ce rapport, je le répète, il y a des objets matériels qui n'ont pas plus de durée que des objets immatériels. Un morceau de pain, un verre de vin, durent, si l'on veut, comme corps, comme assemblage de molécules homogènes ; mais sous le rapport de leur utilité, ou du service qu'ils nous rendent, ils n'ont, à proprement parler, aucune durée, puisqu'ils se consomment aussi vite que certains produits immatériels, ou que le premier service qu'on en retire, est aussi nécessairement le dernier. Ils durent, si l'on veut, comme choses qui peuvent servir, mais tomme objets qui servent. Actuellement, ils ne durent point. Gardez une bouteille de vin dans votre cave, elle durera des années entières, elle se conservera, tant que vous n'en ferez point usage ; mais le premier jour que vous la ferez servir sur votre table, elle disparaîtra complètement. Après le dîner, comme après le spectacle, il ne nous reste rien qu'un souvenir des mets que nous avons mangés et du vin que nous avons bu, comme des vers que nous avons entendus ou de la musique qui nous a charmés. Ajoutons même que, sous ce rapport, l'avantage n'est pas en faveur des utilités matérielles.

En ne considérant dans un objet que son utilité, et c'est ainsi qu'il faut procéder en économie politique, sa durée ne dépend pas toujours de sa nature ; elle dépend, le plus souvent, de l'usage même que l'on en fait, de l'espèce de service qu'on en retire. Il y a des objets qui peuvent durer et se conserver, pendant un temps plus ou moins long, si on les emploie de telle ou telle manière. Employés différemment, ils ne jouiront d'aucune durée. Ainsi les arbres qui composent un verger sont des utilités durables, tant qu'on se contente de recueillir les fruits qu'ils donnent tous les ans; mais si on les fait abattre, pour en faire du bois à brûler, ils n'auront plus aucune durée, et ne serviront jamais qu'une fois. Le bœuf que l'on destine à la charrue, dure plusieurs années, et prête plus d'une fois son service à l'agriculteur; mais le bœuf qu'on envoie à la boucherie ne peut pas se conserver longtemps, et le produit qu'il donne, lors qu'il a été consommé une fois, ne peut plus servir à une nouvelle consommation.

Auguste Walras

Je montrerai peut-être un jour que M. Say a confondu les *produits immatériels,* avec les *revenus* [1], ou que du moins il a attribué aux premiers le caractère qui convient parfaitement aux seconds. Et, en effet, ce sont les *revenus* qui se consomment au fur et à mesure de leur production. Ce sont les revenus qui se consomment dès qu'ils sont produits, qui se consomment une fois pour toutes, qui ne survivent point au premier service qu'ils nous rendent. Le propre des *capitaux,* au contraire, c'est de durer et de se maintenir pendant un certain temps, de survivre à l'usage que nous en faisons, et de nous rendre plusieurs fois le même service. Or s'il y a des choses que la nature semble avoir destinées à former des capitaux, et d'autres qu'elle destine plus spécialement à former des revenus, il n'en est pas moins vrai que la plupart des objets utiles sont tantôt capitaux et tantôt revenus, par la seule destination de l'homme, et par un pur effet de l'usage auquel on les emploie.[18] C'est une vérité que M. Say a suffisamment reconnue en plusieurs endroits de ses ouvrages, et notamment dans le passage suivant.

« C'est la manière dont on emploie, dont on use une valeur, et non la nature de sa substance, qui en fait un capital. Si l'on consomme une valeur de manière à ne reproduire aucune valeur autre, cette valeur cessant de se perpétuer, n'est plus un capital ; elle n'existe plus. Mais lorsqu'on la consomme de manière à la reproduire sous une autre forme, pour la consommer de nouveau et « la reproduire encore, cette valeur, quoique servant continuellement, se perpétue et forme un fonds permanent, qui est ce qu'on appelle un capital. »

« De l'huile brûlée pour éclairer un bal, est une dépense perdue ; de l'huile brûlée pour éclairer des ateliers, est une valeur qui se reproduit à mesure qu'elle se détruit, et qui passe dans les produits que l'on fabrique dans ces ateliers. »

« Ce n'est donc point telle matière, ou telle autre, dont se

---

1 *Note de* J.-B. Say: et M. Walras a confondu les fonds et les produits des fonds.

Chapitre II

composent les capitaux d'un pays ; ils se composent de toutes les matières employées dans un usage reproductif, et non dans les autres [1]»[19]

« Une valeur qui n'a pas été capitalisée, dit encore « M. Say, n'est consommée qu'une fois [2]. »

Par contre une valeur qui ne se consomme pas en une seule fois est un capital. Lorsqu'on emploie un objet utile de manière à le conserver plus ou moins longtemps, on en fait un capital; lorsqu'on l'emploie de manière à l'anéantir immédiatement, on en fait un revenu. La durée est la condition du capital, la qualité contraire est la condition du revenu; et comme ces deux conditions se rencontrent, ou peuvent se rencontrer dans des objets matériels et dans des objets immatériels, il s'ensuit qu'il y a des capitaux et des revenus de l'une et de l'autre espèce. La différence entre le capital et le revenu est donc la seule qui puisse obtenir de l'importance, et qui mérite de fixer l'attention de l'économiste ; mais ce n'est pas ici le lieu d'insister sur cette différence, ni sur les conséquences qui en dérivent. Je me contente donc pour aujourd'hui de protester contre la distinction établie par M. Say entre *l'utilité matérielle* et *l'utilité immatérielle* [3], et contre le principe de cette distinction. Les utilités matérielles ne sont pas plus essentiellement durables que les utilités immatérielles, et celles-ci ne sont pas plus essentiellement éphémères que les autres. D'ailleurs, la circonstance que certains produits sont susceptibles de durer un certain temps, et que d'autres ne jouissent pas de la même prérogative, ne change rien à la nature intime des produits et à l'essence de l'utilité. Qu'une chose puisse nous servir plusieurs fois, ou qu'elle puisse nous, servir une seule fois, elle n'en satisfait pas moins un besoin, elle n'en procure pas moins une jouissance. Quel que soit donc l'objet qui se présente à nous, matériel ou immatériel, durable ou non durable, qui peut nous servir à quelque usage, nous

1 *Catéchisme d'Économie politique,* 3e édition, n° 12.

2 *Encyclopédie progressive,* 1re livraison, p. 242.

3 *Note de J.-B. Say* : M. Say dit : production *immatérielle*.

Auguste Walras

ne devons pas hésiter à l'appeler utile, dès que nous découvrons en lui cette qualité spéciale et fondamentale de pouvoir satisfaire un besoin quelconque, ou de procurer une jouissance, quelle qu'elle soit.

Que si l'on me demande l'origine ou la cause de l'utilité, je répondrai que cette qualité des choses est un effet de leur nature, une conséquence de leur manière d'être, relativement à la nature et à la condition de l'homme. La source de l'utilité ne peut pas se trouver ailleurs que dans le rapport qui existe entre nous et les choses extérieures. C'est parce que nous sommes soumis à des besoins, et susceptibles d'éprouver des jouissances, que les choses propres à la satisfaction de nos besoins et à la production de nos plaisirs, nous deviennent utiles, quelquefois même nécessaires. Étant donné l'homme tel qu'il est, étant données les choses telles qu'elles sont, l'utilité de ces dernières dérive nécessairement de l'analogie qui existe entre leurs qualités et la nature de l'homme.

L'utilité étant ainsi comprise et définie, il nous sera facile de montrer que cette qualité ne suffit pas pour produire la valeur [1].

---

1 *Note de J.-B. Say : Je* n'ai pas dit qu'elle fût suffisante.

Chapitre II

Chapitre III

La valeur ne vient pas de l'utilité; elle vient de la rareté. - distinction entre les biens illimités et les biens limités. - ces derniers sont les seuls qui aient de la valeur. - réfutation de la doctrine de M. Say, sur l'influence de l'utilité, en économie politique.[20]

S'il était vrai, comme on le dit dans l'école de M. Say, que l'utilité fût la cause de la valeur, il faudrait que partout où il y a de l'utilité, il y eût aussi de la valeur ; il faudrait que la valeur fût la conséquence nécessaire, le résultat inévitable de l'utilité [1]. Or, c'est ce qui n'a pas lieu : et il est facile de s'en convaincre par des exemples. L'air atmosphérique n'est-il pas un objet très utile ? Ne sert-il pas puissamment à entretenir la vie de tous les animaux, la végétation de toutes les plantes ? Lorsqu'il est mis en mouvement par les variations de la température, ne fait-il pas tourner les ailes du moulin à vent, ne transporte-t-il pas d'un hémisphère à l'autre tous les vaisseaux qui couvrent l'Océan ? Qu'y a-t-il de plus utile que cet objet ? Et cependant où en est la valeur ? Quel est le prix d'un mètre cube d'air ? Combien paie-t-on le vent dont on a besoin pour passer d'Europe en Amérique, et réciproquement ? La lumière du soleil est dans le même cas. N'est-ce pas un objet bien utile que ce vaste flambeau suspendu Sur toute la nature, pour éclairer nos travaux, pour diriger nos mouvements ? Et cependant quelle en est la valeur ? A quel prix l'achète-t-on ? Quel prix peut-on en obtenir ? Que me donnera-t-on en échange d'un rayon de soleil ?

On dira peut-être, il est vrai, et M. Say l'a déjà fait [2], que ces objets sont d'une utilité immense, infinie, et qu'ils ont par conséquent, et, pour ainsi parler, une valeur également sans bornes.[21] On se fonderait alors sur cette considération que les services qu'ils nous

---

1 *Note de J.-B. Say :* Je dis le contraire, puisque je décris une foule de biens que j'appelle naturels qui n'ont point de valeur.

2 Voyez les notes que M. Say a jointes à la traduction de Ricardo, par Constancio, t. II, p. 101.

Auguste Walras

rendent sont si nécessaires à notre existence, que leur privation ne saurait être compensée par aucun autre objet. Cette dernière observation est juste ; et je ne prétends pas nier que l'air et la lumière, le calorique et l'eau commune ne soient pour nous des choses si utiles que rien au monde ne peut les remplacer. Les besoins qu'elles satisfont, les jouissances qu'elles procurent, sont une condition nécessaire de notre vie. Mais ne peut-on pas dire aussi que leur service est si généralement répandu, qu'on n'a jamais besoin de faire un sacrifice pour se le procurer ? Leur abondance est-telle, grâces à Dieu, que chacun de nous en a toujours autant qu'il en désire, et que personne ne se met en peine de les acheter. Ce qu'il y a de plus remarquable, dans ces objets, sous le rapport de l'immensité, ce n'est pas leur *utilité*, c'est leur *quantité*; et, lorsqu'on a voulu leur attribuer une valeur infinie, on s'est trompé du tout au tout ; car, au lieu d'être infiniment grande, cette valeur est infiniment petite, c'est-à-dire tout à fait nulle. La preuve de cette assertion résulte évidemment de ce que nous en jouissons tous gratuitement, et que nous n'avons pas besoin de faire le moindre sacrifice pour nous en assurer la possession. Nous pouvons donc faire abstraction de leur utilité, et les considérer sous un point de vue plus intéressant.

Et, en effet, s'il est vrai de dire, comme j'en conviens, que l'air atmosphérique et la lumière du soleil ont une utilité immense, infinie, c'est un fait non moins remarquable que ces objets diffèrent essentiellement d'une multitude d'autres biens ou d'autres objets utiles, tels que le pain, le vin, le sucre, le café, etc. Or, où est cette différence ? La voici : c'est que l'air respirable et la lumière solaire sont si abondamment et si généralement répandus autour de nous, c'est qu'ils existent en une si grande quantité, que tout le monde peut en prendre à son aise et à foison, sans que personne en soit privé. De plus, ils sont indestructibles. L'usage que nous en faisons ne peut pas même les altérer. En d'autres mots, ils sont tellement *abondants* et tellement *durables,* qu'on ne peut jamais en manquer. Il suffit de vivre pour en jouir. Chacun de nous en jouit toute sa vie, et l'usage que nous en faisons n'a jamais porté préjudice aux autres hommes qui nous sont contemporains ou qui nous succèdent sur la

Chapitre III

terre.

Il n'en est pas de même de l'argent, du blé, des meubles, des étoffes et des marchandises de mille autres sortes. Ces derniers biens ne sont pas tellement abondants, qu'il y en ait suffisamment et au-delà pour tout le monde. Il n'en existe qu'une certaine quantité qui ne peut pas toujours satisfaire tous les besoins qui les réclament. Tous les hommes ne sont pas nécessairement appelés à goûter les jouissances qu'ils procurent. Il y a des hommes qui les possèdent ; il y en a qui ne les possèdent pas. Ceux même qui les possèdent, n'en possèdent qu'une quantité plus ou moins grande, et qui varie d'un individu à l'autre. D'ailleurs un grand nombre de ces objets ne sont pas susceptibles de durer toujours. Il y en a même qui ne durent qu'un instant. Ils se détruisent, en général, par l'usage même que l'on en fait ; en d'autres mots, ils se *consomment*. Ils sont donc limités, et limités d'une double manière, puisqu'ils le sont dans leur durée et dans leur *quantité,* Cette limitation est cause que la possession en est avantageuse, non seulement d'une manière absolue, ou en ayant égard à nos besoins et à l'utilité qu'ils peuvent nous offrir, mais encore d'une manière relative, ou par rapport, aux autres hommes qui éprouvent, tout comme nous, le besoin ou le désir de ces objets utiles, sans avoir toujours les moyens de se les procurer, et même par rapport à, nous qui pouvons bien en posséder une certaine quantité, mais qui n'en possédons pas toujours autant que nous, voudrions, qui pouvons bien les posséder aujourd'hui et en jouir, mais qui ne les posséderons plus demain ou après-demain, lorsque nous en aurons fait usage, lorsque nous les aurons consommés.

Ce qui caractérise, donc, comme on le voit, la plupart des choses dont nous nous servons, et que nous appelons des biens ou des richesses, c'est qu'elles sont *limitées,* dans leur *quantité d'abord,* et puis encore dans leur *durée.*[22] S'il y en a quelques-unes qui échappent à cette double limitation, et qui ne soient limitées que dans leur quantité, elles constituent autant d'exceptions que l'observation doit signaler, et dont la science doit tenir compte, en teins et lieu. Mais je suis obligé de le répéter, tout ce qui est du ressort de l'économie politique, ne peut pas entrer dans un simple essai sur la nature de la richesse et sur l'origine de la valeur. C'est dans une exposition complète de la science qu'il faut apprendre ce qu'on doit penser des biens qui ont une durée sans bornes, quoiqu'ils soient d'ailleurs limités dans leur quantité. C'est dans un traité d'économie politique qu'il faut chercher quelles sont les conséquences économiques de la limitation qui borne la durée de certains objets utiles, après les avoir frappés une première fois dans leur quantité même. Tout ce que nous pouvons en dire ici, c'est que les biens qui ont une durée illimitée ne sont pas consommables, et que ceux qui ont une durée plus ou moins longue, ne se consomment qu'après un certain temps, lorsqu'ils nous ont rendu plusieurs fois le service que nous en attendons. Ces deux espèces de biens constituent ce qu'on appelle les capitaux. Les biens qui se consomment, au contraire, qui se consomment immédiatement, et qui n'ont aucune durée, sous le rapport de leur utilité, forment ce qu'on appelle les revenus. Cette distinction entre les capitaux et les revenus est de la plus haute importance, et il y a trop peu d'économistes qui l'aient signalée aussi nettement et appréciée aussi bien qu'elle le mérite. Mais ce serait anticiper mal-à-propos sur la marche progressive de nos idées, et intervertir leur ordre naturel, que de vouloir approfondir ici une pareille question.

La seule chose que nous ayons à constater et à considérer, en ce moment, c'est la limitation qui borne la *quantité* de certains objets utiles. Or, ce que nous pouvons voir, dès à présent, c'est que les biens qui ne se consomment pas, tout aussi bien que ceux qui se consomment, après une durée plus ou moins longue, et ceux qui se consomment immédiatement, sont, les premiers en un certain nombre, les autres en totalité,[23] limités dans leur quantité. Il n'en existe pas immensément. Cette limitation suffit pour établir, une disproportion naturelle entre la somme de ces biens et la somme des besoins qui en réclament la possession. Or, tout le monde sait que cette disproportion a un nom dans toutes les langues et qu'elle s'appelle en français la rareté. Telle est aussi la qualité qui fait de ces choses utiles une classe à part, et qui est cause de la valeur que nous trouvons en elles. Les biens qui n'existent qu'en une certaine quantité, ne peuvent pas appartenir à tout le monde. Il n'y a qu'un certain nombre d'hommes qui les possèdent ; ceux même qui en possèdent le plus, n'en possèdent qu'une certaine quantité ; et ceux qui ne les possèdent pas et qui sont jaloux de les acquérir, ne les obtiennent, en général, que par des échanges, ou par le sacrifice d'autres biens. Tous ces objets ainsi considérés, deviennent des *valeurs*, et ils ne doivent cette dernière qualité qu'à leur limitation ou à leur rareté. Si tout le monde savait la médecine, qui paierait un médecin ? Si tout le monde savait chanter, qui paierait un maître de Chant ? S'il y avait de l'or pour tout le monde et à foison, comme il y a de l'air atmosphérique, si l'argent était aussi abondant que la lumière du soleil, l'or et l'argent n'auraient point de valeur ; car, malgré toute leur utilité, personne ne pourrait se *prévaloir* de leur possession, et personne ne se mettrait en peine de les acheter. Nul ne serait disposé à faire un sacrifice pour les obtenir. Voyez si l'on achète le vent, la lumière du soleil, un chemin à travers les mers ? Pourquoi n'achète-t-on pas ces choses ? Est-ce donc parce qu'elles sont inutiles ? Non ; c'est parce qu'elles sont illimitées dans leur quantité, et par conséquent surabondantes ; c'est parce qu'il y en a suffisamment et au-delà pour tout le monde. Au contraire, la quantité de l'or, du blé, du vin et de la laine, étant naturellement et nécessairement bornée ou limitée, par rapport au nombre des hommes qui en désirent ou qui en ont besoin, tous ces derniers objets sont ce qu'on appelle *rares* ; et ils tirent de cette circonstance même une qualité nouvelle, autrement dit une valeur qui fait que, pour les obtenir, il faut sacrifier quelqu'autre chose, quelqu'autre objet qui ait lui-même une valeur, qui soit utile et rare en même temps, ou dont la quantité soit limitée.

« Pourquoi l'utilité d'une chose fait-elle que cette chose a de la valeur ? » Telle est la question que M. Say nous adresse dans son Catéchisme, et voici la réponse qu'il nous y suggère : « Parce que l'utilité qu'elle a la rend désirable et porte les hommes à faire un sacrifice, pour la posséder. On ne donne rien pour avoir ce qui n'est bon à rien ; mais on donne une certaine quantité des choses que

Auguste Walras

l'on possède (une certaine quantité de pièces d'argent par exemple), pour obtenir la chose dont on éprouve le besoin. C'est ce qui fait sa valeur [1]. »

J'en demande pardon à M. Say; mais ce n'est pas l'utilité d'une chose qui la rend *désirable*, à proprement parler, et qui porte les hommes à faire un sacrifice, pour la posséder. C'est uniquement la limitation ou la rareté de cette chose utile; car si la chose était illimitée, nous la posséderions tous également, et nous n'aurions pas besoin de faire le moindre sacrifice, pour nous en assurer la jouissance. L'air atmosphérique et la lumière du soleil sont des choses très-utiles qui n'ont pourtant pas de valeur. Comme elles sont illimitées dans leur quantité, il n'y a personne qui ne les possède, et dès lors personne ne les désire, au sens économique de cette expression, puisque personne n'en est privé. *On ne donne rien pour avoir ce qui n'est bon à rien*, dit M. Say. Cela est vrai; mais on ne donne rien non plus, pour obtenir ce que l'on a déjà, et ce qu'on est certain d'avoir toujours. Il ne suffit pas qu'une chose soit bonne à quelqu'usage, pour qu'on se trouve disposé à se la procurer par le moyen d'un sacrifice.

Il faut encore qu'il n'y. ait pas d'autre moyen de s'en rendre maître que celui-là ; c'est-à-dire que la chose soit limitée dans sa quantité, ou qu'elle soit rare, et que de plus, et par cela même qu'elle est rare, elle soit devenue la propriété de quelqu'autre personne qui ne veuille pas consentir à nous la céder, sans recevoir en échange un autre objet utile et rare tout ensemble, un autre objet qui ait de la valeur. Ce n'est donc pas l'utilité d'une chose qui en fait la valeur, c'est la rareté. Toute valeur vient de la rareté. Tout objet qui a de la valeur, la doit uniquement à sa limitation.

Ceci ne veut pas dire, au reste, on le voit bien, que l'utilité ne soit pas une condition nécessaire de la valeur. Sans doute, il n'y a que ce qui est utile qui puisse valoir quelque chose, et tout objet qui ne

1 *Catéchisme d'Économie politique, 3e édit., chap. II.*

serait bon à rien, serait par cela même sans valeur. Mais l'utilité seule ne suffit pas, pour produire cette dernière qualité : il faut y joindre la limitation ou la rareté de la chose utile. C'est là tout ce que j'ai voulu établir, et une plus ample explication nous convaincra de la vérité de ce principe.

Chapitre IV

Des choses coercibles *et des choses* incoercibles. - des *richesses* appréciables *et des richesses* inappréciables. - rapport *entre* *la théorie de la richesse et celle de la* propriété ; *identité de leur* *objet. - observations sur un passage de M. Ganilh et sur deux* *passages de M. Say.*

Le fait le plus général qui s'offre à l'observation de l'économiste, dans la sphère de ses investigations, c'est *l'utilité;* et, par utilité, il faut entendre, comme je l'ai dit, cette qualité, soit des êtres matériels, soit des Phénomènes incorporels, qui les rend plus ou moins propres à satisfaire nos besoins et à nous procurer des jouissances. Considérées sous ce point de vue, les choses extérieures prennent le nom de *biens,* parce qu'elles nous font du *bien (bona quià beatos faciunt),* et la possession de ces choses utiles ou de ces biens constitue la *richesse,* *dans* le sens le plus étendu que l'on puisse donner à ce mot. Ainsi la richesse, dans son acception la plus large, consiste dans la possession de choses utiles ; et, sous ce point de vue, il y a une infinité de choses qu'on peut appeler des richesses. De quelque manière qu'elles nous servent, sous quelque rapport qu'elles nous agréent, on peut dire qu'elles sont des biens. Il suffit, pour cela, qu'elles nous soient utiles. Aussi dit-on, par exemple, que la *santé* et la *gaîté* sont, des richesses, et ces expressions n'offrent rien d'extraordinaire, tant qu'on place la richesse dans la possession des choses qui contribuent à notre bien-être.

Mais toute richesse est-elle l'objet de l'économie politique ? Cette science s'occupe-t-elle de tous les biens qu'il est donné à l'homme de posséder et de connaître ? Embrasse-t-elle, dans sa sphère, l'étude de tous les objets utiles, la description de toutes les jouissances que nous sommes capables de goûter ?

Ici se présente une distinction parfaitement analogue à celle qui s'établit parmi les choses, lorsqu'un les considère comme l'objet de la propriété ou du domaine personnel.

Envisagées uniquement sous le rapport de l'usage que nous faisons d'elles, et de la faculté que nous avons de nous en servir, toutes les choses de la terre se divisent naturellement en deux grandes classes, dont l'une contient ce que j'appellerai les choses *saisissables ou coercibles*, et l'autre ce que j'appellerai les choses *insaisissables ou incoercibles*. Je ne sais si ces expressions paraîtront assez bien choisies. Je m'en sers, faute d'autres. On sera libre de les remplacer, lorsqu'on m'aura compris. Je mets au nombre des premières, les choses telles que les fruits, les arbres, les plantes, les animaux, les minéraux, et enfin la terre ou le sol cultivable, considéré sous un certain aspect et dans une certaine étendue. Je rangerai dans la seconde classe les choses telles que la mer, les fleuves et les grands courants d'eau, l'air atmosphérique, le vent, la lumière du soleil, la chaleur et le froid naturels, et généralement toutes les forces de la nature qui s'exercent d'une manière universelle et permanente, telles que l'attraction, le magnétisme, etc. Il est évident que les choses de la première espèce sont susceptibles d'être *saisies* et maintenues, et par conséquent *possédées* et jouies exclusivement, par un ou plusieurs hommes, en particulier ; tandis qu'il est de l'essence même des secondes de se soustraire à toute occupation, et par conséquent à toute possession et à toute jouissance exclusives, et de se prêter, au contraire, à un usage si universel que, loin de pouvoir se priver mutuellement de cet usage, les hommes ne peuvent pas même en exclure les animaux.

Telle est la distinction qui s'offre aux yeux du publiciste et du jurisconsulte, lorsqu'ils étudient les choses comme, l'objet de la propriété. Si l'on pénètre au fond de cette division, et si l'on veut approfondir la cause qui la motive et la justifie, on s'apercevra, je crois, facilement que les choses coercibles ne doivent cette qualité qu'à leur *limitation* ou à leur *rareté*, à la parcimonie, pour ainsi dire, avec laquelle elles nous sont données. Les choses incoercibles, au contraire, ne sont telles que grâce à leur abondance et à leur profusion. Leur illimitation est le seul principe qui puisse les

Auguste Walras

soustraire à toute possession exclusive, à toute jouissance particulière. Cette observation est fondamentale : elle doit être féconde en conséquences. Transportée dans la science de la richesse, et dans la sphère de l'économie politique, la différence naturelle que nous venons de signaler, parmi les choses dont nous nous servons, nous conduit à distinguer des *biens illimités ou* des *richesses inappréciables*, et des *biens limités ou* des *richesses appréciables*. Les biens illimités seront alors les choses incoercibles elles-mêmes, envisagées d'une nouvelle manière, sous le rapport de leur utilité ; et les biens limités ne seront que les choses coercibles, considérées sous un autre point de vue, sous le point de vue de la richesse.

Les *choses incoercibles,* on le voit bien, n'entrent pas, à proprement parler, dans la théorie de la propriété. Soustraites qu'elles sont, par leur nature même, à toute espèce d'appropriation, elles restent dans le domaine commun, et se prêtent à des jouissances universelles.

Considérées comme des *biens illimités,* les choses incoercibles sont, par rapport à l'économie politique, dans un cas tout-à-fait semblable. Ce n'est pas à elles que s'applique la théorie de la richesse. On en voit sur-le-champ la raison. Les biens illimités ne peuvent se comparer entr'eux que sous le rapport de leur *utilité,* et dès-lors on ne peut plus les *apprécier* d'une manière exacte et rigoureuse. Il est tout aussi impossible de mesurer l'utilité que de mesurer la beauté, la santé, la prudence, le génie et mille autres qualités de la même espèce.[24] Lorsqu'une chose illimitée a été déclarée utile, tout est dit à son égard ; la science ne peut pas ajouter un mot à cette vérité.

Quels sont donc les biens qui tombent dans la sphère de l'économie politique ? Ce sont les *biens limités* qui, comme *choses coercibles,* sont en même temps l'objet de la propriété ou du domaine personnel. Et, en effet, les biens qui sont limités dans leur quantité, peuvent être *appréciés* d'une manière exacte et rigoureuse ; car alors on les compare, non plus sous le rapport de leur utilité, mais sous le rapport de leur *limitation.* La limitation produit la rareté, la rareté produit la valeur ; et comme un objet peut être exactement deux fois, trois fois, quatre fois plus rare qu'un autre, il peut avoir exactement deux fois, trois fois, quatre fois plus de valeur. Ce dernier phénomène est donc ici le seul qui puisse s'apprécier rigoureusement, et qui puisse devenir l'objet d'une science. La possession et la jouissance des choses *utiles* constituent une richesse réelle, une richesse très-importante, et que le moraliste ne doit pas négliger. Mais la possession des *utilités rares ou* des *valeurs,* constitue seule une richesse appréciable, une richesse mathématique, et c'est la seule aussi qui fasse l'objet de l'économie politique.

Et maintenant quelle est la remarque qui s'offre d'elle-même, l'observation qui sort spontanément des faits ainsi compris et rapprochés ? C'est, si je ne me trompe, l'évidence du lien intime et du rapport parfaitement marque qui existe entre la théorie de la *richesse* et celle de la *propriété,* entre le *droit naturel* et *l'économie politique.*

Lorsque je divise toutes les choses de ce monde en deux grandes classes, celle des *choses coercibles,* et celle des *choses incoercibles ; lorsque* je distingue, parmi tous les biens dont nous jouissons, des *biens limités, ou* des *richesses appréciables,* et des *biens illimités, ou* des *richesses inappréciables,* je ne fais rien de nouveau, rien d'inouï. Le principe de cette double division n'avait point échappé aux jurisconsultes romains qui sont restés longtemps nos maîtres sur le droit, et qui sont encore nos législateurs. Ils avaient distingué des choses qui sont dans le *commerce (in commercio),* et des choses qui ne sont point dans le *commerce (extrà commercium).* Il suffit d'y réfléchir un moment, pour se convaincre que cette division [1] répond à celles que j'ai établies moi-même, ne faisant autre chose, ce me semble, que reproduire un fait trop négligé par la science. Et, en effet, quelles sont les choses qui tombent dans le commerce ? Ce sont celles qui

---

1 *Note de J.-B. Say :* Cela est dans mes ouvrages sous le nom de choses susceptibles de devenir des propriétés.

Auguste Walras

font l'objet de la propriété et de la richesse proprement dite. Et quelles sont les choses qui restent en dehors du commerce ? Ce sont celles qui ne font point l'objet de la propriété ni de la richesse.

L'idée fondamentale qui se retrouve également dans celle de la richesse, comme dans celle de la propriété, c'est l'idée de la *possession,* et de la possession exclusive. Être riche, c'est posséder ; être propriétaire, c'est posséder. Mais il y a dans la propriété, comme dans la richesse, quelque chose de plus que dans la possession pure et simple. Or, qu'y a-t-il ? Il y a de plus, d'un côté, l'idée de *l'ordre ou* de la *justice,* et, de l'autre côté, l'idée du *bien ou* du *bonheur.* La possession exclusive et *légitime,* en même temps : la possession exclusive, en tant qu'elle est conforme au *droit, ou* à la loi, prend le nom de *propriété.* La possession exclusive et *avantageuse tout* ensemble : la possession exclusive, en tant qu'elle *profile* au possesseur et qu'elle assure son *bien-être,* c'est la *richesse. Par où* l'on voit que la richesse et la propriété n'ont pas chacune leur objet distinct et séparé ; mais qu'elles portent toutes deux sur un seul et unique objet dont l'identité se révèle dans le langage, puisqu'on donne également aux choses le nom de *biens,* soit qu'on les considère comme l'objet de la propriété, soit qu'on en fasse la matière de l'économie politique.

On se tromperait, au reste, et de beaucoup, si l'on croyait que le rapport que je viens de signaler, entre la théorie de la propriété et celle de la richesse, a été complètement méconnu des économistes. Il en est très-peu parmi eux, au contraire, qui n'aient pas senti combien l'économie politique et le droit naturel se touchent de près. Mais on peut le dire avec vérité, ce sentiment ne porte pas chez eux le caractère de la réflexion, et ils sont loin de s'exprimer, à ce sujet, d'une manière claire et précise. Au nombre des reproches qu'on peut leur adresser avec juste raison, il faut placer celui de n'avoir pas signalé nettement l'identité qui existe entre l'objet de l'économie politique et celui du domaine personnel, et ensuite de n'avoir pas toujours assez soigneusement distingué les deux points de vue très-divers sous lesquels s'offrent à nous les choses limitées, et le double phénomène qui résulte de leur limitation. Relativement à ce dernier vice, il y a même des économistes qui confondent entièrement la richesse et la propriété. Cette assertion est si peu hasardée de ma part, que je suis en état de la confirmer par un passage très-remarquable de M. Ganilh.

« L'objet spécial de l'économie politique, dit le célèbre auteur que je viens de nommer, est l'investigation du phénomène de la richesse moderne, de sa nature, de ses causes, de ses procédés et de son influence sur la civilisation. »

Il est assez difficile de concevoir, de prime-abord, ce qu'on peut entendre par la *richesse moderne*. M. Ganilh est, je crois, le premier, et peut-être même le seul auteur qui se soit servi de cette expression ; c'est donc à lui que nous devons en demander le sens. Écoutons-le d'abord avant de le juger.

« Dans l'observation de ce phénomène, poursuit l'habile économiste, on est d'abord frappé du contraste de la richesse ancienne et de la richesse moderne. Sous quelque point de vue qu'on envisage l'une et l'autre, on n'aperçoit entr'elles aucun point de contact, aucune connexité, aucune relation : ce sont deux choses essentiellement dissemblables.

« L'ancienne richesse consistait dans les dépouilles des vaincus, les tributs des pays conquis et les produits de l'esclavage des classes laborieuses, qui formaient alors les trois quarts de la société ; elle reposait alors par conséquent sur la force, l'oppression et la dégradation de l'espèce humaine.

« La richesse moderne présente un autre caractère, d'autres principes, d'autres mobiles, et d'autres lois. Elle dérive du travail, de l'économie et du marché ; s'écoule, circule, arrive à toutes les classes de la population, par les grands canaux des salaires du travail, des profits du capital, de la rente de la terre et des contributions publiques, et répand partout le bien-être, l'aisance, les commodités, et les jouissances de la vie. Dans sa formation, dans son cours, dans sa distribution, elle est irréprochable, inoffensive et fidèle à tous les devoirs de la morale et de l'humanité ; ses vices ne sont pas inhérents à sa nature; ils lui viennent des passions humaines qui peuvent offenser les meilleures institutions, mais ne peuvent pas les dégrader. »[25] [1]

Il ne faut pas y réfléchir longtemps pour se convaincre que la distinction établie par M. Ganilh, entre la richesse moderne et la richesse ancienne, ne porte aucunement sur, la richesse considérée en elle-même et dans son origine, qui est la rareté de certains biens. La différence qu'il nous signale et le contraste dont il est frappé, n'existent réellement que dans les sources de la possession, ou dans les titres de propriété. Ce qui distingue les sociétés modernes des sociétés anciennes, c'est la différence introduite dans la conception du droit, ou, pour mieux dire, ce sont les conquêtes que la raison et la justice ont faites sur la violence et la barbarie. Le droit succédant à la force, l'industrie remplaçant le vol et le pillage, telles sont les différences caractéristiques qui signalent aux yeux du philosophe les progrès que nous avons faits dans la carrière de la civilisation. Mais je ne crois pas qu'il soit jamais venu à l'esprit d'un moraliste de distinguer la morale moderne de la morale ancienne; car il n'y a qu'une morale. Si l'on trouve des différences, et des différences très remarquables, dans la moralité des hommes et des nations, suivant les teins et suivant les lieux, il n'en est pas moins vrai que la morale est unique et invariable de sa nature, et que la règle des mœurs, tout ignorée et méconnue ,qu'on puisse la supposer, a toujours été la même pour tous les pays et à toutes les époques.

Par un motif analogue à celui que je viens d'exposer, M. Ganilh aurait dû s'interdire l'emploi d'une expression tout-à-fait inexacte.

[1] *Dictionnaire analytique d'Économie politique, préface, p. 2.*

Un peu de réflexion l'aurait engagé à supprimer cette fausse distinction entre la richesse moderne et la richesse ancienne, et à rapporter à la propriété ce qui convient à la propriété seule ; car, il a beau dire, la richesse proprement dite a toujours eu la même nature et les mêmes causes. Quelque diversité qu'on puisse remarquer dans l'origine de la possession, dans la sanction de la propriété, la richesse proprement dite ne fut autre chose, dans tous les teins, que la possession d'une valeur, et la valeur n'a jamais eu d'autre origine que la limitation de certaines choses utiles, la rareté de certains biens. L'idée de la richesse est une idée générale, et, comme telle, invariable. Le phénomène de la valeur est quelque chose d'absolu, d'universel et d'éternel, qui reste le même dans tous les teins, et qui provient toujours de la même cause. Et c'est par là que ce phénomène devient l'objet d'une science, s'il est vrai, comme on le dit de nos jours, qu'il n'y ait point de science de ce qui se passe, et que l'absolu soit le véritable élément scientifique. La théorie de la valeur a donc toujours été la même pour tous les temps, et la richesse proprement dite n'a jamais pu se trouver ailleurs que dans la possession d'une valeur. Mais la possession est un phénomène moral, et c'est par là que la science de la richesse s'enchaîne à celle de la propriété : c'est par là que le droit naturel et l'économie politique se touchent, sans se confondre, et se rapprochent, sans se détruire mutuellement. Que la possession ait eu chez les anciens d'autres principes et d'autres bases que chez les modernes, et que la force et la violence aient été trop souvent et trop longtemps considérés comme les sources d'un véritable droit, c'est ce qui est malheureusement incontestable. Mais les erreurs des anciens, en politique et en législation, n'ont nullement altéré les bases de la morale et du droit naturel, pas plus que les garanties accordées à la propriété, chez les modernes, ne peuvent altérer le caractère essentiel de la richesse, changer la nature de la valeur et déplacer son origine.

M. Say a consacré à l'économie politique un ouvrage trop remarquable et trop étendu, pour qu'on n'y trouve pas quelque chose sur un objet aussi important que la propriété. Et il faut dire en outre que M. Say s'est bien gardé de confondre la propriété avec

Auguste Walras

la richesse, le droit naturel avec l'économie politique ; mais quelque mérite qu'il y ait dans les idées qu'il a émises à ce sujet, il est évident qu'elles sont loin d'être complètes, et qu'elles laissent à désirer des explications plus profondes et plus catégoriques.

Après avoir donné, dès les premiers chapitres de son ouvrage, la théorie de la production, telle qu'il la comprend, M. Say passe immédiatement à l'examen des causes accidentelles favorables ou contraires à la production et au nombre des faits de la première espèce, il place avec raison et en première ligne le droit de propriété. « Le philosophe spéculatif, dit M. Say, peut s'occuper à chercher les vrais fondements du droit de propriété ; le jurisconsulte peut établir des règles qui président à la transmission des choses possédées ; la science politique peut montrer quelles sont les plus sûres garanties de ce droit ; quant à l'économie politique, elle ne considère la propriété que comme le plus puissant des encouragements à la multiplication des richesses. Elle s'occupera peu de ce qui la fonde et la garantit, pourvu qu'elle soit assurée. On sent, en effet, que ce serait en vain que les lois consacreraient la propriété, si le gouvernement ne savait pas faire respecter les lois, s'il était au-dessus de son pouvoir de réprimer le brigandage, s'il l'exerçait lui-même, si la complication des dispositions législatives et les subtilités de la chicane rendaient tout le monde incertain dans sa possession. On ne peut dire que la propriété existe que là où elle existe non-seulement de droit, mais de fait. C'est alors seulement que l'industrie obtient sa récompense naturelle et qu'elle tire le plus grand parti possible de ses instruments: les capitaux et les terres. »

« Il y a des vérités tellement évidentes, ajoute M. Say, qu'il paraît tout-à-fait superflu d'entreprendre de les prouver. Celle-là est du nombre. Qui ne sait que la certitude de jouir du fruit de ses terres, de ses capitaux, de son labeur, ne soit le plus puissant encouragement qu'on puisse trouver à les faire valoir ? Qui ne sait qu'en général nul ne connaît mieux que le propriétaire le parti qu'on peut tirer de sa chose, et que nul ne met plus de diligence à la conserver [1] ? » [26]

Je suis tout-à-fait de l'avis de M. Say. Non-seulement le droit de propriété est le plus puissant des encouragements à la production ; mais c'est encore là une vérité qui n'a pas besoin de démonstration. J'ajouterai que si les garanties accordées à la propriété sont une condition favorable à la multiplication des richesses, un bon système de propriété n'est pas moins propre à provoquer le même résultat. Il ne suffit pas, selon moi, que la propriété soit assurée ; il est bon aussi que chacun possède ce qu'il doit réellement posséder. Il ne suffit pas que le gouvernement fasse respecter les lois ; il convient aussi que les lois soient bonnes. Et cette vérité me paraît tout aussi évidente que l'autre. Mais de bonne foi, est-ce là tout ce qu'il y a à dire au sujet de la propriété ? L'économiste qui aura fait ces deux observations, pourra-t-il s'arrêter là, et laisser le champ libre au politique, au jurisconsulte, au philosophe ? Je pense, quant à moi, que c'est à l'économie politique qu'il appartient de signaler le rapport qui existe entre la propriété et la richesse, et de faire remarquer que ce sont précisément les mêmes choses qui font l'objet de la propriété, qui font aussi l'objet de l'économie politique ; que les biens que l'on s'approprie sont les mêmes qui ont de la valeur, et que l'origine de la valeur et de l'appropriabilité se trouve dans un même fait, qui est la rareté de certains biens, ou la limitation de certaines choses utiles. Ce point de vue a bien aussi son importance, et ceux qui l'ont négligé se sont condamnés par cela même à de grandes difficultés. C'est-là ce qui est arrivé à M. Say. La plupart des embarras qu'il a éprouvés, dans l'exposition de sa doctrine, tiennent évidemment à ce que son système est resté incomplet sur un point aussi essentiel. On peut en voir la preuve dans les réflexions par lesquelles M. Say termine le chapitre qu'il a consacré aux agents naturels de la production.

« Parmi les agents naturels, dit M. Say, les uns sont susceptibles d'appropriation, c'est-à-dire de devenir la propriété de ceux qui s'en emparent, comme un champ, un cours d'eau ; d'autres ne peuvent

---

1 *Traité d'Économie politique*, 5e édition, t. 1er, p. 164.

Auguste Walras

s'approprier, et demeurent à l'usage de tous, comme le vent, la mer et les fleuves qui servent de véhicules, l'action physique ou chimique des matières les unes sur les autres, etc. »

« Nous aurons occasion de nous convaincre que cette double circonstance d'être et de ne pas être susceptibles d'appropriation pour les agents de la production, est très-favorable à la multiplication des richesses. Les agents naturels, comme les terres, qui sont susceptibles d'appropriation, ne produiraient pas à beaucoup près autant, si un propriétaire n'était assuré d'en recueillir exclusivement le fruit, et s'il n'y pouvait, avec sûreté, ajouter des valeurs capitales qui accroissent singulièrement leurs produits. Et, d'un autre côté, la latitude indéfinie laissée à l'industrie de s'emparer de tous les autres agents naturels, lui permet d'étendre indéfiniment ses progrès. Ce n'est pas la nature qui borne le pouvoir productif de l'industrie; c'est l'ignorance ou la paresse des producteurs et la mauvaise administration des états [1]. » [27]

Certes, il est impossible de trouver une opinion plus accommodante que celle de M. Say. Et, en effet, que les agents naturels soient susceptibles d'appropriation ou qu'ils ne le soient pas, tout cela lui paraît également favorable à la multiplication des richesses. Il y a des agents qu'on peut s'approprier; tant mieux, dit M. Say. Il y a des agents qu'on ne peut pas s'approprier ; tant mieux encore. Il est cependant difficile de comprendre comment deux circonstances opposées peuvent concourir au même résultat, et le fait est que l'observation de M. Say est fausse de tout point ou, pour mieux dire, elle n'est vraie qu'à moitié. Les agents naturels qu'on ne peut pas s'approprier, offrent réellement une circonstance très-favorable à l'humanité, puisqu'ils appartiennent à tout le monde, et que tout le monde peut en user et en jouir, sans borne et sans limite. Quant aux agents qui appartiennent à certaines personnes, ils offrent un caractère tout différent. Tout le monde ne peut pas en jouir à la fois. Ceux qui les possèdent en font, payer le service à ceux qui en

---

1 *Traité d'Économie politique*, 5e édition, t. 1er, p. 41.

ont besoin, et cette circonstance n'est nullement avantageuse à ces derniers[1]. Si la limitation de certains biens offre à l'espèce humaine quelque avantage, c'est dans un point de vue tout-à-fait moral ; mais ce n'est pas sous le rapport de l'économie politique, ainsi que j'aurai occasion de le démontrer, lorsque j'étudierai le caractère de la valeur et de la richesse qu'elle constitue.

Je sais bien que dans l'état où elle est, la terre produirait mains, si la propriété n'en était pas garantie et assurée à certaines personnes ; mais l'inviolabilité de la propriété foncière n'est qu'un remède moral appliqué à un inconvénient économique, antérieur et supérieur, inconvénient qui résulte de la limitation des fonds de terre. Si le sol cultivable était illimité, ou si la force végétative du sol ne connaissait elle-même aucune borne, les richesses se multiplieraient facilement, sans le concours de l'appropriation. Supposé que les productions de la terre fussent aussi abondantes que l'air respirable ou la lumière du soleil, je crois qu'on pourrait fort bien se passer de propriétaires fonciers.

Ce n'est pas la nature qui borne le pouvoir productif de l'industrie, dit M. Say. Eh quoi ! n'est-ce pas la nature qui a borné le sol cultivable à une certaine étendue, et les productions de ce sol à une ou deux récoltes par an ? N'est-ce pas la nature qui engloutit les moissons dans un orage ou dans une inondation ? Je sais tout ce qu'on peut dire de l'ignorance et de la paresse des hommes, et des désastres occasionnés par une mauvaise administration. Mais supposez des hommes très-instruits, pleins d'ardeur, et d'activité, donnez-leur le meilleur gouvernement possible, leur industrie, quelque brillante qu'on la suppose, n'en sera pas moins bornée par de nombreux obstacles, obstacles qui prennent leur origine dans des faits naturels indestructibles, et au nombre desquels il faut placer la limitation des fonds de terre. Sans cela que deviendrait le système de M. Malthus sur la population, système pour lequel M. Say n'a pas hésité à se prononcer?[28]

---

1 *Note de J.-B. Say : Si fait.*

Auguste Walras

D'ailleurs il ne s'agit pas encore de rechercher en quoi l'appropriation ou la non-appropriation de certains agents peut être favorable ou défavorable à l'industrie humaine. La question capitale ici c'est de savoir pourquoi certains agents sont susceptibles d'appropriation et pourquoi d'autres ne le sont pas. Or, il est évident que les seuls biens qu'on puisse s'approprier sont ceux qui sont limités dans leur quantité, et que les biens qu'on ne peut pas s'approprier sont ceux qui existent en une quantité illimitée, et qui se trouvent par cela même à la disposition de tout le monde. Tel est le fait jusqu'auquel il faut remonter. Alors on reconnaît que la limitation de certaines choses utiles est la cause première de leur valeur, et de la faculté qu'elles ont d'être possédées exclusivement par certaines personnes. Alors on saisit le véritable lien qui unit l'économie politique à la théorie de la propriété ; on se fait une idée nette et précise de l'objet unique qui sert de base à deux sciences bien distinctes, et on se met en état de les éclairer l'une et l'autre d'une vive lumière. Quel que soit donc le mérite que M. Say a déployé dans ses réflexions sur la propriété, on peut dire qu'il n'a pas creusé son sujet assez profondément, et qu'il a méconnu le fait fondamental auquel doivent se rattacher la théorie de la propriété et celle de la richesse.

Chapitre V

*Du véritable objet de la propriété et de la richesse. - distinction
entre le droit naturel et l'économie politique. - de la nécessité de
diviser les richesses en plusieurs espèces, et du principe (qui doit
servir de base à cette division. - de l'opposition établie par M.
SAY entre la richesse naturelle et la richesse sociale. - vice de cette
opposition. - l'économie politique est la science de la valeur.*

Les choses extérieures à l'homme, les êtres impersonnels,
autrement dit, lorsqu'on les considère sous le seul rapport de leur
utilité, sont de deux sortes : ils sont limités ou illimités. Les choses
illimitées sont en dehors de la propriété et de la richesse proprement
dite. Ce sont des biens qu'on ne peut s'approprier, et des richesses
qu'on ne peut apprécier. Ces choses-là ne font point l'objet du droit
naturel ni de l'économie politique. Les choses limitées, au contraire,
doivent à leur limitation un double caractère qui les soumet au droit
naturel et à l'économie politique. Les choses limitées deviennent
coercibles. Comme telles, elles sont passibles d'appropriation,
et susceptibles d'une possession et d'une jouissance exclusives.
Considérées comme des biens ou comme des choses utiles, elles
sont rares. A ce titre, elles obtiennent de la valeur, c'est-à-dire que
leur possession est avantageuse à celui qui en est investi ; et, encore
une fois, que l'on s'entende bien sur la nature de cet avantage. La
possession d'un objet utile et limité n'est pas avantageuse en ce sens
seulement que son utilité le rend propre à satisfaire un besoin, ou
à procurer une jouissance ; elle est avantageuse aussi en cet autre
sens que, vu sa limitation ou sa rareté, plusieurs hommes en sont
privés, et que ceux-là même qui le possèdent, n'en possèdent qu'une
quantité déterminée ; en sorte que ceux qui possèdent un objet utile
et limité, sont plus heureux que ceux qui ne le possèdent pas, et que
ceux qui en possèdent une certaine quantité sont dans une situation
plus favorable que ceux qui n'en possèdent que l'a moitié, le tiers,
le quart ou le sixième. Or, ce dernier avantage est le seul qui puisse
s'apprécier exactement, puisqu'il se mesure, sinon sur la *qualité*, au
moins sur la *quantité* de l'objet utile, et comme tel, il n'y a que lui qui

puisse donner lieu à une science.

C'est à la *morale* et au *droit naturel* qu'il appartient de s'expliquer sur la nature et le sort des choses coercibles, et sur les différentes manières, s'il y en a plusieurs, dont elles peuvent être jouies et exploitées sous le rapport du droit. L'économiste n'a point, à considérer les choses sous ce point de vue. Mais les principes du droit naturel n'auront jamais autant de force que lors qu'ils s'appuieront sur la connaissance de la valeur et de son origine, et sur la théorie de la *limitation,* qui engendre tout à la fois et la *valeur* et la propriété. Il m'était nécessaire d'indiquer le rapport qui unit le droit naturel à l'économie politique. Je ne pouvais me dispenser, en étudiant le fait de la limitation, de signaler la double conséquence qui en dérive. Après avoir satisfait à cette obligation, je me hâte de revenir à mon but. Je laisse de côté le point de vue de la propriété et de la justice; je ne pouvais ici que lui rendre hommage, en passant ; et après avoir fait toutes les réserves nécessaires, en faveur de la morale et du droit naturel, je retourne à l'économie politique, et je me renferme exclusivement dans le point de vue de l'utilité, puisque l'économie politique s'occupe de l'utilité et de l'utilité seule.

Or, je le répète, tous les biens dont nous jouissons, quelle qu'en, soit la nature, qu'ils soient limités ou illimités, n'en sont pas moins des biens, c'est-à-dire des choses utiles, et par conséquent des richesses. Dans son acception, la plus large, le mot richesse est synonyme: d'utilité. Mais avec l'utilité seule on ne fera jamais une science. Dès qu'on aura dressé un catalogue de tous les objets qui nous sont utiles, on sera forcé de s'arrêter là. Tout au plus pourra-t-on établir différents degrés d'utilité entre les choses dont nous nous servons. On pourra distinguer l'utile et l'agréable, le nécessaire et le superflu. On pourra distinguer entre les besoins avoués par la raison et la morale, et les besoins engendrés par le caprice et par la corruption. Mais il n'y a rien dans tout cela de l'exactitude et de la précision qu'on s'attend à trouver dans la science de la richesse, et que l'idée de la valeur semble entraîner avec elle. Aussi la plupart

Chapitre IV

des économistes modernes, après avoir proclamé que la richesse consistait dans la possession des choses utiles, ont-ils senti le besoin de diviser les richesses en plusieurs espèces ; et sans entrer ici dans le détail de toutes les tentatives qui ont été faites à ce sujet, il nous suffit de remarquer qu'elles proviennent toutes d'un sentiment réel de ce qui est. Les écrivains ont bien pu se tromper, et différer les uns des autres, sur le principe de cette distinction ; mais les efforts qu'ils ont faits pour en établir une, justifient, de notre part, la poursuite du même but.

Que si l'on veut diviser les richesses en plusieurs espèces, il faut chercher parmi elles un caractère distinctif. Or, parmi toutes les différences qui se présentent dans cette multitude d'objets qui nous sont utiles, il n'y en a pas de plus saillante, selon moi, que celle qui nous montre, d'un côté, des utilités immensément et universellement répandues, telles que l'air respirable, la lumière du soleil, la chaleur naturelle, etc., et, d'un autre côté, des, objets tout aussi utiles, mais dont la quantité est naturellement limitée ou bornée, comme la superficie terrestre ou le sol cultivable, les animaux qui peuplent l'air, la mer et les forêts, les métaux qui gisent au sein de la terre, les fruits qui croissent à sa surface.

Ces derniers biens, étant naturellement rares ou limités, deviennent par cela même *précieux,* dans la signification propre et rigoureuse de ce, mot, c'est-à-dire *dignes de prix.* Ils tirent de leur rareté même une valeur, qualité qui en fait une classe à part, et qui, sans détruire leur utilité, sur laquelle même elle repose, n'en provient pas pourtant directement. Encore une fois, rien n'a de la valeur, s'il n'est préalablement utile ; mais autre chose est d'être utile, autre chose est d'avoir de la valeur. L'utilité dérive de la nature intime de la chose comparée à la nature humaine, la valeur dérive de la rareté. C'est parce qu'une chose est rare, et uniquement parce qu'elle est rare, qu'elle se vend et qu'elle s'achète, autrement dit qu'elle devient *échangeable* et qu'elle tombe dans le *commerce.* A côté d'un homme qui la possède, il y en a mille qui ne la possèdent pas, et son acquisition de la part de tous ceux qui n'en sont pas propriétaires, ne peut plus être gratuite ; elle ne l'est pas du moins, dans la plupart des cas ; car elle exige le sacrifice d'un autre objet, et non seulement d'un objet utile, en général, mais d'un objet utile et rare tout ou d'un objet qui ait lui-même une valeur, 'et qui plus est une valeur égale à celle de l'objet que l'on veut acquérir.

On voit maintenant pourquoi j'ai commencé par définir la *richesse*, la *possession d'une valeur*. Je n'avais alors d'autre but que d'indiquer l'objet de l'économie politique. Or cet objet se trouve tout entier dans *l'utilité limitée*, dans la *richesse appréciable*. La richesse qui consiste dans la possession des choses utiles en général, ne saurait être l'objet de l'économie politique. Cette science ne s'occupe que des biens limités, c'est-à-dire de ceux et de ceux-là seuls qui ont de la valeur. « Les seules richesses dont il est question en économie politique, dit M. Say, se composent des choses que l'on *possède*, et qui ont une *valeur* reconnue[1]. » Il est impossible de signaler l'objet de l'économie politique d'une manière plus nette et plus précise que M. Say ne l'a fait dans cette phrase ; et je m'étonne qu'après un aperçu si juste et si exact, M. Say ait laissé subsister, dans les principes fondamentaux de sa doctrine, une contradiction manifeste et des erreurs qu'il est urgent de relever. Et, en effet, si l'économie politique ne s'occupe que des choses que l'on possède, il est impossible de faire entrer dans le cadre de cette science, la description de tous les biens ou île toutes, les choses utiles dont l'homme peut jouir ; et, d'un autre côté, si la valeur vient de l'utilité, et que l'économie politique s'occupe de la valeur, elle s'occupe donc de tout ce qui est utile. De deux choses l'une : ou la valeur est une suite de l'utilité, et alors tout ce qui est utile a de la valeur, et l'économie politique est la science de l'utilité ; ou l'économie politique ne s'occupe que de la valeur, et alors la valeur a une autre cause, un autre principe que l'utilité. Cette dernière maxime est au fond celle de M. Say[2].

---

1 *Catéchisme d'Économie politique*, 30 édition, chap. I.

2 *Note de J.-B. Say :* Pardieu ! Je le crois bien ; ne fais-je pas entrer les frais de production comme un des fondements de la valeur ? Voilà *la limitation* dont se vante M. Walras.

Après avoir proclamé que l'utilité est le véritable fondement de la valeur, et que la valeur est l'objet de l'économie politique, ce célèbre auteur n'en éprouve pas moins le besoin d'établir une distinction parmi les choses utiles. S'il n'avait pas méconnu la véritable origine de la valeur, son principe était tout trouvé. En séparant l'utilité limitée de l'utilité illimitée, il arrivait, tout de suite à la distinction que j'ai établie ci-dessus, entre la richesse appréciable et la richesse inappréciable, entre l'utilité qui vaut, et l'utilité qui ne vaut pas, et il tenait en main la clef de l'économie politique. Mais M. Say ayant méconnu la véritable origine de la valeur, cette erreur l'a conduit à une autre. Pour arriver à une division des choses utiles, il a été obligé d'invoquer un autre principe que celui de la limitation. Il a donc établi sa distinction entre *l'utilité spontanée* et *l'utilité produite*, entre *la richesse naturelle* et la *richesse sociale*.

« Tous les biens capables de satisfaire les besoins des hommes, ou de gratifier leurs désirs, dit M. Say, sont de deux sortes : ce sont ou des *richesses naturelles* que la nature nous donne gratuitement, comme l'air que nous respirons, la lumière du soleil, la santé ; ou des *richesses sociales*, que nous acquérons par des services productifs, par des travaux. »

« Les premières ne peuvent pas entrer dans la sphère de l'économie politique, par la raison qu'elles ne peuvent être ni produites, ni distribuées, ni consommées. »

« Elles ne sont pas *produites*, car nous ne pouvons pas augmenter, par exemple, la masse d'air respirable qui enveloppe le globe ; et quand nous pourrions fabriquer de l'air respirable, ce serait en pure perte, puisque la nature nous l'offre tout fait. »

« Elles ne sont pas *distribuées*, car elles ne sont refusées à personne, et là où elles manquent (comme les rayons solaires à minuit) elles sont refusées à tout le monde. »

Auguste Walras

« Enfin, elles ne sont pas *consommables,* l'usage qu'on en fait ne pouvant en diminuer la quantité. »

« Les *richesses sociales,* au contraire, sont tout entières le fruit de la *production,* elles n'appartiennent qu'à ceux entre lesquels elles se *distribuent* par des procédés très compliqués et dans des proportions très-diverses ; enfin elles s'anéantissent par la *consommation.* Tels sont les faits que l'économie politique a pour objet de décrire et d'expliquer [1] [2]. »

M. Say distingue donc, comme on le voit, des *richesses naturelles* et des *richesses sociales.* Ce qui caractérise les premières, suivant lui, c'est qu'elles ne sont ni produites, ni distribuées, ni consommées. Ce qui caractérise les secondes, C'est qu'elles sont exclusivement productibles, distribuables et consommables. Il faut rendre justice à M. Say ; il faut lui savoir gré d'avoir senti le besoin de diviser les richesses en plusieurs espèces, et d'avoir voulu [3] introduire dans cette division de la précision et de l'exactitude ; mais il faut regretter que la tentative qu'il a faite a ce sujet n'ait pas été couronnée d'un meilleur succès, et qu'elle soit fondée sur une erreur manifeste. Et d'abord est-il bien vrai que les richesses naturelles ne soient ni produites, ni distribuées, ni consommées ? Il me paraît très-facile, au contraire, de signaler un grand nombre de biens ou d'utilités naturelles qui se produisent, se distribuent et se consomment, tout aussi bien que des utilités artificielles. Ce qu'on appelle les produits naturels de la terre, les fruits, les plantes, les arbres, les animaux sauvages, ne sont-ils pas produits et consommés, ne se distribuent-ils pas sur la surface de la terre, et entre tous les hommes qui l'habitent, suivant les différentes circonstances du sol et du climat ? Les exemples d'utilité naturelle invoqués par M. Say, l'air respirable et la lumière, sont empruntés, il est vrai, à cette classe d'objets que j'ai appelés choses incoercibles

---

1 *Catéchisme d'Économie politique, 3e édition, n. 1.*

2 *Note de J.-B. Say : Et voilà qui réduit à rien votre découverte sur la limitation, et tous les reproches que vous m'opposez.*

3 *Note, de J.-.B. Say : Voulu est* bon !

ou biens illimités. On peut dire, si l'on veut, que ces biens ne sont ni produits, ni consommés, ou que du moins s'ils se produisent et se reproduisent, cela se fait sans le concours de l'homme. Mais est-il vrai qu'ils ne soient pas distribués ? Il me semble qu'ils se distribuent parfaitement entre tous les hommes de l'univers. La raison que M. Say donne du contraire est véritablement singulière. *Elles ne sont pas distribuées,* dit-il (les richesses naturelles) *car elles ne sont refusées à personne.* Cette dernière circonstance me paraît une preuve décisive de leur bonne distribution. Si elles ne sont refusées à personne, elles sont donc très-bien distribuées, elles se distribuent le mieux du monde. Que si personne n'en est privé, ce n'est pas, comme le dit M. Say, parce qu'elles offrent une utilité naturelle, c'est parce qu'elles sont illimitées dans leur quantité.

Pour ce qui est des biens sociaux, de ceux que M. Say regarde comme exclusivement susceptibles d'être produits, distribués et consommés, le vice de sa division est tout aussi apparent, dans ce second cas, que dans le premier. Il y a des choses qui ont de la valeur et qui ne sont pas produites par le travail, ou, si l'on veut, par l'industrie humaine. Les productions naturelles que je citais plus haut, telles que les animaux, les végétaux et les minéraux sont des richesses sociales, autrement dit des biens qui ont de la valeur, et que la nature nous donne gratuitement. Sans doute ceux qui les possèdent nous les font payer ; mais les premiers acquéreurs sont loin de les avoir créés, et il y a toujours quelqu'un qui les a obtenus gratuitement. Le travail lui-même ou la capacité de travailler, notre force corporelle ou nos facultés intellectuelles, les fonds de terre ou le sol cultivable sont encore des biens sociaux, des biens qui ont de la valeur, et qui ne sont pas le fruit de la production. La chose est assez évidente pour n'avoir pas besoin de preuves ; elle est hors de toute contestation. Parmi tous ces biens naturels et gratuits, et qui n'en sont pas moins des biens sociaux, ou des valeurs, il y en a beaucoup, et c'est le plus grand nombre, qui se consomment; mais il y en a aussi qui ne se consomment pas : témoins les fonds de terre qui sont bien certainement une richesse sociale, et qui ne se consomment pas, qui sont aussi incapables d'être consommés que d'être produits. Tout

Auguste Walras

cela accuse la division de M. Say; et ce qu'il y a de plus favorable pour notre opinion, c'est que cet auteur s'est donné lui-même un démenti formel, tant la vérité a de force sur les bons esprits ! Après avoir répété, quelque part, que « les richesses sociales ne sont point un don gratuit fait à l'homme, qu'elles ont nécessairement une valeur, et qu'il faut toujours les payer, soit par un travail qui a un prix, soit par un autre produit qui a prix un également », M. Say ajoute:[29] « On doit en excepter, toutefois, les produits du fonds de terre qui sont une valeur que le propriétaire, ou ses prédécesseurs, possèdent à titre gratuit, et qu'ils ne cèdent pas de même [1] [2]. » Voilà une exception à la règle de M. Say; et certes l'exception est assez forte pour affaiblir considérablement l'importance du principe ; mais cette exception, tout grave qu'elle est, n'est pas la seule, comme on l'a déjà vu. Il y a bien d'autres richesses sociales qui sont gratuites, pour le premier possesseur. L'ouvrier est évidemment dans le même cas que le propriétaire foncier. Nos facultés personnelles ont une valeur que nous possédons tous à titre gratuit, et que nous ne cédons pas de même. Le travail est le patrimoine de l'individu, comme la terre cultivable, où la force végétative du sol est le patrimoine de l'espèce humaine. Les fonds de terre et les capacités industrielles sont des valeurs primitives, des richesses sociales et naturelles qui ne sont pas le fruit de la production, et qui n'en sont pas moins l'objet de l'économie politique.

Et qu'on ne croie pas que M. Say soit demeuré le, moins du monde étranger a ces idées. Il a trop longtemps, et trop habilement cultivé la science de la richesse, pour que des faits aussi patents pussent toujours se dérober à sa sagacité ; et il fallait bien qu'ils s'introduisissent, tôt ou tard et de manière ou d'autre, dans sa théorie. Je viens de citer un passage de *son Catéchisme*, où M. Say a avoué la moitié de la vérité ; en voici un autre du même ouvrage où la vérité lui est échappée tout entière.

---

1 *Catéchisme d'économie politique, 3e* édition, n. 5.

2 *Note de J.-B.* Say : hé bien, voilà vos biens saisissables ! J'ai dit ce qui est, et vous dites la même chose en d'autres termes.

« La force corporelle et l'intelligence, dit M. Say, sont des *dons* gratuits [1] que la nature accorde spécialement à l'individu qui en jouit. Les fonds de terre sont des *dons gratuits* faits, en général, à l'espèce humaine qui, pour son intérêt, a reconnu que certains hommes, en particulier, devaient en avoir la propriété exclusive[2]. »

Je laisse de côté la question de savoir si l'humanité a bien ou mal fait d'abandonner à certains individus la ‚propriété exclusive des fonds de terre, et si, en supposant que son intérêt l'eût portée jusqu'à présent à reconnaître la légitimité de cette institution, son intérêt pourrait ou ne pourrait pas aujourd'hui lui inspirer une meilleure résolution. Cette question est du ressort de la morale et du droit naturel, et je ne m'occupe ici que d'économie politique.[30] Il suffit donc au but que je me propose en ce moment, de faire remarquer que M. Say a parfaitement reconnu cette vérité que les fonds de terre, d'une part, *et* d'une autre part, les facultés industrielles sont des *dons gratuits* que la nature accorde soit à l'humanité, soit aux individus. Et comme il est incontestable que les fonds de terre et les facultés industrielles sont des biens qui ont de la valeur et qui font l'objet de l'économie politique, puisque M. Say lui-même n'a pas hésité à les mettre au nombre de nos fonds productifs, il n'en faut pas davantage que cet aveu pour ruiner entièrement le principe que la richesse sociale est toujours le fruit de la production [3], que toutes les valeurs sont des produits, et que l'économie politique ne s'occupe d'aucune richesse naturelle et gratuite.

M. Say ne s'est sans doute pas aperçu qu'en disant, d'un côté, que la valeur vient de l'utilité, et, d'un autre côté, que la richesse sociale ne se compose que de produits [4], il se mettait en contradiction

---

1 *Note de J.-B. Say: M.* Say se trompe, parce qu'il dit la vérité ! Comme s'il avait jamais dit quelque chose qui affaiblit cette vérité !

2 *Catéchisme d'économie politique, 3e* édition, p. 46 en note.

3 *Note de J.-B. Say : Tous les* fruits de la production sont des produits et des richesses; mais toutes les richesses ne sont pas des produits.

4 *Note de J.-B. Say : Je* ne l'ai pas dit.

Auguste Walras

avec lui-même, et qu'il était impossible qu'il eût raison à la fois sur chaque point. Et, en effet, les deux propositions qui forment la base de sa doctrine, ont cela de particulier qu'elles sont erronées l'une et l'autre, et que de plus, elles sont contradictoires. Il répugne que l'utilité soit le fondement de la valeur, et que la richesse sociale qui ne se compose que de valeurs, soit entièrement le fruit. de la production. Ou la valeur vient de l'utilité, et alors tout ce qui est utile a de la valeur, et tout ce qui est utile tombe dans le domaine de l'économie politique ; ou il n'y a que l'utilité produite qui ait de la valeur et qui fasse l'objet de cette science, et alors la valeur des produits ne vient pas de leur utilité, mais elle vient du principe quelconque qui leur a donné cette utilité. Je ne crois pas que M. Say puisse échapper à ce dilemme.

Si j'avais à m'occuper ici de la production, je montrerais facilement que M. Say s'est trompé tout à fait sur la nature de ce phénomène, et sur son véritable caractère, et que l'erreur qu'il a commise, à ce sujet, est une suite nécessaire de l'ignorance générale où l'on est demeuré jusqu'à présent sur la nature de la richesse, aussi bien que sur la nature des capitaux et des revenus, et sur le rôle que jouent, en économie politique, ces deux espèces de valeurs [1]. Mais une discussion sur ce sujet m'entraînerait trop loin du but que je me propose en ce moment. Je dois me contenter ici de repousser la distinction établie par M. Say entre la richesse naturelle et la richesse sociale, et je crois en avoir dit assez pour montrer combien elle est vicieuse. Ce n'est pas que je blâme en lui-même l'emploi de ces expressions : *biens naturels, biens sociaux.* Mais ce que je ne puis admettre également, c'est l'opposition que M. Say a cru devoir établir entre ces deux espèces de richesses. Je pense, quant à moi, qu'il y a, dans la richesse sociale, quelque chose de naturel, et qu'il ne manque pas de valeurs acquises gratuitement par le premier propriétaire. On peut bien distinguer, comme on l'a déjà fait, des *richesses naturelles* et des *richesses artificielles,* en désignant

---

1 *Note de J.-B. Say :* Il est trop évident que M. Say ne sait ni ce que C'est que la richesse, ni ce que sont et capitaux et revenus ! Je suis vraiment honteux de m'être si mal expliqué que je ne sois pas compris par M. Walras.

Chapitre IV

sous le premier titre, celles qui nous sont données gratuitement par la nature, et en rangeant dans la seconde classe, celles qui sont le produit du travail ; mais ce sera toujours une grande erreur de croire que ces dernières sont les seules qui aient de la valeur, et qui fassent l'objet de l'économie politique. Cette science s'occupe de tous les biens appréciables, et les biens naturels se trouvent dans ce dernier cas, dès qu'ils sont limités dans leur quantité. Ainsi la terre cultivable et la capacité industrielle de l'homme sont des richesses naturelles et sociales en même teins. La véritable distinction qu'il y ait à faire, parmi tous les biens dont nous jouissons, n'est donc pas celle de M. Say, entre la richesse naturelle et la richesse sociale c'est celle que j'ai indiquée moi-même entre les biens illimités et les biens limités ; et la seule chose qu'il faille bannir de l'économie politique, ce sont les biens illimités ou les richesses inappréciables.

Quant aux biens limités, qu'ils soient naturels ou artificiels, ils deviennent l'objet de l'économie politique, par la raison qu'ils ont de la valeur, et que, du moins, sous ce rapport, ils peuvent être appréciés d'une manière exacte et rigoureuse. La science de la richesse proprement dite, c'est la *science de la valeur*, et tel devrait être, si je ne me trompe, le véritable titre de tous nos travaux économiques. Or, la valeur vient de la rareté, et il n'y a que les biens rares qui puissent valoir quelque chose ; de sorte qu'en jetant sur nous-mêmes un regard sévère et impartial, et en nous laissant guider par le sens qu'on attache vulgairement à l'idée de la *rareté,* nous pourrions être tentés de dire que l'économie politique n'est pas tant la science de la richesse que la science de la *pauvreté* [1]. Et effectivement elle ne s'occupe point de ces biens illimités, c'est-à-dire universels, surabondants et indestructibles dont la jouissance ne coûte rien et n'est refusée à personne. Elle s'occupe seulement de ces biens limités, de ces utilités rares et fragiles que tant de gens ambitionnent en vain, qui se consomment si rapidement entre lés mains de ceux qui les possèdent, dont la reproduction coûte des peines infinies, et que la misère et la cupidité des hommes se

---

1 Note de J.-B. Say : Voilà une grande pauvreté : rien n'est si rare à Paris que les nids d'oiseaux bons à manger : voilà donc la richesse la plus grande.

Auguste Walras

disputent avec une si vive anxiété, quelquefois même et trop souvent avec la plus horrible violence.

Mais pour être exact, il faut dire qu'il y a deux espèces de richesses, l'une qui consiste dans la possession des choses utiles, et l'autre qui consiste dans la possession des valeurs. Ces deux espèces de richesses diffèrent essentiellement l'une de l'autre. La première n'est susceptible que d'une appréciation morale, tandis que la seconde peut s'apprécier d'une manière exacte et, rigoureuse. Or celle-ci est la seule qui fasse l'objet de l'économie politique, et on peut l'appeler la richesse ou la pauvreté suivant le point de vue où l'on se place pour la considérer. Si l'on fait attention qu'il y a des biens que la nature nous prodigue en une quantité illimitée, on pourra donner le nom de pauvreté ou de dénuement à la situation où nous sommes relativement aux biens limités, aux utilités rares. Et si l'on examine l'hypothèse où les biens qui existent en une certaine quantité n'existeraient pas du tout, on donnera le nom d'abondance ou de richesse à la quantité telle quelle de ces biens dont nous pouvons jouir. C'est ainsi que la richesse est entendue et, comprise, en économie politique ; et, sous ce point de vue, la richesse et la pauvreté, qui semblent s'exclure mutuellement, sont identiques dans leur essence. Nous sommes riches et nous sommes pauvres, tout à la fois, par la même raison que nous, sommes en même temps grands et petits, forts et faibles, jeunes et vieux. Notre position ici-bas n'est pas un, état de richesse absolue, ni de pauvreté complète. Nous sommes riches jusqu'à un certain point, et nous sommes pauvres sous bien des rapports. La pauvreté, je l'ai déjà dit, n'est qu'une moindre richesse ; mais la richesse proprement dite, celle qui consiste dans la possession des utilités rares, n'est qu'une moindre pauvreté. Cette valeur dont la possession nous enorgueillit est un témoignage de notre, misère ; car elle prouve, non la munificence absolue de la nature envers l'homme, mais la parcimonie avec laquelle elle nous a traités à certains égards.

Il y a plus. L'idée de la pauvreté est inséparable de celle de la richesse proprement dite. Ces deux phénomènes sont corrélatifs. A côté d'un homme riche, il y en a mille qui sont pauvres, et qui sont d'autant plus pauvres que le premier est plus riche. C'est ce que je vais essayer de démontrer.

Auguste Walras

Chapitre VI

Caractères opposés de la valeur et de l'utilité - désavantage économique occasionné par la valeur et par la cause qui la produit. - la richesse et la pauvreté sont corrélatives.

En comparant l'utilité et la valeur, on s'aperçoit non seulement que ces deux qualités diffèrent entreilles, et que par conséquent la première ne saurait servir de cause à la seconde ; on voit encore qu'elles présentent des caractères tout opposés. L'utilité est une chose bonne et agréable en elle-même, et nous ne saurions trop remercier la Providence d'avoir placé autour de nous cette multitude d'objets divers qui, à tel titre ou à tel autre, sont tous plus ou moins propres à satisfaire nos besoins et à nous procurer des jouissances. La valeur est aussi une chose bonne et avantageuse pour celui qui la possède, puisque l'objet dans lequel elle réside peut, par son utilité, contribuer à la satisfaction d'un besoin ou à la production d'une jouissance, et que, par la valeur dont il est doué, il donne a son possesseur le moyen d'obtenir en échange d'autres valeurs, et par conséquent d'autres objets utiles. Considérée en elle-même et dans son origine, qui est la rareté de certains biens, la valeur ne présente pas le même caractère. Loin de constituer une richesse dans le sens le plus étendu, elle atteste jusqu'à un certain point le dénuement de l'espèce humaine ; car elle suppose que tous les hommes ne peuvent pas jouir à la fois de l'utilité qui a de la valeur [1], et que ceux-là même qui en jouissent n'en ont qu'une certaine quantité à leur disposition, quantité souvent inférieure à leurs besoins, et tout au moins à leurs désirs.

Je ne prétends pas dire au reste, qu'on y prenne garde, que la valeur soit une chose absolument et moralement mauvaise. La limitation de certaines choses utiles fait sans doute partie de l'ordre universel, et remplit dignement la place qui lui a été assignée par l'auteur de la nature. Si Dieu avait voulu que tous nos besoins fussent satisfaits

---

1 *Note de J.-B. Say : L'auteur* ayant *prouvé* que la pauvreté est richesse, doit prouver que c'est un bien ; une absurdité conduit à une autre.

par des biens illimités, sans doute il aurait pu le faire ; et, puisqu'il en a disposé autrement, il faut croire qu'il a eu un but : ce but même n'est pas difficile à saisir. La rareté de certains biens, la valeur dont ils sont doués et le sacrifice qu'exige leur acquisition, sont très-propres à donner l'essor à notre industrie, et contribuent puissamment au développement de toutes nos facultés. Ainsi, sous le rapport de la morale et d'une saine philosophie, la limitation de certaines choses utiles, et la valeur qui en dépend, sont à l'abri de toute critique ou de toute objection solide. Mais quels que soient, à ce sujet, notre respect et même notre reconnaissance pour la Providence divine, il ne nous est pas défendu de discuter les conséquences économiques qui résultent de la valeur et de la rareté qui la produit.

Lors donc qu'on fait abstraction de leurs effets moraux, qui sont incontestablement avantageux, lorsqu'on reste en dehors de la morale, pour ne considérer que la théorie de la richesse ou de l'utilité, en général, et pour apprécier le caractère de la valeur et de la rareté, dans leurs effets économiques, on peut dire que la valeur de certains biens, et la limitation qui en est la cause, offrent à l'espèce humaine quelque chose de désavantageux, puisque, si elles rendent agréable la position de celui qui possède une valeur quelconque, elles rendent, par cela même, désagréable la position de celui qui en a besoin, et qui ne peut l'obtenir que par le sacrifice d'une autre valeur. « L'idée de la propriété, dit avec raison M. Say, ne peut être séparée d'une idée de mesure des richesses ; car ce qui fait grande la richesse du possesseur d'un objet, rend petite la richesse de ceux qui ont besoin de l'acquérir. Ainsi, quand le blé renchérit, la richesse de ceux qui en ont devient plus grande, mais la richesse de ceux qui sont obligés de s'en pourvoir diminue [1]. » Celui qui possède une certaine quantité de blé est fort heureux, sans doute, que ce blé ait une valeur; car, en cédant son blé, il peut obtenir d'autres valeurs en échange ; mais ceux qui ne possèdent pas un grain de blé, qui en ont cependant besoin, et qui sont obligés, pour s'en procurer, de sacrifier une autre valeur, ne sont point satisfaits de la valeur du blé, et ils se montrent en général fort jaloux que cette valeur soit aussi faible que

1 *Catéchisme d'Économie politique*, 3e édition, n° 2.

possible. De là viennent les idées de richesse et de pauvreté, dans la langue de l'économie politique. On voit que la richesse proprement dite, consiste uniquement à posséder des valeurs, et que la pauvreté consiste à en manquer. Aussi dit-on, par hyperbole, d'un homme extrêmement pauvre, qu'il ne possède rien qui vaille.

On voit aussi, d'après ce qui précède, que la richesse et la pauvreté sont corrélatives, que ces deux idées sont inséparables l'une de l'autre, et qu'elles existent concurremment. Ce qui fait la richesse de l'un fait la pauvreté de plusieurs autres. Pour un homme qui est riche, il y en a mille qui sont pauvres, et qui sont d'autant plus pauvres que le premier est plus riche. Chacun de nous est riche de toutes les valeurs qu'il possède, et il est pauvre de toutes les valeurs qu'il désire ou dont il a besoin, et qui se trouvent en la possession d'autrui. Nous sommes donc riches et pauvres tout à la fois. Nous sommes tous riches, puisque nous possédons tous quelque chose ; et, nous sommes tous pauvres, car quelque riche que l'on soit ou qu'on le devienne, il sera toujours impossible à un homme ou à une nation quelconque de posséder toutes les valeurs.

« Rien n'est plus commun, dit David Ricardo, que d'entendre parler des avantages que possède la terre sur toute autre source de production utile, et cela par le surplus qu'on en retire sous la forme de fermage. Et cependant, lorsqu'il y a plus de terrains, et qu'ils sont plus fertiles et plus productifs, ils ne donnent point de fermage ; et ce n'est qu'après qu'ils se détériorent, le même travail ordonnant moins de produit, qu'on détache une partie du produit primitif des portions les plus fertiles de la terre, pour le paiement du fermage. Il est assez singulier que cette qualité de la terre, qui aurait dû être regardée comme un désavantage, si on la comparait aux autres agents naturels qui favorisent le manufacturier, ait été considérée, au contraire, comme ce qui lui donnait une prééminence marquée. Si l'air, l'eau, l'élasticité de la vapeur et la pression de l'atmosphère pouvaient avoir des qualités variables, si l'on pouvait se les approprier, et que chacune de ces qualités n'existât qu'en quantité médiocre, tous ces agents donneraient un profit, selon qu'on tirerait successivement, parti de leurs qualités. A chaque emploi d'une qualité inférieure, la valeur des produits, dans la fabrication desquels elle entrerait, hausserait, parce que des quantités égales de travail industriel donneraient moins de produits. L'homme travaillerait plus de son corps, la nature ferait moins, et la terre ne jouirait plus d'une prééminence fondée sur son pouvoir borné. »

« Si le surplus du produit qui forme le fermage des terres est un avantage, il serait alors à désirer que tous les ans les machines récemment construites devinssent moins productives que les anciennes ; car cela donnerait infailliblement plus de valeur aux marchandises fabriquées, non-seulement au moyen de ces machines, mais par toutes celles du pays, et l'on paierait alors un fermage à tous ceux qui posséderaient les machines, les plus productives. »[31]

Je ne partage point du tout l'opinion de Ricardo, sur l'origine du *fermage.* Je crois, en outre, et j'aurai occasion de le prouver plus tard, que cet auteur s'est entièrement mépris sur la nature de la richesse proprement dite, et sur l'origine de la valeur; mais je n'en suis pas moins frappé de l'observation qu'il fait, au sujet de la terre et du fermage qu'on en retire, ou de la valeur dont jouissent, dans la société, les qualités productives du sol cultivable. Cette valeur n'a, selon moi, d'autre origine que la limitation de ce sol ou la rareté de la terre. Elle vient de ce que la terre n'existe qu'en *quantité médiocre,* comme dit Ricardo. Mais qu'elle vienne de cette cause ou de toute autre, cette valeur n'en est pas moins un inconvénient. Elle profite, sans aucun doute, aux possesseurs de la terre ; mais elle nuit, économiquement parlant, à ceux qui ne la possèdent pas, et qui n'en éprouvent pas moins le besoin ou le désir de s'en servir. Si l'atmosphère était limitée comme la terre, elle serait coercible comme elle. On pourrait s'approprier l'air, comme on s'approprie le sol. L'air aurait de la valeur, tout aussi bien que le sol cultivable ; et les propriétaires de l'air ne le céderaient pas, sans demander en échange une autre valeur. Nous ne pourrions respirer qu'au prix d'un sacrifice. La situation actuelle du genre humain est bien préférable, sous le rapport économique, à ce qu'elle serait dans une pareille hypothèse. Et comme cette hypothèse se trouve réalisée, relativement à la terre, il s'ensuit que la valeur dont elle jouit, et qui se manifeste dans le prix qu'elle obtient et dans le fermage qu'on en retire, loin de lui assurer une prééminence quelconque sur les différentes forces de la nature qui nous sont utiles, est, au contraire, un témoignage de son infériorité, relativement aux agents naturels qui existent en une quantité illimitée et dont nous jouissons tous gratuitement. Je partage donc, à ce sujet, l'opinion que David Ricardo a exprimée dans le passage que je viens de transcrire, quoi qu'elle s'y trouve liée à une fausse théorie de la rente foncière ; mais je regrette que cet écrivain se soit arrêté en si beau chemin, et qu'il n'ait pas remarqué que ce qu'il dit de la terre est également applicable à tous, les autres biens limités. Pour se conformer à la vérité, il faut étendre à toutes les valeurs ce que Ricardo dit d'une seule d'entre elles. Toute valeur est un inconvénient pour l'espèce humaine, sous le seul rapport économique ; car toute valeur se fonde sur la rareté, et la rareté de certaines choses utiles implique le dénuement d'un nombre d'individus plus ou moins grand. La valeur n'est avantageuse qu'à celui qui la possède et à celui-là seul. Ceux qui ne la possèdent pas, et qui n'en ont pas moins le, besoin ou le désir de la posséder, éprouvent le désagrément de ne pouvoir l'acquérir que par le sacrifice d'une autre valeur. J'ai donc raison de dire que la valeur, considérée d'une manière générale et absolue, est plutôt un inconvénient pour nous qu'un avantage, et que la richesse qui consiste, pour chacun de nous, dans la possession d'une valeur, est corrélative à la pauvreté de tous ceux qui ne la possèdent pas et qui en ont besoin.[32] Cette dernière vérité a été parfaitement comprise et signalée par Ricardo, dans un autre endroit de son ouvrage.[33]

« Que l'eau devienne rare, dit lord Lauderdale, et qu'elle soit le partage exclusif d'un seul individu, il augmentera de richesse; car l'eau, dans ce cas, aura une valeur ; et si la richesse nationale se compose de la somme totale de la fortune de chaque individu, par ce moyen la richesse générale se trouvera aussi augmentée. »

Chapitre VI

« La richesse de cet individu augmentera, nul doute, dit Ricardo, mais comme il faudra que le fermier vende une partie de son blé, le cordonnier une partie de ses souliers, et que tout le monde se prive d'une partie de son avoir, dans l'unique but de se procurer de l'eau qu'ils avaient auparavant pour rien, ils sont tous appauvris de toute la quantité de denrées qu'ils sont forcés de consacrer à cet objet, et le propriétaire de l'eau a un profit précisément égal à leur perte [1]. »

Il en est de la richesse proprement dite, de la valeur qui la caractérise et de la pauvreté qui lui correspond, comme il en est du *droit* et du *devoir* ; et cela doit d'autant moins nous surprendre que la richesse étant, comme nous l'avons vu, intimement liée à la propriété, c'est une chose assez naturelle que des réflexions applicables à la propriété soient également convenables à la richesse. Le droit et le devoir sont deux idées corrélatives qui s'appellent et qui s'impliquent mutuellement, qui ne peuvent pas se séparer l'une de l'autre, qui ne peuvent pas même se concevoir dans un isolement absolu. Tout droit suppose un devoir correspondant, et, par la même raison, toute richesse implique l'idée d'une pauvreté qui lui est corrélative. Il suffit qu'il y ait un droit quelque part, pour qu'il existe, quelqu'autre part, un devoir qui constitue le second terme nécessaire du rapport moral établi par la loi ; et il suffit qu'il y ait de la richesse dans un certain lieu, pour qu'il y ait ailleurs de la. pauvreté dont cette richesse même est la cause.

Mais ce n'est pas tout. Il y a des droits qui correspondent à mille devoirs ; ce sont les droits généraux et universels ; les droits des gens ou des personnes en général ; ce qu'on appelle les droits naturels, nécessaires et primitifs ; et de même la richesse proprement dite, celle qui consiste dans la possession d'une valeur et qui fait l'objet de l'économie politique, correspond à mille et mille pauvretés, si je puis m'exprimer ainsi. Il n'y a pas un seul homme riche par la possession d'une valeur, dont la richesse ne soit relative à la pauvreté de tous ses semblables qui, ne possèdent pas cette valeur, et qui éprouvent

1 *Principes de l'Économie politique et de l'impôt, t. II*, p. 74 de la traduction française.

Auguste Walras

le besoin, ou le désir de la posséder.

C'est un principe de morale, et de droit naturel que tout homme a droit à la vie et à la liberté, et que nous avons tous le devoir de respecter la vie et la liberté des autres hommes. Ainsi, si j'ai le droit de vivre, tous nies semblables ont le devoir de respecter ma vie ; et comme il n'y en a pas un seul parmi eux qui ne soit soumis au même devoir, il s'ensuit que mon droit à moi seul est corrélatif à mille et mille devoirs, ou que ce qui constitue un droit pour moi constitue un devoir pour tous les autres.

L'étude de la richesse nous conduit à la même considération. L'idée de la richesse proprement dite est inséparable de la propriété. Elle implique la possession et la possession exclusive ; car la possession attribuée à une personne exclut nécessairement toutes les autres. Par cela seul que je possède une maison, il y a mille et mille personnes qui ne la possèdent pas. Le droit que j'ai sur mon bien implique le devoir que tous mes semblables sont obligés de remplir en le respectant. Mais comme ce que je possède a une valeur, et que la possession d'une valeur a quelque chose d'avantageux, il s'ensuit que ma richesse est corrélative à la pauvreté de tous ceux qui ne possèdent pas ma maison, et qui n'en éprouvent pas moins le besoin ou le désir de la posséder. Si la maison que je possède vaut vingt mille francs, je suis riche de vingt mille francs, et tous ceux d'entre mes semblables qui ont envie de ma maison sont pauvres d'autant; car il n'y en a pas un seul parmi eux qui, s'il veut obtenir la possession de ma maison, autrement que par la fraude ou par la violence, ne doive faire, au préalable, un sacrifice de vingt mille francs, ou me donner, en échange de ma maison, une valeur quelconque de vingt mille francs.

Ce que je dis, à ce sujet, ne prouve en aucune façon que je me laisse dominer par les principes de ce système suranné qui prétendait qu'en fait de richesse, ce qui est gagné par les uns est nécessairement perdu par les autres, et que les peuples et les particuliers ne peuvent prospérer qu'au détriment de leurs voisins. C'est une vue confuse et incomplète de la vérité qui a conduit à cette conclusion, et c'est à une doctrine plus large et plus impartiale qu'il appartient de réconcilier la morale avec l'économie politique, la théorie de la valeur avec les sentiments de la philanthropie.

Auguste Walras

Chapitre VII

De la distribution naturelle de la richesse et de la valeur qui la constitue entre tous les peuples de l'univers et entre tous les membres de l'espèce humaine. - réfutation du système exclusif.

L'Étude de la richesse a déjà produit un grand nombre d'opinions fausses ou hasardées ; mais la plupart des mauvaises doctrines qui se sont répandues, à ce sujet, tiennent évidemment à l'ignorance générale où l'on est demeuré jusqu'à présent sur la nature de la valeur et sur son origine. Si tant d'écrivains se sont égarés dans des systèmes absurdes c'est que le principe fondamental de l'économie politique est resté obscurci par une double erreur dont il ne paraît pas qu'on ait suffisamment sondé et dissipé l'obscurité. Parmi les auteurs qui ont consacré leur plume à cette science, les uns ont cru voir, dans l'utilité, l'origine de la valeur et le synonyme de la richesse. En se trompant ainsi sur la nature même de la richesse proprement dite et sur son origine, ils ont méconnu le véritable objet de l'économie politique, ils se sont suscité des embarras inextricables et imposé d'inévitables contradictions. D'autres ont bien senti que l'utilité ne suffisait pas pour produire la valeur; ils ont vaguement entrevu que la valeur avait sa source dans la limitation ou dans la rareté, et que par conséquent ce qui faisait la richesse de l'un, faisait la pauvreté de beaucoup d'autres ; mais, par une triste compensation de. leur première idée, ils se sont hâtés de conclure que le bonheur d'un peuple ou d'un individu était incompatible avec le bonheur de tous les autres peuples ou de tous les autres individus, et que personne ne pouvait s'enrichir qu'en appauvrissant d'autant ses semblables. Cette doctrine nous a valu le *système exclusif,* système dont les applications pratiques ont plongé l'Europe pendant plusieurs siècles, dans une série de guerres désastreuses, et accablé son industrie sous une multitude de règlements et de prohibitions qui en ont considérablement retardé les progrès, mais qui, malgré leurs fâcheux résultats, n'en ont pas moins eu l'heureux inconvénient d'être jusqu'à un certain point inutiles, et à travers lesquels toutes les nations de l'Europe n'ont jamais cessé de marcher ensemble vers la richesse et vers la perfection.

J'ai déjà combattu l'erreur des économistes qui ont placé dans l'utilité l'origine de la valeur, et qui ont voulu faire de l'utilité le véritable objet de l'économie politique. Et, d'un autre côté, la réputation du système exclusif est bien compromise aujourd'hui ; ce système ayant été soumis depuis longtemps aux plus justes et aux plus vives critiques. Si l'esprit de routine maintient encore un grand nombre d'institutions qui en découlent, il existe, je crois, peu de vrais savants qui usent leur plume en sa faveur. Cependant, je ne trouve pas qu'on l'ait encore réfuté de la manière la plus péremptoire, et je me sens d'autant plus disposé à le combattre, qu'à la manière dont je me suis exprimé, dans le chapitre précédent, sur la nature de la valeur et sur le caractère qu'elle présente, on pourrait croire que ma doctrine tend à exhumer cette vieille erreur, et à faire retomber le char de la science dans l'étroite ornière d'où l'on a eu tant de peine à le retirer, et d'où l'on ne peut pas dire qu'il soit complètement sorti.

Sans doute, si l'on considère que la richesse proprement dite consiste dans la possession d'une valeur, et que la valeur a sa source dans la rareté, on peut dire que l'avantage qu'elle procure à son possesseur occasionne, par un contrecoup inévitable, le désavantage de ceux qui la désirent et qui ne la possèdent point. La propriété est inséparable de la richesse ; car la valeur et la propriété dérivent aussi nécessairement l'une que l'autre du fait de la limitation ; et il est impossible qu'une seule et même chose soit possédée et jouie exclusivement par plusieurs personnes à la fois, et par chacune d'elles en particulier. La propriété et la valeur qui l'accompagne constituent donc un véritable privilège en faveur du propriétaire ou du possesseur exclusif de la chose qui a de la valeur. Mais il ne s'ensuit pas de là que le bonheur d'un seul fasse le malheur de tous les autres, ou, pour mieux dire, il ne s'ensuit pas que tous les hommes soient ou puissent être malheureux, à l'exception d'un seul, ni que l'opulence et la prospérité d'une nation se fondent nécessairement sur la misère et sur l'avilissement de toutes les autres. Grâces à la divine Providence et au droit naturel, la possession des choses coercibles, et la richesse qui résulte de la valeur dont elles sont douées, se trouvent naturellement *distribuées* entre tous les peuples de l'univers, et entre tous les membres de l'espèce humaine. Les biens limités sont répandus sur la surface de la terre, suivant la nature du sol et du climat, et suivant mille autres circonstances toutes plus ou moins nécessaires ; de manière que personne ne les possède tous, mais que chaque peuple, au contraire, jouit de quelqu'un ou de plusieurs d'entr'eux, et que chaque individu peut en avoir et en a nécessairement une certaine quantité en sa possession.

Hie *segetes, illic* veniunt felicius uvœ ; *Arborei fetus* alibi, atque *injussa* virescunt *Gramina.* Nonne vides *croceos* ut Tmolus *odores,* India mittit *ebur,* molles *sua Mura* Sabaei ; At Chalybes nudi *ferrum, virosaque Pontus Castorea, Eliadum palmas* Epirus *equarum* [1]?

Cette diversité, ou, pour mieux dire, cette sagesse dans la diffusion des utilités rares, dans la distribution des choses qui ont de la valeur, et dont la possession constitue la richesse proprement dite, établit, parmi tous les peuples de l'univers, et parmi tous les hommes, jusqu'à un certain point, une espèce d'équilibre. Il n'y a ni peuple ni homme assez complètement misérable pour ne pas posséder la moindre valeur. Chacun de nous possède au moins sa force corporelle, sa capacité morale et intellectuelle, son industrie ou son travail. Ainsi le privilège qui résulte de la valeur et de la possession exclusive de cette valeur, est réparti entre tous les hommes, avec une grande inégalité, si l'on veut, et même aujourd'hui encore avec une grande injustice, mais non avec une disparité absolue. Chacun de nous a l'avantage de posséder certaines choses rares, et le désavantage de ne pas posséder les autres choses rares qui forment la richesse et la propriété d'autrui. Or la chose que nous possédons nous offre, par son utilité, le moyen de satisfaire nos besoins, et grâce à la valeur dont elle est douée, elle nous donne le pouvoir de nous procurer, par un échange, telle autre chose rare que nous désirons et que nous

---

[1] Virgile, Géorgiques, livre 1er.

Chapitre VII

ne possédons pas. La situation économique d'aucun de nous n'est, à tout prendre, et à parler d'une manière générale et absolue, plus fâcheuse et plus désespérée que la situation de ses semblables. Ce qui est possédé par les uns équivaut, plus ou moins, à ce qui est possédé par les autres ; et comme il n'y a personne qui ne soit riche et pauvre tout à la fois, il n'y a personne non plus qui puisse posséder toutes les valeurs où n'en posséder aucune.

Les partisans du *système exclusif* ont eu le tort de penser qu'il était possible à un peuple d'accaparer toute la richesse, et de laisser dans la misère ou dans la pauvreté tous les autres peuples de l'univers. En supposant que ce système fût exécutable, il offrirait encore, ce me semble, quelques inconvénients assez graves ; car un peuple qui cherche à appauvrir ses voisins, et qui se flatte d'y réussir, se condamne, par cela Même, à leur faire l'aumône, ou à se faire dépouiller par eux ; l'alternative me paraît inévitable ; à moins qu'il ne prétende, ce qui serait encore pire, à les faire mourir de faim. Mais ce système est absurde, et ne repose que sur une complète ignorance de la nature du commerce, ou, pour mieux dire, de l'échange dans lequel tout commerce se résout en définitive. L'échange n'est qu'un troc entre deux valeurs ; et il est de l'essence de l'échange que les objets entre lesquels il s'opère soient des objets d'une valeur égale. On ne peut, en général, obtenir la possession d'une valeur que l'on désire et que l'on ne possède pas, qu'en sacrifiant une valeur égale que l'on possède ; et on ne peut sacrifier une valeur que l'on possède, sauf le cas de l'aumône ou de la charité, sans obtenir, en dédommagement, une valeur égale à celle que l'on sacrifie. Par où l'on voit que deux peuples ou deux particuliers qui trafiquent entr'eux, ne peuvent ni s'enrichir ni s'appauvrir mutuellement, par le seul fait de l'échange. Les richesses qu'ils perdent sont remplacées par celles qu'ils acquièrent, et comme il en est de même des deux côtés, il n'y a personne de frustré, il n'y a personne de favorisé.[34]

Ce n'est pas que les partisans du *système exclusif* aient été convenablement placés pour apprécier la nature de l'échange et les

Auguste Walras

résultats économiques du commerce. Leur ignorance venait de plus loin : elle s'étendait sur la nature même de la richesse. Et, en effet, les économistes que je combats en ce moment sont tous partis de ce principe, que l'or et *l'argent* sont la seule richesse. Une doctrine qui repose sur une pareille base, porte avec elle sa condamnation, car si ce principe était vrai, il faudrait bannir le commerce de la société. L'achat d'une marchandise quelconque serait la plus grande absurdité que l'on pût commettre, économiquement parlant, puisqu'il est impossible de rien acheter, sans se dépouiller d'une certaine quantité d'or ou d'argent. En supposant donc que l'or et l'argent fussent la seule richesse, il faudrait taxer de folie ceux qui donneraient leur or et leur argent, pour se procurer des choses qui ne seraient pas des richesses ; ou bien, il faudrait changer toutes les idées que nous avons sur cet objet, et dire que la richesse n'est pour l'homme qu'un moyen de se procurer des choses plus utiles et plus nécessaires que la richesse elle-même. Mais les partisans du système exclusif n'ont pas été si conséquents ; et quoi qu'ils aient pu voir de leurs propres yeux qu'on ne mange pas l'or et l'argent, mais bien le pain et la viande, et qu'on s'habille avec des étoffes plutôt qu'avec des écus, ils n'ont pas cessé de considérer la richesse, exclusivement renfermée dans la possession des métaux précieux, comme le véritable élément de la force et de la prospérité publiques, et comme le but le plus naturel de l'ambition des peuples et des individus. Aussi le régime économique proposé à la société, par le système exclusif, était-il de toujours vendre et de ne jamais acheter, ou du moins de vendre le plus et d'acheter le moins possible, c'est-à-dire d'obtenir, à tout prix, une bonne *balance* de commerce. Sur quoi il convient de dire d'abord que la balance est toujours bonne, parce qu'en toute espèce de commerce honnêtement et loyalement engagé, il y a, de part et d'autre, autant de valeurs, et par conséquent autant de richesses acquises qu'il y en a de sacrifiées ; et en second lieu, que la vente et l'achat sont un seul et même phénomène, sous des noms divers, c'est-à-dire qu'ils sont l'une et l'autre un échange, ni plus ni moins, et un échange entre des valeurs égales, ce qu'il ne faut jamais oublier. Sans doute, sous un point de vue relatif, on peut bien distinguer la vente de l'achat, et on le doit même, puisque dans la vente on reçoit de l'argent, et que dans l'achat on en donne ; mais il ne faut pas pénétrer bien avant dans la nature des choses, pour se convaincre que la vente et l'achat sont des phénomènes absolument et essentiellement identiques. Vendre c'est acheter, et acheter c'est vendre ; car lorsqu'on achète une marchandise, on vend son argent, et lorsqu'on vend la marchandise, on achète de la monnaie.

Mais je suppose qu'on accorde le nom de richesse à tout ce qui mérite véritablement ce nom, et qu'on veuille bien reconnaître que la richesse consiste dans la possession d'une valeur, on n'en sera pas mieux fondé à dire que si la valeur vient de la rareté, personne ne peut s'enrichir que par l'appauvrissement de ses semblables, ou que le malheur de tous est nécessaire au bonheur d'un seul. Il faut remarquer que chaque phénomène se présente sous plusieurs faces. Le monde que nous habitons n'est pas si simple et si peu compliqué que ce qui est beau d'un côté ne puisse être laid de l'autre, et ce qui paraît vrai, sous un certain aspect, ne soit pas souvent faux, sous un aspect contraire. Sans doute la richesse proprement dite, c'est la valeur, et la valeur vient de la rareté ; c'est un principe que je crois a l'abri de toute objection fondée. Je crois tout aussi fermement que la valeur est avantageuse à celui qui la possède, et que cet avantage correspond nécessairement au désavantage de tous ceux qui ont besoin de cette valeur, et qui n'ont pas d'autres valeurs à sacrifier, pour en obtenir la jouissance. Mais faisons abstraction, pour un moment, de la possession, et ne considérons que la rareté. Je le dis avec conviction. La rareté d'un objet, quelque grande qu'on la suppose, est encore de l'abondance. Il n'y a pas plus d'incompatibilité absolue entre l'abondance et la rareté, qu'entre la richesse et la pauvreté, qu'entre la grandeur et la petitesse. Tout ce qui est petit est grand, l'homme le plus pauvre est encore riche, et tout ce qui est rare, très-rare même, est abondant. La petitesse n'est qu'une moindre grandeur, la pauvreté n'est qu'une moindre richesse, la rareté n'est qu'une moindre abondance. Quelque rare que soit un objet, c'est encore un bonheur pour nous qu'il ne soit pas tout à fait rare ou qu'il n'existe pas en une quantité absolument et infiniment petite, ce qui serait, une quantité nulle. C'est un

Auguste Walras

malheur pour nous, sous le rapport économique, qu'il n'y ait pas du pain et du vin en aussi grande quantité que de l'air respirable ou de la lumière solaire ; mais ce serait encore un bien plus grand malheur s'il n'y avait ni pain ni vin, s'il n'en existait pas une seule miette ou une seule goutte au monde. La rareté du pain et du vin, quelque grande qu'elle puisse être, est encore un bienfait, puisque la rareté même de ces aliments implique qu'ils existent en une certaine quantité. Or, si la rareté du pain et du vin est avantageuse à celui qui les possède, à cause de la valeur dont ils jouissent, cette rareté, considérée comme une véritable abondance, est encore avantageuse à celui qui ne les possède pas, mais qui possède quelque autre chose, et quelque autre chose de rare. Car en sacrifiant la chose qu'il possède, il peut obtenir en échange le pain et le vin qu'il ne possède pas et dont il a besoin. S'il n'y avait au monde ni pain ni vin, nous serions vainement disposés à sacrifier les valeurs les plus considérables, pour nous en procurer ; mais dès qu'il en existe une certaine quantité qui se trouve en la possession de certaines personnes, les choses que nous possédons et qui ont de la valeur, parce qu'elles sont rares, nous servent à acquérir le pain et le vin dont nous avons besoin. Les propriétaires du pain et du vin sont dans le même cas que nous. C'est un bonheur pour eux que les choses que nous possédons ne soient pas extrêmement rares, qu'elles existent en une quantité quelconque, et qu'ils puissent les acquérir par le sacrifice de leur pain et de leur vin.

Représentons-nous bien ce que c'est que la valeur, et tâchons de nous en faire une idée qui réponde à l'importance du phénomène qu'elle doit exprimer. La valeur, je l'ai déjà dit, est une idée complexe qui suppose une comparaison entre deux objets d'une nature différente, mais qui n'en sont pas moins égaux sous un certain rapport., sous le rapport de la richesse. Elle implique l'existence et tout au moins la possibilité d'un fait particulier qui est l'échange. Par où l'on voit que la valeur ne peut pas se concevoir comme quelque chose de simple, d'unique et d'isolé, mais comme un phénomène multiple et corrélatif à lui-même. En d'autres mots, l'idée d'une valeur quelconque suppose nécessairement l'existence d'une autre valeur, avec laquelle elle puisse se comparer. Toute valeur n'est valeur qu'à la condition qu'il y aura autour d'elle d'autres valeurs égales, supérieures ou inférieures, avec lesquelles elle pourra s'échanger en tout ou en partie. Or puisque la propriété est inséparable de la richesse, la possession d'une valeur et la possibilité de l'échange suffisent pour assurer à chaque propriétaire l'avantage de jouir, quand il le voudra, d'une valeur égale à celle qu'il possède. Et comme cette situation est commune à tous les propriétaires, il s'ensuit que l'avantage que chacun de nous trouve à posséder une valeur, implique un avantage réel et incontestable pour tous ceux qui ne possèdent pas cette valeur, mais qui en possèdent une autre, et qui sont par conséquent en état d'acquérir, d'un jour à l'autre, par le moyen de la valeur qu'ils possèdent, la valeur qu'ils ne possèdent pas, et dont ils peuvent éprouver le besoin ou le désir. Or j'ai déjà prouvé que tout le monde possède quelque chose, d'où il faut conclure que tout le monde est en état d'acquérir quelque chose qu'il ne possède pas. Ce serait donc outrer la vérité que de regarder la valeur, parce qu'elle vient de la rareté, comme une cause absolue de malheur et de désagrément pour l'espèce humaine, et comme ne pouvant fonder le bonheur et la richesse d'un peuple ou d'un particulier que sur le malheur et la misère de tous les autres peuples et de tous les autres particuliers.

Pour sentir le vice de cette hypothèse, et l'exactitude de la doctrine que je lui substitue, il suffira, je crois, de revenir, avec quelque attention, sur la différence que j'ai établie entre les deux espèces de richesses, dont l'une consiste dans la possession de ce qui est utile, et l'autre dans la possession des valeurs. Lorsque j'ai dit que la richesse et la pauvreté étaient corrélatives entre nous, j'ai entendu parler de cette richesse qui fait l'objet de l'économie politique, et qui se compose d'utilités rares. Si l'on voulait ne voir dans la richesse que les moyens de satisfaire nos besoins, et dans la pauvreté que l'absence de ces mêmes moyens, alors la proposition que j'ai développée dans le chapitre VI, deviendrait tout à fait erronée, et je serais le premier à reconnaître et à proclamer que la richesse et la pauvreté sont communes à tous les hommes, et que ce qui affecte, en bien ou en mal, un seul individu de l'espèce humaine, affecte de la

Auguste Walras

même manière l'universalité de ses semblables. Le chapitre suivant présentera le développement de cette vérité.

Chapitre VII

Chapitre VIII

Distinction entre la richesse absolue et la richesse relative. - de la véritable condition de l'homme et de l'humanité, sous le rapport de la richesse.

A prendre les mots dans leur signification la plus étendue, la richesse consiste, comme je l'ai dit, dans la possession de choses utiles, dans la possession d'objets propres à satisfaire nos besoins. Ainsi, lorsque Adam Smith a dit qu'un *homme est riche ou pauvre, suivant les moyens qu'il a de se procurer les besoins, les aisances et les agréments de la vie* [1], Adam Smith a eu parfaitement raison. Seulement il s'est trompé en croyant avoir saisi le véritable objet de l'économie politique, en donnant à penser que la richesse ne pouvait pas s'entendre d'une autre manière. Et il est certain que si Adam Smith s'était constamment maintenu dans ce point de vue général, il lui aurait été impossible d'enrichir l'économie politique d'un ouvrage aussi remarquable que le sien. Aussi Adam Smith a-t-il été le premier à reconnaître qu'il y avait deux espèces d'utilité, l'une qui a de la valeur, et l'autre qui n'en a pas ; et dans tout le cours de son livre, on voit qu'il s'occupe uniquement de la richesse appréciable, ou de ce qu'il appelle lui-même la *valeur échangeable.* Et, en effet, il y a une telle différence entre l'utilité et la valeur, que tous ceux qui ont réfléchi sur la richesse n'ont pu faire autrement que de l'exprimer, d'une manière plus ou moins ouverte, et de consacrer d'avance, par leurs aperçus, les principes que j'ai développés jusqu'à présent. Dans le langage le plus général, on peut dire, et j'en ai déjà fait la remarque, que la richesse consiste dans la possession de choses utiles ; mais dans un langage plus précis et plus scientifique, dans le langage de l'économie politique, en un mot, on n'appelle richesse que l'utilité limitée, que la richesse appréciable, et alors même on fait abstraction de l'utilité, pour ne considérer que la rareté et la valeur qui en est la suite. De ces deux espèces de richesses, on peut appeler la première *richesse absolue,* et la seconde *richesse relative.*[35] La pauvreté absolue sera alors le dénuement de choses utiles, ou la privation des objets

---

1 *Richesse des Nations,* t. 1er, p. 59, traduction de G. Garnier, 2e édition.

qui peuvent contribuer à la satisfaction de nos besoins. La pauvreté relative sera le manque de valeurs; et la richesse relative elle-même ne sera qu'un degré plus ou moins élevé au-dessus de la pauvreté absolue. Telle est, ce me semble, l'idée que l'on doit se faire des choses, si l'on veut avoir, sur la richesse, un système aussi vrai que complet, et si l'on veut se rendre un compte satisfaisant de la position de l'homme et de l'humanité, sous le rapport de l'économie politique.

La limitation de certaines choses utiles, et la rareté qui en est la suite, considérées d'une manière générale et absolue, sont, comme nous l'avons vu, des phénomènes désavantageux à l'espèce humaine, sous le seul rapport du bien-être matériel, puisqu'elles impliquent le dénuement d'un nombre d'hommes plus ou moins grand, et qu'à côté de l'avantage de celui qui possède une valeur, elles placent le désavantage de tous ceux qui ne la possèdent pas et qui la désirent. Mais si la valeur est avantageuse à celui qui la possède, cet avantage est entièrement relatif : il est relatif au désavantage de ceux qui ne la possèdent pas et qui en ont besoin ; car l'avantage relatif de celui qui possède une valeur, sur ceux qui ne la possèdent pas et qui en ont besoin, ne le soustrait point, pour cela, au désavantage général et absolu qui pèse sur l'espèce humaine, par la limitation de certains biens, et par la rareté qui en est la suite. La satisfaction que nous trouvons à posséder une valeur et à en jouir, n'est nullement comparable aux jouissances que nous fait goûter la possession des biens illimités ; car la possession d'une utilité rare ne peut donner que des jouissances rares, tandis que la possession des biens illimités n'impose aucune borne, aucune limite à nos jouissances.

On objectera peut-être que la possession d'une valeur, ou d'une utilité rare, a, au contraire, précisément pour effet de soustraire le possesseur de cette utilité au désavantage général et absolu que la valeur et la rareté occasionnent à la généralité des hommes. Je répondrai que la possession des utilités rares ne nous soustrait que pour un teins, et jusqu'à un certain point, aux inconvénients qui sont la suite nécessaire de la rareté. Et, en effet, celui qui possède une quantité quelconque d'utilité rare, et par conséquent une valeur, ne sera jamais aussi riche, par la possession de cette valeur, qu'il l'est réellement, par la jouissance de l'air respirable et de la lumière solaire. Ces derniers biens ne lui manquent jamais. Il en possède, à chaque instant, autant qu'il en désire et même plus. Mais celui qui possède une certaine quantité de pain ou de vin, n'en possède jamais qu'une quantité déterminée, et par conséquent limitée, qui ne peut pas toujours satisfaire à toute l'étendue de ses besoins, et qui ne peut durer qu'un certain temps, puisqu'il est de l'essence des utilités rares, en général, de se détruire ou de se consommer, par l'usage même que l'on en fait, chose qui n'arrive point dans la jouissance des biens illimités. Celui qui a besoin de respirer et d'y voir clair en plein midi, a à sa disposition une quantité plus que suffisante d'air respirable et de lumière solaire ; et celui qui respire aujourd'hui et qui jouit de la lumière du jour, a la certitude de respirer et de voir clair demain et après-demain, de la même manière et tout aussi à son aise qu'il le fait aujourd'hui, à moins que la mort ne vienne mettre un terme à son existence, ou que, par quelque circonstance extraordinaire, il ne vienne à perdre sa liberté ; deux hypothèses qui ne sont plus du ressort de l'économie politique ; mais quelque quantité de pain ou de vin qu'il ait en sa possession, il n'en a jamais qu'une certaine provision, et il la diminue tous les jours, puisqu'il ne peut vivre sans en consommer, chaque jour, une certaine quantité. L'homme le plus riche en utilités rares n'est jamais aussi riche, absolument parlant, que nous le sommes tous par la possession des biens illimités. La richesse qui consiste en utilités rares ou en valeurs, n'est autre chose, comme je l'ai dit, et à parler d'une manière générale et absolue, qu'une moindre pauvreté, ou qu'un degré plus ou moins élevé au-dessus de la misère et du dénuement. On voit des hommes qui possèdent plusieurs millions, et qui ne laissent pas que de travailler du matin au soir pour ajouter encore à leur fortune ; mais où est l'homme qui, dans des circonstances ordinaires, a jamais fait un pas pour augmenter sa provision d'air respirable ou de lumière solaire ? Il suit de là que si l'on voulait exprimer par le mot *richesse* la plénitude de nos jouissances, la satisfaction complète

Auguste Walras

de nos besoins, il ne faudrait pas donner ce nom à la jouissance des biens limités, à la possession des valeurs ; car la possession de toutes ces choses n'est avantageuse pour nous que d'une manière relative, ou par rapport aux autres hommes qui en éprouvent le besoin et qui n'en jouissent pas comme nous, et il n'y a que les biens illimités qui puissent nous assurer des jouissances complètes et à l'abri de toute incertitude.[36]

L'avantage relatif que chacun de nous trouve. à posséder une valeur, coexiste donc évidemment avec le désavantage absolu qu'il éprouve, comme membre de l'espèce humaine, par suite de la valeur et de la cause générale qui la produit. Or ces deux phénomènes sont tellement liés entr'eux que l'un augmente à mesure que l'autre diminue, et réciproquement. Si la rareté du bien que je possède vient à diminuer, je verrai diminuer, sans contredit, la valeur qui était la suite de la rareté ; et l'avantage que j'avais et que j'ai encore à posséder cette valeur, relativement à ceux de mes semblables qui ne la possèdent point, se trouvera nécessairement affaibli. Mais une chose qui aura diminué en même teins, c'est le désavantage qui résulte, pour l'espèce humaine, de la rareté de certains biens et de la valeur qui en est la suite. Or en ma qualité de membre de l'espèce humaine, je participe évidemment à l'affaiblissement de ce désavantage. Telle est donc notre position ici-bas, et nous ne devons pas nous y méprendre. La possession d'une valeur nous rend d'autant plus riches, relativement à ceux qui ne possèdent pas cette Valeur et qui en ont besoin, que nous sommes plus pauvres absolument parlant, par la rareté même qui occasionne cette valeur ; et notre richesse absolue augmente à mesure que notre richesse relative décroît. Ainsi, en regardant les choses comme on doit le faire, on voit que la valeur est désavantageuse, absolument parlant, non-seulement à ceux qui ne la possèdent point, mais à celui-là même qui la possède, ou que l'avantage relatif de celui qui possède une valeur implique le désavantage absolu de ne posséder qu'une utilité rare, et de ne pouvoir en jouir d'une manière aussi large et aussi étendue qu'il le ferait d'un bien illimité.

Chapitre VIII

Qu'on ne m'accuse pas de paradoxe, lorsque je dis que la valeur ne donne qu'un avantage relatif, et qu'elle implique un désavantage absolu, même pour celui qui en est le possesseur. Il n'est pas rare de voir des hommes qui sentent et apprécient fort bien l'inconvénient d'une valeur dont ils sont eux-mêmes propriétaires. Le haut prix de l'objet qu'ils possèdent leur paraît un obstacle à ce qu'ils en jouissent, et ils se privent souvent d'une satisfaction qui entraînerait une consommation trop grande pour eux, une dépense disproportionnée à leur fortune. Les carrossiers ne sont pas ceux qui usent les voitures, et les fabricants de bijoux ne sont pas ceux qui s'en servent le plus. Les pâtissiers et les confiseurs ne sont pas ceux qui mangent le plus de pâtés et de confitures. Donnez à un pauvre manouvrier un habit neuf d'un prix considérable, il se gardera bien de l'employer à son usage ; il se hâtera, au contraire, de l'échanger contre une multitude de choses qui lui offriront, sous la même valeur, une plus grande somme d'utilité, et qui sans augmenter sa richesse relative, le rendront cependant plus riche, absolument parlant. Il consentira à être moins bien vêtu, pour être mieux nourri, mieux logé, etc. En un mot, il éparpillera sur ses divers besoins la valeur qu'il n'est pas assez riche pour consacrer à la satisfaction d'un seul. Si l'habit qu'il possède valait beaucoup moins, il pourrait goûter le plaisir de s'en servir, parce qu'il pourrait conserver l'espoir de le remplacer facilement, lorsqu'il l'aurait usé.

Si l'avantage relatif de posséder une valeur, implique, même pour son possesseur, le désavantage absolu qui dérive de la rareté, il n'est pas moins certain que le désavantage relatif de ceux qui ne possèdent pas telle valeur, par rapport à ceux qui la possèdent, implique, en faveur des premiers, l'avantage absolu de savoir que la chose qu'ils ambitionnent, ou dont ils éprouvent le besoin sans la posséder, existe entre les mains de certaines personnes qui pourront leur en céder l'usage ou la propriété, moyennant le sacrifice qu'ils consentiront à faire des valeurs qu'ils possèdent et que les autres ne possèdent pas. Certes, il vaudrait mieux pour moi que telle maison de la rue Richelieu ou de la rue Saint-Honoré, m'appartînt, plutôt que d'appartenir à son propriétaire actuel ; mais puisque je ne suis pas le maître de cette maison, c'est encore un bonheur pour moi qu'elle existe et qu'elle appartienne à quelqu'un. Car en sacrifiant quelque chose de ce que je possède, ou de ce que je puis posséder par la suite, je puis devenir propriétaire de cette maison, tandis que si elle n'existait pas, je serais vainement disposé à sacrifier les valeurs que je possède, pour m'en procurer la jouissance. Ainsi l'avantage relatif de ceux qui possèdent une valeur et le désavantage relatif de ceux qui ne la possèdent point, impliquent un avantage absolu pour ces derniers ; car si la limitation de certaines choses utiles est un inconvénient réel, par rapport à notre bien-être matériel, cette limitation est encore préférable à la nullité ; et il vaut mieux qu'il y ait des biens limités quelque part, quelle qu'en soit d'ailleurs la rareté, et quelque valeur qu'ils puissent avoir,. que s'il n'en existait point du tout, et qu'on ne pût s'en procurer d'aucune manière.

On a donc eu raison de dire que le pauvre est aussi intéressé à la conservation de la richesse que le riche lui-même, en entendant toujours par la richesse, la possession des utilités rares. Nous sommes tous intéressés à l'abondance ; et la rareté de certains biens nous est toujours nuisible, soit que ces biens soient en notre possession, soit qu'ils se trouvent en la possession d'autrui. Et, en effet, la rareté et la valeur qui en est la suite, nous empêchent souvent de consommer les utilités rares qui nous appartiennent, et elles nous empêchent d'acquérir celles qui ne nous appartiennent pas. On n'a donc pas tout dit en avançant que la richesse et la pauvreté sont corrélatives entre nous. Cette proposition n'est vraie que d'une manière relative, et eu égard à la richesse limitée, à celle qui fait l'objet de l'économie politique. Mais si l'on entend, par la richesse, la possession des choses utiles, en général, et les moyens de satisfaire à nos divers besoins, et, par la pauvreté, l'absence de ces mêmes choses, le manque de tous ces moyens, on n'aura pas de peine à se convaincre que la richesse et la pauvreté, envisagées de cette manière,, nous sont communes, et que, par une espèce de solidarité qui existe entre tous les hommes, nous souffrons du malheur des autres, comme nous jouissons de leur prospérité.

La France est peut-être plus riche que l'Espagne, de cette richesse relative qui fait l'objet de l'économie politique, c'est-à-dire qu'elle possède un plus grand nombre d'utilités rares, une plus grande somme de valeurs; et cependant la pauvreté relative de l'Espagne contribue à la pauvreté absolue de la France, et la richesse relative de la France fait jusqu'à un certain point la richesse absolue de l'Espagne. Lorsque nous trafiquons avec l'Espagne, nous en recevons sans doute des valeurs égales à celles que nous lui donnons ; mais les valeurs qu'elle nous donne vaudraient moins, si elles étaient moins rares. S'il y avait en Espagne plus d'abondance nous recevrions, avec la même valeur, une plus grande somme d'utilité. Ainsi dans le commerce que nous faisons avec l'Espagne, nous donnons plus et nous recevons moins, absolument parlant, quoique, sous le point de vue relatif, les deux termes de l'échange puissent être égaux. Le peu de biens que possèdent les Espagnols nous coûte fort cher, absolument parlant, lorsque nous voulons l'acquérir, et les Espagnols gagnent à trafiquer avec nous qui sommes en état de les bien payer. S'ils étaient plus riches, relativement parlant, ils feraient un gain absolu moins disproportionné. Ils nous donneraient un meilleur prix de nos marchandises ; en d'autres termes, ils nous donneraient autant de valeurs et plus d'utilité. Ce que nous disons des Espagnols, ceux-ci peuvent le dire également de nous. Si en étant aussi riches en valeurs, nous étions plus riches en utilité, les Espagnols troqueraient leur bien contre le nôtre, avec un avantage absolu plus grand pour eux. « C'est un très grand malheur que d'être pauvre, dit avec raison M. Say; mais ce malheur est encore plus grand, lorsqu'on n'est entouré que de pauvres comme soi [1]. » Les valeurs que nous sommes obligés de sacrifier, pour obtenir les guenilles du mendiant, si par hasard nous en avons besoin, ne nous profitent pas autant évidemment que si nous pouvions les échanger contre une plus grande somme d'utilité qui aurait la même valeur. Aussi le véritable remède à notre situation économique, ne se trouve-t-il pas, comme on l'a cru, dans l'enrichissement d'un seul, au détriment de tous les autres, mais

1 *Catéchisme d'Économie politique,* 3e édition, p. 121.

Auguste Walras

dans l'enrichissement simultané de tous les hommes et de toutes les nations, ou dans la lutte Collective de tous les peuples et de tous les individus contre la rareté de certains biens, et contre la valeur qui en est la suite. C'est une vérité sur laquelle j'insisterais avec plaisir, si je ne la croyais pas désormais à l'abri de toute contestation.

Mais quelque conviction qu'on puisse avoir acquise à ce sujet, il n'est pas moins aisé de voir que, dans le sens de l'économie politique, la richesse et la 'pauvreté sont des phénomènes corrélatifs, et que la valeur qui constitue la richesse de ceux qui la possèdent, constitue la pauvreté de ceux qui ne la possèdent pas et qui en ont besoin. Aussi voyons-nous que pour obtenir une valeur dont nous ne sommes pas propriétaires, il nous faut faire le sacrifice d'une valeur égale que nous possédons, et que nous ne pouvons acquérir une richesse proprement dite, qu'en nous dépouillant d'une autre richesse. Cette situation, je le répète, n'est pas méprisable, et ne doit pas nous décourager. Elle sert puissamment à aiguillonner notre industrie, et à entretenir parmi les hommes les relations de la société. Mais enfin la valeur n'est pas le signe d'une richesse absolue. Son existence laisse toujours une place à la pauvreté. Or, à ne considérer que notre bien-être matériel et nos avantages économiques, il serait bien plus agréable de pouvoir jouir de tout ce que nous désirons, comme nous jouissons de la lumière du soleil et de toutes les forces gratuites de la nature. « Nous serions tous infiniment riches, dit M. Say, dont les écrits fourmillent d'observations pleines de justesse, et dont je me plais, comme on le voit, à invoquer l'autorité, nous serions tous infiniment riches, si tous les objets que nous pouvons désirer ne coûtaient pas plus que l'air que nous respirons ; et notre indigence serait extrême si les mêmes objets coûtaient infiniment cher, si nous n'avions aucun moyen d'atteindre à leur prix[1]. » Entre ces deux situations diamétralement opposées, se trouve la véritable place de l'humanité. Elle possède des richesses infinies qui ne lui coûtent rien, et qui ne lui manquent jamais. Elle en possède d'autres qui sont rares ou limitées, qui n'appartiennent pas à tout le monde, qui ne s'acquièrent que par des échanges, c'est-à-dire par des sacrifices,

1 *Encyclopédie progressive, article « Économie politique »* p. 226.

et qui se détruisent, ou qui se consomment, en général, par l'usage même que l'on en fait. Ce sont ces dernières qui constituent les richesses proprement dites, ou les valeurs, et ce sont elles que les économistes étudient, pour nous apprendre à les multiplier et à les reproduire.

Chapitre IX

Opinion de M. GANILH sur l'origine de la valeur - Examen et réfutation d'un passage de M. Massias

Trois idées se présentent sur le seuil de l'économie politique : ce sont celles de la *richesse,* de la *valeur* et de *l'utilité.* Je les ai analysées et définies, dans les chapitres précédents, avec autant de soin qu'il m'a été possible de le faire. J'ai montré que l'idée de l'utilité était plus étendue que celle de la richesse proprement dite. J'ai fait voir que si la possession des choses utiles constitue une véritable richesse, la véritable richesse, aux yeux du moraliste, il n'y a cependant que la possession des valeurs, qui constitue une *richesse appréciable,* une richesse qui puisse devenir l'objet d'une science. Enfin j'ai établi que dans cette seconde espèce de richesse, l'utilité ne figure que comme condition, et que la valeur qui la caractérise prend sa source dans la *rareté,* dans la limitation qui borne la quantité de certains biens. Si je ne me suis pas trompé dans tout ce que j'ai dit, à ce sujet, il me sera facile de juger et de réfuter les opinions qui s'écartent de la mienne, et de signaler les erreurs qui, jusques dans les plus beaux et les meilleurs traités d'économie politique, obscurcissent encore les principes fondamentaux de cette science.

« Il nous semble, dit M. Massias, que M. Ganilh est allé trop loin, lorsqu'il a voulu réformer les idées qu'on avait sur les *valeurs.* Il prétend que *l'utilité* des choses n'en constitue pas la *valeur,* et qu'elles ne sont *valeurs* que par le *besoin* qu'on en a, et par *l'équivalent* qu'on peut en donner. (Voyez *Théorie de l'économie politique,* tome 2, page 335, 2e édition).[37] »

Je connais l'opinion de. M. Ganilh, sur l'origine de la valeur, et je suis si éloigné d'approuver le reproche dont elle est l'objet, de la part de M. Massias, que je lui trouve, pour mon compte, un défaut tout opposé. Au lieu de croire que M. Ganilh est allé trop loin, je pense, au contraire, qu'il est resté trop en arrière. Le germe de la vérité se trouve cependant dans la prétention qu'on lui attribue, et dont on lui conteste la justesse fort mal à propos ; mais la véritable doctrine n'y est pas professée assez clairement ; il y manque le mot technique. La *limitation* ou la *rareté*, voilà la source de la valeur. Tout objet utile et rare en même temps, devient *l'équivalent* d'un autre objet qui a aussi son utilité et sa rareté. Toute valeur est fille de la rareté ; l'utilité seule n'en produit aucune.

« Mais, ajoute M. Massias, on n'a *besoin* de *valeurs* que parce qu'elles sont *utiles*. C'est parce qu'elles sont utiles que le besoin excite le travail à produire leurs *équivalents*. Les *utilités* ont été faites corrélatives aux *besoins*. Les unes n'existent point sans les autres. Le pain, il est vrai, ne vaut rien pour celui qui n'a pas faim, et est comme non avenu pour celui qui n'a point de quoi l'acheter ; mais l'appétit viendra, et il excitera le travail qui produira un équivalent de la nourriture désirée. Il n'y a de valeur commerciale, vénale, échangeable, que celle qui est utile ; et tout ce qui est utile bien qu'on n'en ait pas un besoin immédiat, a une valeur commerciale, vénale, échangeable à moins que cette chose ne soit un bien commun à tout le monde, comme l'air, l'eau, le calorique. Encore peut-on dire que ce qui est commun à tout le monde a quelquefois la plus grande des valeurs vénales. Que ne vaut pas un verre d'eau dans le désert, la lumière dans un cachot, une place à la lucarne où l'on respire un air pur ? Tous les trésors d'Alexandre ne pouvaient payer celle que Diogène occupait au soleil. Concluons donc que tout ce qui est utile est valeur, parce que tout ce qui est utile correspond à un besoin, et que tout ce dont on a besoin a une valeur et des équivalents[1]. »

Écartons d'abord de ce passage les deux idées du travail et de la production, qui n'y jouent évidemment qu'un rôle secondaire, et dont l'intervention dans la question qui nous occupe est tout à fait prématurée. Assez et trop longtemps les économistes ont dirigé leurs premières recherches vers le travail et vers la production ; et c'est pour avoir débuté d'une manière si peu convenable, en se

---

1 *Rapport de la nature à l'homme et de l'homme à la nature,* t. III, n. b.

Auguste Walras

traînant aveuglément sur les traces d'Adam Smith, qu'ils ont laissé subsister dans leurs ouvrages tant de difficultés, tant d'erreurs et tant de causes de contestation. La manière dont je m'exprime, à ce sujet, ne prouve en aucune façon que je veuille affaiblir ou dissimuler l'importance du travail et de la production. J'y vois, au contraire, deux faits essentiels, deux phénomènes capitaux, en économie politique. Mais quelle que soit leur importance, et tout disposé que je le sois moi-même à la reconnaître, je ne me crois Pas obligé d'embarrasser mes raisonnements sur l'origine de la valeur, par les considérations auxquelles ils peuvent et doivent, sans aucun doute, donner lieu. Ces deux idées auront leur tour, dans l'analyse à laquelle nous nous livrons ; et si nous avançons lentement dans nos recherches, peut-être obtiendrons-nous l'avantage de regagner en évidence et en clarté ce que nous perdons du côté de la concision.

« J'ai longtemps hésité, dit M. Say, dans son traité d'économie politique, si, dans le plan de cet ouvrage, je développerais ce qui a rapport à la *production* : ce qui montre la nature de la qualité produite, avant ce qui développe la manière de la produire. Il m'a semblé que, pour bien connaître les fondements de la valeur, il fallait savoir en quoi peuvent consister les frais de production et pour cela, se former d'avance des idées étendues et justes des agents de la production, et des services qu'on en peut attendre.[38] »

Je recueille avec empressement cet aveu de M. Say, et je prendrai sur moi de louer son hésitation, dans la distribution des matières économiques. Le sentiment qu'il a éprouvé, à ce sujet, est une nouvelle preuve de la haute sagacité qu'il a portée dans l'étude de la richesse. Il nous montre que M. Say a conçu quelques soupçons sur la validité de la méthode adoptée par Adam Smith et par tous ses disciples, et il nous confirme dans le projet que nous avons formé de suivre une toute autre marche. Et, en effet, nous croyons devoir regretter que M. Say ait imposé silence à des scrupules si légitimes, sur sa manière de procéder dans l'étude de la valeur, et que l'hésitation dont il nous entretient n'ait pas produit chez lui un autre

Chapitre IX

résultat. Certes, si M. Say avait cru devoir s'appesantir sur la *valeur* et sur son *origine*, avant d'entreprendre la question de la *production*, je ne doute pas qu'il n'eût jeté un nouveau jour sur la science à laquelle il a rendu de si grands et de si importants services. Quant au motif qui a déterminé M. Say, il est aussi évident que peu fondé. M. Say a cru, comme il nous le dit, qu'il convenait d'exposer la manière de produire avant de montrer la nature de la chose produite. Ceci donne à entendre, comme on le voit, que la valeur est toujours une chose produite, ou que la richesse est le fruit de la production, et c'est bien ainsi que l'entendait Adam Smith, et que l'entendent M. Say, M. Massias et beaucoup d'autres économistes. Reste à savoir si ce principe est vrai, s'il n'existe point de valeurs qui ne soient pas des produits. Pour moi je crois qu'il y en a; je crois qu'Adam Smith a mal saisi le caractère de la production, que tous ses disciples, au nombre desquels il faut ranger M. Say, en ont fait autant, et que cette erreur a été la cause de l'embarras qu'ils ont éprouvé dans l'exposition des principes fondamentaux de l'économie politique, comme M. Say a eu la bonne foi d'en convenir. L'opinion que je me suis faite et que j'exprime à ce sujet, repose sur des principes que j'ai indiqués plus haut, et que j'aurai peut-être l'occasion de reproduire; et c'est la vue des différentes vérités sur lesquelles repose cette opinion, qui m'a conduit à adopter une autre marche que Smith et que M. Say, et à exposer d'abord la nature de la valeur et la cause qui la fait naître, abstraction faite du *travail* et de la *production*, deux phénomènes, je le répète, qui sont, sans contredit, de la plus haute importance, mais dont la place légitime ne se trouve point à l'entrée de la science de la richesse.

Cela posé, je reprends l'objection que M. Massias adresse à M. Ganilh, et je ne crains pas d'affirmer qu'elle se fonde sur une fausse idée de la valeur et de la richesse proprement dite, sur une vue incomplète du besoin et de l'utilité. *On n'a besoin de valeurs*, dit M. Massias, *que parce qu'elles sont utiles.* Assurément, si les objets que nous regardons comme des valeurs n'étaient pas utiles, il est évident que personne n'en aurait besoin. Personne ne serait disposé à faire un sacrifice, ou à donner un équivalent, pour se les procurer. Ils n'auraient donc aucune valeur : ils ne pourraient pas servir d'équivalent à un autre objet. L'utilité, je l'ai déjà dit, est une condition nécessaire de la valeur ; et, si l'on veut me permettre cette expression, je dirai que l'utilité est l'étoffe dont la valeur est faite. Sans utilité, point de valeur : c'est un principe incontestable. Mais il ne s'ensuit pas de là que tout ce qui est utile ait une valeur. Il y a des choses qui nous sont utiles, très-utiles même, très-nécessaires, et qui pourtant ne valent rien. Telles sont l'air et la lumière, le calorique et l'eau commune. Dire que ces objets nous sont utiles et nécessaires, c'est avancer un fait incontestable. Dire qu'ils ne nous coûtent rien, ou qu'ils n'ont point de valeur, c'est encore exprimer une vérité que personne ne voudra nier. Si donc il y a des choses qui sont utiles et qui ont en même teins de la valeur, il faut bien qu'il y ait en elles, pour produire cette valeur, quelque qualité de plus que l'utilité. Cette qualité nouvelle, c'est la rareté [1]. C'est la rareté de certains biens qui en fait des biens précieux ou dignes de prix. C'est la limitation de certaines choses utiles qui est la cause de leur valeur, et qui motive le sacrifice que nous faisons, pour nous les procurer. Toute valeur sert d'équivalent à une valeur qui lui est égale. Considérées sous ce point de vue, les choses limitées, les utilités rares deviennent l'objet de l'économie politique. Elles constituent la richesse proprement dite, cette richesse qui est aussi la pauvreté, ou qui n'est autre chose, pour chacun de nous, qu'un degré plus ou moins élevé au-dessus de la misère et du dénuement, et qui, lors même qu'elle est portée à un très-haut degré, ne peut constituer une richesse pour son possesseur, qu'en occasionnant, par le même coup, la pauvreté correspondante de tous ceux qui ne la possèdent pas et qui la désirent.

Les utilités, dit M. Massias, *ont été faites corrélatives aux besoins ; oui*, sans doute. *Les unes n'existent point sans les autres ; cela* est vrai Mais il faut s'entendre sur les besoins ; car il y en a de plusieurs espèces. Organisés, comme nous le sommes, nous avons besoin de respirer et d'y voir clair. Habitués à nous vêtir et à nous chausser, nous avons besoin d'habits et de chaussures. L'air et la lumière,

---

1 *Note de* J.-B. Say : Il y a en elles la rareté ! C'est-à-dire qu'il y a en elles ce qui n'y est pas !

les habits et les souliers sont donc pour nous des choses utiles et il est certain, comme le remarque M. Massias, que ces utilités sont corrélatives aux divers besoins qu'elles satisfont. L'air et le soleil sont éminemment faits pour tous les êtres qui ont des poumons et des yeux, et les souliers sont parfaitement assortis au goût des hommes qui ne se soucient pas d'aller pieds nus. Mais qu'on remarque la différence, la différence caractéristique qui existe entre ces diverses utilités, et les divers besoins qu'elles sont appelées à satisfaire. L'air et la lumière ne nous coûtent, rien. Les habits et les souliers nous coûtent quelque chose. Nous jouissons des premiers gratuitement. Nous ne pouvons jouir des seconds qu'au prix d'un autre bien tel que du travail, de l'argent, ou tout autre objet. D'où cela peut-il donc venir ? De ce que les premiers objets sont infinis ou illimités, et par conséquent incapables d'appropriation, insusceptibles de valeur. Les seconds, au contraire, sont limités, et par conséquent coercibles. Ils appartiennent à quelqu'un ; et par une suite nécessaire de leur limitation ou de leur rareté, leur possession est avantageuse à celui qui en est investi. Dès-lors, ces biens ne peuvent plus être cédés qu'en échange d'un autre bien, et d'un autre bien limité. L'homme qui a besoin de respirer, respire très-facilement, et presque malgré lui ; l'air lui arrive en abondance, sans qu'il ait besoin d'implorer personne, ou de s'adresser à quelqu'un qui serait le détenteur, le possesseur exclusif de l'atmosphère. L'homme qui a besoin d'un habit n'est pas dans le même cas. Il a d'abord besoin d'un habit, pour se vêtir; ensuite il a besoin de trouver quelqu'un qui possède un habit, et qui veuille bien lui en céder l'usage ou la propriété, moyennant un certain prix, un certain sacrifice de sa part. Le besoin du premier individu est au premier degré, si je puis m'exprimer ainsi; c'est un besoin pur et simple qui trouve sur-le-champ et comme sous la main de quoi se satisfaire, et se satisfaire amplement. Le besoin du second est un besoin composé : c'est un besoin qui en contient deux. Celui qui l'éprouve a d'abord besoin d'un habit, et ensuite il a besoin qu'on le lui donne ou qu'on le lui vende. Non seulement faut-il qu'il s'habille, il faut encore qu'il trouve de quoi s'habiller. Il a besoin d'un habit, et pour avoir un habit, il a besoin de posséder un équivalent de l'objet qu'il désire. Que cet équivalent soit déjà en

Auguste Walras

son pouvoir, ou qu'il se le procure par son travail, peu nous importe dans ce moment. L'essentiel ici c'est de bien voir que la cession d'un habit ne peut être gratuite, de la part du tailleur ou du marchand d'habits, comme, la cession de l'air est gratuite, de la part de la nature. Et pourquoi donc la cession de l'habit ne peut-elle être pas gratuite ? Pourquoi ne l'est-elle pas, du moins, dans la plupart des, cas ? Parce que les habits ne sont pas tellement abondants qu'il y en ait pour tous et à foison ; parce que pour faire un habit, il faut y employer du drap, y consacrer du temps et de la peine ; parce que les habits sont rares, en un mot, ou que la quantité en est naturellement et nécessairement limitée. C'est ce qui fait qu'ils ont une valeur, et qu'on ne peut les obtenir qu'au prix d'un bien équivalent, ou par le sacrifice d'une autre valeur.

Il n'y a de valeur commerciale, vénale, échangeable, dit encore M. Massias, *que celle qui est utile*. Cela est vrai. Je l'ai déjà dit bien des fois, et je n'hésite pas à le répéter. Il n'y a qu'une chose utile qui puisse avoir de la valeur. Mais si cette proposition est vraie, la réciproque ne l'est pas également. De ce que l'utilité est la condition de la valeur, il ne s'ensuit pas que tout ce qui est utile soit vénal, échangeable, tombe dans le commerce, ou, en un mot, que tout ce qui est utile ait une valeur. Il n'y a qu'un bien limité qui puisse jouir de cette prérogative. M. Massias le reconnaît lui-même, et assez volontiers ; car après avoir dit que tout ce qui est utile a une valeur, il ajoute bénévolement : à *moins que celle chose ne soit un bien commun à tout le monde, comme l'air, l'eau, le calorique*. A la bonne heure, et nous voilà d'accord ! Je ne dis pas autre chose, au fond, que M. Massias. Je ne demande rien de plus que ce dont il convient lui-même. Les biens communs à tout Je monde n'ont point de valeur. Mais pourquoi donc 9 Telle est la question que M. Massias aurait dû se faire, et dont la solution lui aurait épargne une contradiction manifeste. Parce que les biens communs à tout le monde sont des choses illimitées, par conséquent incoercibles et .surabondantes, et que dès-lors elles ne peuvent être l'objet .ni de la propriété, ni de la richesse proprement dite. La restriction de M. Massias est parfaitement juste. Elle contient précisément tout ce que je me suis efforcé de prouver jusqu'à présent, savoir qu'il y a des choses utiles et très-utiles qui n'ont pourtant point de valeur. Comment se fait-il que M. Massias ne se soit point aperçu que sa concession renverse son principe, et que l'aveu qu'il fait, à l'occasion des choses communes, est diamétralement opposé à la conclusion qu'il veut nous imposer, en affirmant que tout ce qui est utile a une valeur et que valeur et utilité sont synonymes ? Non, encore une fois, tout ce qui est utile n'a pas une valeur. Il n'y a qu'une utilité rare ou limitée qui vaille quelque chose, et qui puisse servir d'équivalent à un autre objet utile et rare en même temps.

Quant à ce que dit M. Massias du verre d'eau dans le désert, de la lumière dans un cachot, de la lucarne où l'on respire un air pur, son observation est parfaitement juste, et je n'aurais pas manqué moi-même d'en faire usage, si M. Massias ne m'eût épargné la peine d'y avoir recours ; car je la crois beaucoup plus propre à fortifier ma théorie qu'à consolider celle de mon adversaire. Et, en effet, pourquoi l'eau, la lumière, et l'air acquièrent-ils ainsi de la valeur, et quelquefois même beaucoup ? N'est-ce point parce qu'ils sont momentanément soustraits à leur condition naturelle, qui est de n'en point avoir ? Et comment l'eau, la lumière, et l'air échappent-ils à leur condition naturelle, à leur manière d'être la plus commune et la plus ordinaire, si ce n'est en se limitant, en sortant accidentellement de la classe des biens illimités, pour se ranger dans celle des biens ou des richesses rares ? L'eau est rare, dans un désert ; la lumière est rare, au fond d'un cachot ; l'air pur est rare, dans une tour malsaine ; et voilà pourquoi, ils y ont un prix. L'exception citée et invoquée par M. Massias, confirme donc la règle que j'ai établie. M. Massias, s'est combattu lui-même de ses propres mains, et qui plus est il s'est vaincu ; car il a détruit son raisonnement parles faits même sur lesquels il prétendait l'appuyer.

Cette valeur accidentelle qu'acquièrent passagèrement, les biens illimités ou les richesses inappréciables, est un phénomène qui commence à attirer l'attention des économistes, et il me serait facile de prouver, par de nombreuses, citations, que des idées nouvelles, sur

Auguste Walras

le véritable objet de l'économie politique, fermentent sourdement dans les, bons esprits. Mais malgré cette remarque qui me paraît, d'un bon augure pour la science, et qui, si elle est juste, comme je le crois, ne peut que me confirmer dans la doctrine que je développe, il est évident que les préjugés, généralement répandus sur la nature de la richesse et, sur l'origine de la valeur, ont retardé la véritable explication des faits cités par M. Massias. M. Say lui-même s'y est embarrassé, comme on va le voir.

Chapitre IX

Chapitre X

Examen d'un passage de M. SAY. - du monopole considéré comme un effet de la propriété et de la rareté.

« Un verre d'eau douce, dit M. Say, peut avoir un très grand prix dans une traversée de mer, lorsque la provision d'eau douce est épuisée, et quoiqu'il n'ait rien coûté à celui qui se trouve en avoir en sa possession. Cette circonstance extraordinaire qui augmente beaucoup la valeur d'une chose, sans qu'on y ait ajouté une nouvelle utilité est l'effet d'une espèce de *monopole* ; ce n'est point un accroissement, mais un déplacement de richesse. Elle fait passer le prix du verre d'eau de la poche du passager qui le désire ardemment, dans celle du passager qui consent à s'en passer. Il n'y a pas eu création d'une nouvelle richesse[1]. »

Deux erreurs capitales sont contenues dans ce passage, comme dans toute la doctrine de M. Say. La première, et je l'ai déjà signalée, c'est que la richesse proprement dite, est entièrement le fruit de la production, ou que toute valeur est un produit ; la seconde que la valeur vient de l'utilité. Je répondrai peut-être un jour à la première de ces deux opinions, un peu plus longuement que je ne l'ai déjà fait dans le chapitre V ; mais ce sera dans un ouvrage plus étendu. Pour ne pas m'écarter du but que je me propose en ce moment, je ne dois m'attacher ici qu'à la seconde. M. Say ne met point en doute que l'utilité soit la cause et la cause unique de la valeur. Il l'a dit expressément en cent endroits de ses ouvrages [2]. Il a dit d'une manière tout aussi formelle que l'utilité qui fait la richesse est de l'utilité produite. Or en voyant une valeur survenir tout à coup dans un objet qui n'en avait pas auparavant, quoiqu'il eût déjà son utilité, et sans qu'on y ait ajouté une utilité nouvelle, il ne sait trop comment expliquer ce phénomène. Dans l'impuissance d'en venir à bout, par les idées qu'il s'est faites sur la valeur et sur son origine, il a recours au

1 *Catéchisme d'Économie politique*, 36 édition, n. 6.

2 *Note de J.-B. Say:* C'est faux ; j'ai dit que les frais de production élèvent la valeur aussi haut que les facultés du producteur lui permettent d'en étendre la demande.

Auguste Walras

monopole. Eh bien ! cette explication est bonne, elle est très-bonne ; elle est meilleure que M. Say peut-être ne l'a cru lui-même. Oui, sans doute, cette valeur est l'effet d'un monopole ; mais elle n'est pas la seule dans ce cas ; car il en est ainsi de toutes les valeurs. Et, en effet, toutes les valeurs viennent du monopole, ou si l'on veut s'exprimer d'une manière plus exacte, on dira que le monopole est l'effet de la propriété. Or la propriété et la valeur sont, comme nous l'avons déjà vu, un double effet de la limitation qui borne la quantité de certaines choses utiles.

Lorsque je parle du monopole, et que je le considère comme une conséquence nécessaire de la propriété, et comme la cause plus ou moins directe de la valeur, je n'entends point rappeler à l'esprit du lecteur les privilèges abusifs établis par des lois absurdes. Je sais que l'idée du monopole se prend ordinairement en mauvaise part; mais si je définis ce mot par son étymologie même, je ne puis y voir, comme je l'ai dit, qu'une conséquence naturelle et nécessaire de la propriété, et de la limitation de certaines choses utiles ou de la rareté de certains biens. Qui dit *monopole,* dit *vente exclusive.* Le monopole, ainsi considéré, est un effet de la propriété ou de la possession exclusive : et la propriété, comme nous l'avons vu, est un effet de la limitation ou de la rareté des choses coercibles.

Les écrivains qui parlent du monopole, ne s'occupent pas toujours à le définir exactement ; mais ils s'accordent presque tous à le considérer comme une injustice, et tout au moins comme une calamité. On y voit ordinairement le synonyme de l'arbitraire et de la tyrannie. Mais il faut remarquer qu'on a donné à l'abus d'une chose, le nom qui convient également à son usage légitime. Le monopole, considéré en lui-même, abstraction faite de ses abus, n'est autre chose, je le répète, qu'une vente exclusive, et toute vente exclusive provient de la propriété. Mais la propriété s'appuie elle-même sur la limitation des choses coercibles, qui est aussi la cause de la valeur. On peut donc dire, jusqu'à un certain point, que la valeur est l'effet du monopole ; on pourrait dire aussi qu'elle en est la cause ; mais le besoin de la précision et de l'exactitude nous oblige à reconnaître que le monopole et la valeur ont leur origine commune dans un même fait, qui est la limitation de certains biens. Par où l'on voit que le monopole est un fait naturel et indestructible, une conséquence immédiate et inévitable de la possession exclusive ou de la propriété. Sans doute il y a eu des monopoles abusifs, et il en existe encore qui méritent d'être flétris par les amis de la justice et de la liberté ; mais les monopoles abusifs ne sont que la conséquence de propriétés abusives. Lorsqu'un gouvernement s'arroge le droit de vendre exclusivement du tabac ou toute autre denrée, lors qu'il accorde à un négociant ou à une compagnie de négociants le privilège de fabriquer telle ou telle marchandise, de se livrer à tel ou tel commerce, il usurpe une faculté qui ne lui appartient pas, il viole la liberté que la nature a octroyée à chaque individu. Mais cet abus de la propriété et du monopole qui en est la suite, n'est pas un titre suffisant de proscription contre la propriété et contre le monopole, considérés en eux-mêmes et dans leur origine. S'il y a des propriétés qui sont légitimes (et qui pourrait douter qu'il n'y en ait de telles!) il faut bien qu'il y ait aussi des monopoles qui soient justes. Ces monopoles, ainsi compris, sont, je le répète, des faits aussi nécessaires que la propriété même dont ils dérivent, et peuvent être considérés comme la cause plus ou moins prochaine de la valeur.

C'est un phénomène économique bien important que celui de l'échange. Une multitude d'idées se rattachent à celle-là. J'ai déjà dit que l'échange impliquait l'idée du sacrifice. Il implique aussi l'idée du gain ou du bénéfice. Échange, commerce, société, sont encore des expressions synonymes, et qui ne diffèrent entr'elles que par des nuances. L'échange est donc un des phénomènes les plus importants de l'économie politique. Nous avons déjà vu que l'idée de la valeur suppose l'existence ou du moins la possibilité de ce fait. Plus tard, nous aurons à montrer que la société, sous le rapport économique, n'est autre chose qu'un marché, et que le commerce n'est qu'une suite continuelle d'échanges. Contentons-nous en ce moment de remarquer que l'échange se compose toujours d'une vente et d'un achat, ou, pour mieux dire, de deux ventes et de deux achats. Chaque contractant vend et achète. Mais celui qui vend une marchandise dont il est propriétaire, dont il a la possession et la jouissance exclusives, fait-il autre chose qu'un monopole, dans le sens naturel et nécessaire de ce mot ? Et puisque dans tout échange, il y a nécessairement deux ventes et deux achats, il s'ensuit que tout échange est un double monopole, une double vente exclusive. C'est une vérité dont il est bien facile de se convaincre, en portant ses regards sur l'ensemble d'une nation ou d'une grande ville. On voit que chaque propriétaire y fait la vente exclusive de son bien, et que chaque profession y exerce le monopole de son industrie. A qui peut-on s'adresser pour avoir (les bas, si ce n'est aux marchands de bas, et pour avoir des habits, si ce n'est aux tailleurs d'habits ? Les bottiers vendent exclusivement des bottes, et les chapeliers vendent exclusivement des chapeaux. Les boulangers font le monopole du pain, et les bouchers font le monopole de la viande. Si l'on veut des exemples plus frappants, je dirai que les ouvriers font le monopole du travail, les capitalistes celui des capitaux, et les propriétaires fonciers celui des fonds de terre. Or n'est-ce pas à la propriété que nous devons ces divers monopoles, et n'est-ce pas à la limitation de certaines choses utiles ou à la rareté de certains biens que nous devons et la propriété et la valeur des choses qui en sont l'objet ?

L'explication donnée par M. Say, n'est donc pas bonne, en ce sens qu'elle a pour but d'expliquer une valeur accidentelle, et qu'elle ne prétend pas expliquer autre chose que le cas particulier auquel elle s'applique. Considérée en elle-même et appliquée à toutes les valeurs, cette explication est excellente. Toute valeur est l'effet d'un monopole ; car toute valeur provient d'une vente exclusive. Mais toute vente exclusive dérive nécessairement d'une possession exclusive, et toute possession exclusive ne dérive-t-elle pas elle-même de la limitation des choses coercibles, ou de la rareté de certains biens ? Telle est donc, ce me semble, la génération logique des idées qui se rapportent à la richesse, à la valeur et à son origine.

Utilité des choses, en général ; d'où jouissance des choses utiles ou *richesse,* au sens le plus étendu.

Limitation de certaines choses utiles, dans leur *quantité,* d'où :

1° Possession exclusive, jouissance propre et particulière des *utilités limitées,* et, moralement parlant, *propriété ;*

2° *Rareté* des biens limités, c'est-à-dire disproportion naturelle entre la somme de ces biens et la somme des besoins qui en réclament la jouissance ;

3° *Valeur* des utilités rares, ou égalité des avantages exclusifs qu'elles offrent à leurs possesseurs. *Richesse* proprement dite ;

4° *Échange* de propriétés, ou *monopole* naturel de toutes les valeurs: situation sociale ou *commerciale* du genre humain, sous le rapport économique.

Les faits cités par M. Massias et reproduits par M. Say [1], sont donc bien éloignés, comme on le voit, de s'opposer à notre théorie. Ils la confirment, au contraire, par une exception évidente à cette loi qui chasse du domaine de l'économie politique les biens illimités ou les richesses inappréciables. Ces faits prouvent évidemment que la rareté est la cause de la valeur, et que l'utilité n'en est autre chose que la condition. Une dernière considération confirmera cette vérité. Je l'emprunterai à ce principe que tout effet est naturellement proportionné à la cause qui le produit.

---

1 *Note de J.-B. Say* : J'ai eu le mérite d'écrire toutes ces erreurs vingt ans avant M. Massias.

Auguste Walras

Chapitre XI

La valeur n'est pas proportionnée a l'utilité **mais a** *la rareté.*
-l'utilité considérée dans **son intensité** *et dans son* **extension. -**
que *l'extension de l'utilité est le seul* **principe** *qui* **ait** *de l'influence*
sur la valeur.

Si l'utilité était la cause de la valeur, il faudrait que l'effet se proportionnât à la cause, et que la cause augmentant l'effet augmentât avec elle. Plus grande étant l'utilité, plus grande serait la valeur. Plus un objet serait utile, et plus le prix qu'il obtiendrait devrait être élevé. C'est-là ce qui n'arrive point, malheureusement pour la théorie opposée à la nôtre. Les choses les plus utiles sont même, en général, celles qui obtiennent le moindre prix ; et parmi les choses qui ne coûtent rien, il y en a de si utiles, de si nécessaires, que si nous venions à en être privés, nous cesserions de vivre sur-le-champ. Telles sont l'air et le calorique, par exemple.

Il est impossible d'assigner des bornes à l'utilité, dans l'acception économique de cette expression. L'utilité se prend, en économie politique, dans le sens le plus étendu. « Il faut entendre par ce mot, dit M. Say, tout ce qui est propre à satisfaire les besoins, les désirs de l'homme tel qu'il est. Or sa vanité et ses passions font quelquefois naître en lui des besoins aussi impérieux que la faim [1]. »

Les mets les plus recherchés et par cela même les plus malsains, sont utiles au gourmand, et les parures les plus incommodes sont utiles à l'esclave de la vanité. Le poignard sert à l'assassin, et le poison sert à l'empoisonneur. Par où l'on voit que lorsqu'il est question d'utilité en économie politique, il faut faire abstraction de la prudence et même de la moralité qui s'attachent à nos actions, et à l'usage que nous faisons des êtres impersonnels. « Tout travail, dit M. Massias, n'a point des effets également avantageux ; il en est même de nuisibles et de criminels : c'est une détestable utilité que

1 *Catéchisme d'Économie politique, 3e* édition, chap. II.

celle qui résulte des arts des Locuste et des Tigellin [1]. » Oui, sans doute, ce sont de tristes services qu'on retire de ces créatures ; mais toute détestable et toute abominable qu'elle est, l'industrie de ces monstres n'en est pas moins utile aux autres monstres qui en ont besoin. On peut en dire autant ou à peu près des théâtres et des concerts, des chanteurs, des danseurs et des baladins, qu'on peut considérer comme contribuant à amollir les hommes, ou comme ayant sur l'âme le même effet que le poison a sur le corps, et dont une morale sévère peut blâmer l'usage ou interdire la fréquentation. Mais l'économie politique ne considère pas ces choses sous le même point de vue ; et il suffit qu'un certain nombre d'hommes, sages ou non, éprouvent le besoin de se livrer aux différentes distractions qu'elles nous présentent, pour qu'elle soit obligée d'appeler utile tout ce qui contribue à nous les procurer.

Cela posé, remarquons en outre, qu'il est assez difficile d'établir différents degrés d'utilité parmi le nombre incalculable de choses dont nous nous servons. On distingue assez généralement, parmi les objets qui nous sont utiles, ceux qui sont absolument *nécessaires* à notre conservation, et ceux qui nous sont purement *agréables*. C'est une distinction fort ancienne que celle du *nécessaire* et du *superflu*.

Plusieurs tentatives ont été faites pour agrandir cette nomenclature, et je n'en citerai pas d'autre que celle de M. Massias,[39] qui distingue assez heureusement des valeurs de première nécessité, des valeurs d'agrément, des valeurs de luxe et des valeurs de *fantaisie ou* de caprice. On peut approuver ou rejeter cette distribution de tous les objets utiles. On peut surtout se diviser pour savoir où finit le nécessaire et où commence l'agréable, pour tracer la ligne de démarcation entre le luxe et le caprice. Mais quelque difficulté qu'il y ait à apprécier rigoureusement les diverses espèces d'utilités, et quoiqu'il me paraisse impossible d'en établir une classification exempte d'arbitraire, il est toujours assez facile d'apercevoir que, parmi toutes ces utilités, il y en a de moins réelles, ou, si l'on veut,

---

1 *Rapport de la nature à l'homme et de l'homme à la nature,* t. III, p. 297.

de moins raisonnables, de moins fondées les unes que les autres. Le pain est certainement plus utile que tel ou tel bijou, et la viande nous sert beaucoup mieux que les feux d'artifice. On ne voit pas pourtant qu'une bague ou un diamant soient moins chers qu'une livre de pain, ni qu'un feu d'artifice soit moins prisé qu'un quartier de bœuf. Or à quoi cela tient-il, sinon à ce que le pain et la viande sont très-utiles et très-abondants tout à la fois, tandis que les bijoux et les feux d'artifice sont rares ? Ces derniers biens sont donc plus chers que les premiers, quoiqu'ils soient d'ailleurs moins utiles, et ils ne sont plus chers que parce qu'ils sont plus rares.

Mais l'utilité n'a-t-elle donc aucune influence sur la valeur? Non. Tout ce qu'on peut dire, en faveur de l'utilité, c'est que celle-ci influe quelquefois sur la rareté, et par cela même sur la valeur qui en est la suite. Il est possible, et cela arrive en effet, qu'une chose devienne d'autant plus rare qu'elle est plus utile : alors aussi elle devient plus chère ; mais la valeur qui paraît se proportionner à l'utilité, se proportionne réellement à la rareté et à la rareté seule. Expliquons-nous sur ce nouveau phénomène.

On conçoit facilement que parmi les divers besoins. que nous éprouvons, il y en a qui sont plus ou moins généralement sentis, et que parmi le nombre si multiplié de jouissances dont nous sommes susceptibles, il y en a, beaucoup dont le goût et le désir se trouvent plus ou moins répandus. Après avoir considéré l'utilité dans son intensité, on peut et on doit même la considérer encore dans son *extension*. *Les* besoins auxquels nous sommes soumis ne se distinguent pas seulement par leur plus ou moins grande urgence ; ils se distinguent aussi par leur étendue, ou par le nombre des hommes qui les éprouvent. Rien n'est plus aisé que d'indiquer tel et tel besoin, qui n'est éprouvé que par un certain nombre d'hommes, et dans certaines circonstances, telle ou telle jouissance qui n'est à la portée que d'une certaine classe de personnes. Les malades et les convalescents sont les seuls qui aient besoin de médecins et de remèdes, et les boiteux sont les seuls qui aient besoin de béquilles.

Ce n'est qu'aux plaideurs que les avocats et les avoués sont utiles ; et il faut avoir quelque chose à vendre ou à acheter, pour employer un courtier ou un notaire. Que pourraient faire d'un fusil ceux qui ne sont ni soldats ni chasseurs, et a quoi servent les livres à ceux qui ne savent pas lire ? Les femmes n'ont pas besoin de rasoirs, et les hommes ne portent guère des bracelets ou des boucles d'oreilles. Parmi toutes les choses dont nous nous servons, il n'yen a donc qu'un certain nombre qui soient d'une utilité générale et universelle, telles que les aliments, les vêtements, etc., et il y en a beaucoup, comme on le voit, qui ne nous sont utiles que dans certains cas et à certaines conditions. « Une peau d'ours et un renne, dit M. Say, sont des objets de première nécessité pour un Lapon; tandis que le nom même en est inconnu au porte-faix de Naples. Celui-ci, de son côté, peut se passer de tout, pourvu qu'il ait du macaroni. De même, les cours de judicature, en Europe, sont regardées comme un des plus forts liens du corps social ; tandis que les habitants indigènes de l'Amérique, les Tartares, les Arabes s'en passent fort bien [1]. » Or qu'est-ce qui détermine la rareté et la valeur qui en est la suite ? C'est premièrement le nombre ou la quantité des biens limités, et, en second lieu, le nombre des hommes qui en ont besoin, autrement dit la somme des besoins qui en sollicitent la jouissance. La rareté n'est que le rapport entre ces deux nombres. Par où l'on voit facilement que si le nombre des besoins augmente, ou que la quantité des choses utiles diminue, la rareté se trouvera augmentée, et la valeur croîtra en même temps. Si le nombre des besoins vient à diminuer, au contraire, ou que la quantité des choses utiles aille en augmentant, la rareté diminuera par l'une et l'autre cause, et l'on verra décroître la valeur qui en était la suite.

C'est ainsi qu'il faut entendre et expliquer l'influence que l'utilité peut avoir sur la valeur. Cette influence de l'utilité est entièrement relative, comme on le voit, à son extension, au nombre des besoins auxquels elle répond. L'extension de l'utilité est un des termes constitutifs du rapport que nous appelons du nom de *rareté*, et c'est ce que les économistes ont oublié de signaler. Ils n'ont guère considéré

1 *Traité d'économie politique*, 5e édition, t. II, *p. 157.*

Auguste Walras

l'utilité que sous un point de vue, sous le point de vue du service qu'elle peut nous rendre ; et c'est par une conséquence inévitable de cette négligence, qu'ils ont laissé subsister, dans leurs doctrines, une cause toujours plus active d'incertitude et de contradiction.

On voit, par ce qui précède, qu'il y a une distinction à faire entre l'*intensité* de l'utilité et son *extension,* et que l'extension de l'utilité est le seul principe qui ait de l'influence sur la valeur, parce qu'il est aussi le seul qui influe sur la rareté.[40] Il faut cependant reconnaître, et je suis le premier à le proclamer, que l'extension de l'utilité se trouve étroitement liée à son intensité, ou que le premier phénomène est une conséquence naturelle du second. Plus une chose est utile, autrement dit plus son utilité est réelle, plus le besoin qui la réclame est urgent ; et par conséquent plus on trouvera d'hommes disposés à faire un sacrifice, pour s'en assurer la possession. Une chose plus utile sera plus demandée : à quantité égale elle sera plus rare. La quantité des choses utiles ne variant point, leur rareté, sera en raison directe de l'extension de l'utilité, et cette extension sera elle-même en raison directe de l'intensité.[41] La valeur se proportionnera à la rareté, et par cela même à l'utilité considérée dans son intensité. Tel est le sens dans lequel l'utilité peut servir de mesure à la valeur.

Si les objets de première nécessité ne sont pas ordinairement plus rares et plus chers qu'un grand nombre d'objets frivoles, c'est qu'ils existent en plus grande quantité, l'industrie humaine ayant dû consacrer ses premiers efforts à multiplier les choses les plus nécessaires. La quantité de ces objets balance donc la somme des demandes, et en maintient la valeur à un taux assez modéré, pour que le plus grand nombre des hommes puisse y atteindre. Mais les objets les plus indispensables à la vie ne manquent pas d'obtenir une grande valeur, lorsque certaines circonstances en limitent la quantité d'une manière extraordinaire. Il n'y a personne qui n'ait entendu parler du prix exorbitant auquel s'élèvent le pain et les autres matières alimentaires, pendant le siège d'une ville. Pline raconte qu'au siège de Causilium par Annibal, un rat fut vendu deux cents sesterces.

En toute autre occasion, on n'aurait pas fait un pareil marché. Mais lorsqu'il s'agit de la vie, on n'attache d'importance qu'à ce qui peut la conserver ; et on sacrifie sans peine toutes les autres jouissances qui ne servent qu'à l'embellir, lorsqu'elle est assurée d'ailleurs.

On peut aussi rapporter à l'intensité de, l'utilité, et considérer par conséquent comme une cause qui contribue à son extension, les différentes espèces de besoins qu'une chose peut être appelée à satisfaire. Il n'arrive pas toujours qu'une chose ne réponde qu'à un seul besoin. Il y a bon nombre d'objets qui peuvent satisfaire plusieurs besoins différents ; et alors l'extension de l'utilité, et la rareté qui en est la suite, reçoivent une augmentation d'autant plus grande que l'usage de ces choses est plus varié. Si les bœufs n'étaient bons qu'à nous fournir de la viande de boucherie, si le bois ne pouvait servir qu'à fabriquer des meubles, et si l'or et l'argent ne recevaient d'autre emploi que d'être façonnés en objets de luxe et d'agrément, il n'y a pas de doute que ces objets seraient moins rares, et par conséquent moins chers. Mais les bœufs ne contribuent pas seulement à notre nourriture ; ils partagent les fatigues du laboureur, et servent prodigieusement à la culture de la terre. Le bois n'est pas seulement une, matière première pour le charpentier, pour le menuisier, pour l'ébéniste ; il nous offre encore un précieux combustible, soit dans son état naturel, soit lorsqu'il est réduit en charbon. Enfin l'or et l'argent ne servent pas qu'à faire des montres, des bijoux, de la vaisselle plate ; on en fait aussi de la monnaie ; et leur service, sous ce rapport, est très-précieux et très-étendu. Il suit de là que dans ces divers objets, et dans une foule d'autres qu'il serait trop long d'énumérer, l'extension de l'utilité ne se fonde pas seulement sur son intensité ; elle se fonde aussi sur les différentes espèces de besoins qui peuvent réclamer de pareils objets, ou sur le nombre plus ou moins considérable des usages auxquels ils peuvent se prêter. Or la rareté est toujours en raison directe de l'extension et de l'utilité, la valeur suit la même règle. Si une grande partie du vin qui se récolte annuellement n'était pas consacrée à faire de l'eau de vie, le vin serait moins rare, et se vendrait à bien meilleur marché.

Auguste Walras

Voilà pourquoi les choses augmentent de valeur à mesure qu'on les applique à de nouveaux usages, et cela montre aussi pourquoi certaines choses baissent de prix, lorsque leur service est remplacé par tel ou tel autre objet. L'invention du papier a donné du prix aux chiffons; et depuis qu'on a fait la découverte de l'éclairage au gaz, qui doute que la valeur de l'huile a dû baisser ? Lorsqu'on a trouvé le moyen d'extraire du sucre de la betterave, on a augmenté la valeur de cette racine; et l'accroissement prodigieux qu'a pris, dans ces derniers teins, la culture de la fabrication du coton, n'a pu que porter préjudice à la valeur de la toile.

L'utilité n'a donc, comme on le voit, qu'une influence indirecte sur la valeur, et le principe que nous avons émis sur la véritable origine de cette qualité de certains biens, reste établi et démontré d'une manière incontestable. La valeur ne vient jamais de l'utilité ; mais lorsque l'utilité d'une chose est plus générale, plus répandue, la somme des besoins qui en réclament la possession, se trouve plus grande, et la rareté subit elle-même une augmentation proportionnée à celle des besoins. L'augmentation de la rareté n'est qu'une conséquence de la plus grande utilité qui se trouve dans un objet donné, ou du plus grand usage qu'on en fait. Si la valeur de cet objet devient plus grande, ce n'est évidemment que parce que l'augmentation de l'utilité, et par conséquent de l'usage, ou, si l'on veut, de la consommation, entraîne avec elle l'augmentation de la rareté. La valeur ne vient jamais que de celle-ci ; et ce n'est qu'en supprimant l'intermédiaire que je viens de signaler, qu'on peut attribuer une plus grande valeur à une plus grande utilité.

On peut aussi considérer l'utilité d'une autre manière que je ne l'ai fait jusqu'à présent, et je conviens que sous ce nouveau point de vue, la valeur d'un objet se proportionne encore, ou du moins paraît encore se proportionner à son utilité. Mais le fait est que la valeur se proportionne toujours à la rareté, et que si elle paraît se proportionner à l'utilité, ce n'est jamais que parce que la rareté suit elle-même le mouvement de l'utilité. Si le contraire avait lieu, l'argument que je développe en ce, moment perdrait nécessairement de sa force, et l'on verrait s'affaiblir en même temps le principe que j'ai cherché jusqu'à présent à établir, en soutenant que la valeur vient de la rareté. Mais il est facile de résoudre cette difficulté, et de prouver que mon principe est assez fort pour résister à toutes les attaques, et assez général pour se plier à tous les faits et à toutes les hypothèses.

Auguste Walras

Chapitre XII

Distinction entre l'utilité directe et l'utilité indirecte. - la valeur ne vient pas du travail. - insuffisance de la doctrine d'Adam Smith, pour expliquer l'origine de la valeur.

Je ne sais si je me trompe ; mais il me semble que la conviction doit commencer à pénétrer dans l'esprit de mes lecteurs. Je ne voudrais rien négliger pour faire triompher le principe que je défends ; et, d'un autre côté, je crains de prolonger inutilement la discussion ; car je n'ignore pas le danger qui s'attache à des développements trop étendus. La prolixité ne laisse pas que d'avoir ses inconvénients ; cependant il faut mettre le temps à tout. La science et la vérité doivent se conquérir à force de patience. La théorie de la richesse se lie étroitement à celle de la propriété ; l'économie politique touche de très près au droit naturel ; c'est une vérité dont on ne peut plus douter maintenant. Il est impossible d'avoir une bonne théorie de la propriété, tant qu'on aura, sur la richesse, des idées fausses, ou vagues, ou incomplètes. Ces deux sciences doivent se construire du même coup, et tout au moins doivent-elles s'appuyer l'une sur l'autre, Or c'est la théorie de la valeur qui doit servir de base à la propriété. Pour aller au droit naturel, il faut passer par l'économie politique. Nous ne saurions donc nous montrer trop jaloux de donner à cette dernière science un fondement inébranlable, de lui assigner un point de départ rationnel et inattaquable. On a longtemps placé dans l'utilité l'origine de la valeur ou de la richesse proprement dite. Cette opinion a envahi presque tous les traités d'économie politique publiés en France, depuis le commencement de ce siècle. Au milieu des divisions les plus saillantes, et des divergences les plus caractérisées, mille écrivains s'accordent sur ce point. Lorsque j'essaie d'arracher à l'utilité le privilège dont on l'a si longtemps et si généreusement investie, il m'est impossible d'employer trop de soins à cette tentative. Il faut que j'analyse l'utilité de toutes les manières, et que je l'étudie sous toutes ses faces, afin de montrer que, de quelque manière qu'on l'entende, sous quelque aspect qu'on l'envisage, elle est toujours et partout incapable par elle-même de produire la valeur, et que cette dernière qualité des choses est une conséquence de leur limitation, un effet immédiat et constant de la rareté et de la rareté seule.

La distinction que j'ai déjà citée entre les objets de nécessité et les objets d'agrément, et celle que j'ai établie moi-même entre l'intensité de l'utilité et son extension, ne sont pas les seules qu'on puisse faire, parmi les choses qui nous sont utiles. Il existe encore une division importante consacrée par les économistes, et notamment par M. Say.[42] C'est celle des choses qui sont *directement* utiles, et des choses qui n'ont qu'une utilité *indirecte*. Ici encore, il nous est impossible d'établir une démarcation absolue parmi les choses dont nous nous servons. Puisque l'utilité est essentiellement relative au besoin qui la réclame, il est évident que pour savoir si une chose est directement ou indirectement utile, il faut avoir égard au besoin qu'elle est destinée à satisfaire. Ainsi on ne peut pas dire de prime-abord que telle chose a une utilité directe ou indirecte; mais cela ne doit pas nous empêcher de comprendre que, relativement aux divers besoins que nous éprouvons, et aux jouissances dont nous sommes susceptibles, il y a des choses d'une utilité plus ou moins directe, c'est-à-dire des choses dont la forme extérieure et constitutive se rapproche plus ou moins du but final de toute utilité, qui est la satisfaction d'un besoin ou la production d'une jouissance. Cette division est essentiellement relative, je le répète. On ne peut pas l'imposer aux choses à *priori*. Mais aussitôt qu'on a égard à un besoin déterminé, on trouve sur-le-champ et très-facilement les choses qui sont propres à le satisfaire immédiatement, et celles qui ne peuvent le faire que médiatement.

Ainsi, par rapport au besoin de la faim, par exemple, le pain est plus directement utile que la farine, et la farine elle-même est d'une utilité plus directe que le blé. Relativement au besoin de la soif, le vin a une utilité plus directe que le raisin qui est encore dans le pressoir ou sur la vigne. Un habit tout fait est bien plus près de satisfaire le besoin qui le réclame que l'étoffe étalée en pièce chez le marchand. L'utilité du drap à son tour, est bien plus directe que celle de la laine

; et la laine elle-même, dans quelque état qu'elle se trouve, est déjà plus apte à nous vêtir, elle peut même nous servir d'une manière plus immédiate que la toison qui est encore sur le dos de la brebis. Tout cela me paraît assez clair ; et ce sont là, si je ne me trompe, des vérités assez simples pour être triviales.

On m'accordera maintenant que plus l'utilité d'une chose est directe ou immédiate, plus sont nombreux les besoins qui en réclament la possession[43]. Il n'y a plus de demandes pour les habits que pour le drap ; il y a plus de demandes pour le pain que pour la farine. On rencontre un plus grand nombre d'hommes ayant besoin de vin que d'hommes ayant besoin de raisin ; et ceux qui désirent des montres ou des bijoux sont certainement plus nombreux que ceux qui désirent des lingots d'or ou d'argent. La *direction* de l'utilité, si je puis m'exprimer ainsi, a sur son extension la même influence que l'intensité. Plus l'utilité est directe, et plus elle s'étend. On peut dire que l'*extension* de l'utilité est en raison composée de son *intensité* et de sa *direction*. Ces deux derniers phénomènes concourent également au développement du premier, et nous avons déjà vu que l'extension de l'utilité, ou le nombre des besoins auxquels elle s'adresse, constitue un des deux termes nécessaires du rapport que nous avons désigné par le mot *rareté*.

Il suit de là qu'une chose est d'autant plus rare que son utilité est plus directe ou plus immédiate. Plus elle est rare, et plus elle a de la valeur. Puisque la rareté augmente avec l'utilité, il ne faut pas s'étonner que la valeur augmente en même temps. La valeur qui paraît se régler sur l'utilité, se règle réellement sur la rareté. Ce phénomène ainsi compris et expliqué, n'offre rien d'extraordinaire. Il rentre parfaitement dans mon principe que la valeur vient de la rareté et se proportionne sur elle. Plus une chose est rare, et plus le prix qu'elle obtient est élevé. Or une chose est d'autant plus rare que son utilité est plus immédiate, ou qu'elle est plus près de satisfaire le besoin qui en réclame la possession.

Chapitre XII

Mais nous touchons à une nouvelle difficulté ; et c'est ici que tombe naturellement la discussion de la seconde opinion que nous avons indiquée sur l'origine de la valeur, de celle qui la fait venir du *travail* ou des *frais de la production*. Cette opinion en contient deux, comme il est aisé de le voir ; car les frais de la production représentent, pour certains économistes, du travail seulement ; tandis que, si l'on s'en rapporte à d'autres écrivains, les frais de la production comprennent autre chose que du travail. Ainsi le travail tout seul, ou le travail joint à d'autres éléments de production, telle est, suivant certains auteurs, la véritable source de la valeur. Nous discuterons successivement ces deux opinions, en commençant par la plus simple, par celle qui ne voit, dans les frais de la production, autre chose que du travail.

Pour qu'une chose qui n'a qu'une utilité indirecte, acquière une utilité directe, il faut, le plus souvent, qu'elle soit soumise à un certain *travail*. C'est l'industrie humaine qui transforme continuellement les utilités indirectes en utilités directes ; qui, d'un objet qui ne peut servir que médiatement, tire un nouvel objet capable de nous servir immédiatement.[44] Ainsi, pour faire de la farine avec du blé, il faut employer le travail du meunier, et pour faire du pain avec de la farine, il faut que l'industrie du boulanger vienne à notre secours. On ne peut pas faire du vin avec du raisin, sans le travail du vigneron. Celui du tisserand est nécessaire pour métamorphoser la laine en drap, et pour faire un habit avec ce même drap, il faut avoir recours à l'art du tailleur d'habits.

Frappés de cette considération, certainement très importante, que la richesse proprement dite se compose de choses qui ont été, pour la plupart, façonnées par l'industrie humaine, et que les objets dont nous nous servons, pour satisfaire nos divers besoins, ou pour nous procurer des jouissances, ont presque tous été soumis à un certain travail, des économistes sont survenus qui ont placé dans le *travail* l'origine de la richesse, et qui voyant dans la *production*, ou dans les différents actes de notre industrie une longue et perpétuelle *création* de choses utiles, ont donné aux richesses proprement dites ou aux objets qui, ont de la valeur, le nom générique de *produits*, et ont avancé que la valeur n'avait d'autre origine que les frais même de la production. Cette opinion est erronée, je n'hésite pas à le dire. Non que le travail ne soit un fait très-important, un phénomène essentiel, dans la théorie de la richesse, ou, pour mieux dire, de la production ; non que le travail n'ait pas une valeur, et que cette valeur du travail ne s'ajoute pas naturellement à l'objet sur lequel il s'exerce. Mais en n'ayant égard qu'au travail et à ses effets, on ne considère que la cause d'une augmentation de valeur, dans un objet qui valait déjà quelque chose ; on n'a pas atteint la véritable source de la valeur en général. En partant de la production, on ne va pas au fond de la question qui nous occupe en ce moment; on se fait illusion sur la nature de la richesse proprement dite, et sur le véritable objet de l'économie politique.[45]

La doctrine que je viens de signaler à l'attention de mes lecteurs, suppose, comme un principe admis et reconnu, l'opinion que j'ai déjà reprochée à M. Say, savoir : que la richesse proprement dite est entièrement le fruit de la production, ou que toutes les valeurs sont des produits ; en sorte que si ce principe était faux, comme je le pense, la doctrine qui s'en déduit ne pourrait qu'en être ébranlée. Mais elle est d'ailleurs si peu solide, par elle-même, qu'on peut la renverser, même après lui avoir fait la concession qu'elle demande. En supposant que les richesses proprement dites fussent entièrement le fruit de la production, ou qu'elles eussent toute leur origine dans le travail des hommes, il n'en serait pas moins vrai, selon moi, que la valeur vient de la rareté. Admettons un moment qu'il n'y ait rien dans la nature qui nous soit directement et immédiatement utile, ou que tout objet qui a de la valeur, et qui constitue une richesse proprement dite, ne puisse jamais nous servir à quoi que ce soit, avant d'avoir été soumis à un certain travail, il nous sera facile de prouver que, même dans cette hypothèse, la valeur est le fruit de la limitation ou de la rareté. Et, en effet, que peut-on entendre par les frais de la production, si ce n'est l'accomplissement d'un certain travail ? L'idée la plus générale qu'on puisse se faire des frais de la production, dans la doctrine de Smith et de Ricardo, n'est autre chose, ce me semble, que celle des sacrifices de teins et de peine faits par cette classe d'hommes qu'on appelle ordinairement les producteurs ou les industriels, ce qui comprend les ouvriers, les entrepreneurs et les savants. Si la richesse proprement dite est entièrement le fruit de la production, et si les frais de la production sont la véritable cause de la valeur des produits, il s'ensuit que le prix de tous les objets qui ont de la valeur, ne fait que compenser le prix des efforts faits par les producteurs, le prix du teins et du travail employés par les industriels. La valeur d'un objet quelconque représente, dans ce système, la valeur du teins et du travail qui ont été perdus, pour l'obtenir. Et cela est si vrai, que M. Say a considéré la production comme un vaste échange où l'on donne continuellement des services productifs, pour obtenir des produits en retour. La valeur des produits représente donc la valeur des services productifs, et ce n'est que parce que les services productifs ont une valeur, que les produits peuvent en avoir une. Mais à présent il faut savoir pourquoi les services productifs ont une valeur ; et si les services productifs ne sont autre chose que du travail, d'où vient que le travail a une valeur ? Le travail n'est pas un produit ou du moins la capacité de travailler, l'activité de l'homme, si l'on veut, n'est pas le fruit de la production. Si le travail est rendu plus habile, plus éclairé, par l'éducation et par l'étude, il y a toujours nécessairement, au-dessous de ces améliorations, quelque chose qui n'est pas produit par l'homme, et dont la nature seule l'a gratifié. Or pourquoi cet élément a-t-il une valeur, si ce n'est parce qu'il est utile et rare tout ensemble ? La valeur du travail vient de sa rareté ; car aucun travail ne peut s'accomplir qu'avec le teins et à certaines conditions. Le teins n'est pas pour nous un bien illimité. Êtres éphémères que nous sommes, nous n'avons qu'une certaine durée. Notre vie est courte, et nos jours sont comptés. Le teins est, pour chacun de nous, une chose précieuse, parce qu'elle est rare. Et puisque le travail ne peut s'accomplir qu'avec le teins, et à des conditions plus ou moins onéreuses, il suit de là que le travail a une valeur. En admettant que tous les objets qui nous sont utiles et qui ont de la valeur, fussent le fruit de notre travail, la valeur de ces objets ne pourrait donc que représenter la valeur du travail qui les aurait produits ; et comme la valeur du travail est un effet de sa rareté, il s'ensuivrait, même dans

Auguste Walras

ce système, que la valeur est fille de la rareté, autrement dit de la limitation.

Adam Smith, qu'on a surnommé le père de l'économie politique, et qui me paraît avoir mérité ce titre, par l'immortel ouvrage qu'il a consacré à cette science, Adam Smith s'est beaucoup occupé de la *mesure* de la valeur. Il a donné moins d'attention à la cause qui la produit, et je doute qu'on pût citer un seul passage de son livre où la question de *l'origine* de la valeur soit nettement posée et clairement discutée. On conçoit cependant qu'en s'occupant de la mesure de la valeur, il pouvait exposer d'une manière plus ou moins directe ce qu'il pensait de la cause même qui la fait naître. Et, en effet, dans le chapitre V de son premier livre, on trouve quelques idées qui se rapportent à la question qui nous occupe, et qui en offrent une solution dans le sens de celle que je combats en ce moment.

« Le prix réel de chaque chose, dit Adam Smith, ce que chaque chose coûte réellement à la personne qui a besoin de l'acquérir, c'est la peine et l'embarras de l'acquérir. Ce que, chaque chose vaut réellement pour celui qui l'a acquise, et qui cherche à en disposer ou à l'échanger pour quelqu'autre objet, c'est la peine et l'embarras que cette chose peut lui épargner, et qu'elle a le pouvoir de rejeter sur d'autres personnes. Ce qu'on achète avec de l'argent ou des marchandises, est acheté par du, travail, aussi bien que ce que nous acquérons à la fatigue de notre corps. Cet argent et ces marchandises nous épargnent dans le fait cette fatigue. Elles contiennent la valeur d'une certaine quantité de travail que nous échangeons pour ce qui est supposé alors contenir la valeur d'une quantité égale de travail. Le travail a été le premier prix, la monnaie payée pour l'achat primitif de toutes choses. Ce n'est point avec de l'or ou de l'argent, c'est avec du travail que toutes les richesses du monde ont été achetées originairement ; et leur valeur, pour ceux qui les possèdent et qui cherchent à les échanger contre de nouvelles productions, est précisément égale à la quantité de travail qu'elles les mettent en état d'acheter ou de commander [1]. »

Ces réflexions reposent, comme on le voit, sur le principe déjà émis par Adam Smith, que toute richesse vient du travail, que le travail engendre toute la richesse ; or puisque Adam Smith reconnaît que la richesse n'est que la valeur échangeable, et que toute valeur échangeable est égale au travail qui l'a produite ou au travail qu'elle peut acheter, il s'ensuit, d'après ces idées, que la valeur des marchandises ne peut avoir d'autre origine que le travail même qui les a créées.

Je ne pense point avec Adam Smith que le travail soit la source de toute richesse, ou que toutes les valeurs soient des produits, et cela seul m'empêcherait de considérer le travail comme la source de la valeur ; mais en admettant, pour un moment, que la richesse proprement dite fût entièrement le fruit du travail ou de l'industrie humaine, il faudrait admettre, comme je l'ai dit, que la valeur des produits représente la valeur du travail qui les a créés. Or une question qu'Adam Smith n'a ni posée ni résolue est celle-ci : D'où vient la valeur du travail ? Pourquoi le travail a-t-il une valeur ? Il suffit d'y réfléchir un moment pour se convaincre que le travail ne vaut que par sa rareté, et qu'en supposant que toute richesse fût le fruit du travail, ou que toutes les valeurs fussent des produits, il serait encore vrai de dire que si les produits valent quelque chose, c'est en raison de la valeur et de la rareté du travail qui les a créés.

« Dans ce premier état informe de la société, dit encore « Adam, Smith, qui précède l'accumulation des capitaux « et la propriété des terres, la seule circonstance qui puisse « fournir quelque règle pour les échanges, c'est, à ce qu'il me semble, la quantité de travail nécessaire pour acquérir les différents objets d'échange. Par exemple, chez un peuple de chasseurs, s'il en coûte habituellement deux fois plus de peine pour tuer un castor que pour tuer un daim,

---

1 *Richesse des* nations, traduction de Garnier, 2e édition, t. 1er, p. 60.

Auguste Walras

naturellement un castor s'échangera contre deux daims et vaudra deux daims. Il est naturel que ce qui est ordinairement le produit de deux jours ou de deux heures de travail, vaille le double de ce qui est ordinairement le produit d'un jour ou d'une heure de travail [1]. »

Je ne conteste point à Adam Smith que s'il en coûte habituellement deux fois plus de peine pour tuer un castor que pour tuer un daim, un castor ne doive naturellement s'échanger contre deux daims, ou qu'il ne vaille deux daims. Je ne puis pas nier que deux jours ou deux heures de travail ne vaillent naturellement deux fois plus qu'un jour ou qu'une heure du même travail. Mais ce n'est pas là ce dont il s'agit pour nous en ce moment. La question ici est de savoir pourquoi un daim et un castor valent quelque chose, n'importe quoi ; pourquoi un jour, une heure de travail ont une valeur, n'importe laquelle. Nous n'avons pas à discuter sur la valeur relative des différentes marchandises qui peuvent se présenter sur le marché ; nous recherchons la cause ou l'origine de la valeur, considérée en elle-même et d'une manière absolue, abstraction faite du taux auquel peut s'élever une valeur, par rapport à toute autre valeur. Or, je le répète, telle est la question que Smith n'a point agitée, qu'il n'a pas même indiquée, et dont l'absence laisse, dans son ouvrage, un vide remarquable.

Pour moi, *je le* dis avec confiance, la valeur vient de la rareté ; elle ne peut pas avoir d'autre origine. Si un castor et un daim valent quelque chose, c'est uniquement parce qu'ils sont rares. Si un jour, une heure de travail, ont une valeur, c'est aussi parce que ce sont-là des biens limités. Et en supposant avec Adam Smith que toutes les valeurs fussent le fruit du travail, ou que toutes les richesses fussent des produits, la valeur de tous ces produits représenterait, à ses divers degrés, la valeur des services productifs ou du travail qui aurait été dépensé pour les produire. Or comme la valeur du travail vient de sa rareté, il serait encore exact de dire que la rareté est la source de la valeur.

---

1 *Richesse des nations*, traduction de Garnier, 2e édition, t. 1er, p. 94.

Chapitre XII

Chapitre XIII

De la production *et des différentes espèces de* services productifs. - la *valeur ne vient pas des* frais de production. - *réfutation de la doctrine de Ricardo sur l'origine de la valeur et sur la rareté.*

Les économistes ne sont pas d'accord entr'eux sur la nature et le nombre des *services productifs*, sur le sens qu'il faut donner au mot *production* et à l'idée dont il est le signe. Il y a plusieurs auteurs qui ne voient autre chose, dans ce phénomène, que la création de l'utilité, par le moyen du travail ou de l'industrie humaine, et tel est le système que j'ai combattu dans le chapitre précédent. M. Say, à qui il faut rendre cette justice qu'il s'est continuellement efforcé de perfectionner sa doctrine, ou, pour mieux dire, celle d'Adam Smith, sur la production, M. Say s'est fait de ce phénomène une idée plus large, moins incomplète, et par cela même moins fautive, à certains égards. M. Say n'admet pas aujourd'hui, comme Ricardo, comme de Tracy,[46] que le travail soit la seule source de la richesse, la seule origine de l'utilité et de la valeur. Les *industriels*, selon lui, ne sont pas les seuls *producteurs*. M. Say décerne aussi ce dernier titre aux *capitalistes* et aux *propriétaires fonciers*.[47] *Nous* n'avons pas à nous prononcer actuellement sur le fond de cette doctrine considérée dans son ensemble et dans ses résultats. Contentons-nous ici de remarquer que lorsque M. Say parle des *frais de production* ou des *services productifs*, il n'entend pas désigner seulement par là le travail des industriels qui sont, suivant lui, les ouvriers, les entrepreneurs et les savants. La création de l'utilité et de la valeur qui en est la suite, est due, d'après M. Say, au concours de l'industrie, des terres et des capitaux. Ainsi, dans le système de cet auteur, les services productifs représentent des *travaux, ou* des services rendus par l'industrie, des *services fonciers*, ou des services rendus par les fonds de terre, et des *services capitaux*, ou des services rendus par les capitaux.

Adam Smith lui-même a enseigné, comme nous l'avons vu,

que le travail était la source et la mesure de la valeur, dans cet état grossier de la société qui précède l'accumulation des capitaux et la propriété des terres ; et quoique Smith, au dire de David Ricardo, n'ait nulle part analysé les effets de l'accumulation des capitaux et de l'appropriation des terres, sur les valeurs relatives, il paraît, d'après ses propres expressions, qu'il ne s'est point dissimulé que le profit des capitaux et la rente des terres avaient, dans un état de société plus avancé, une influence inévitable sur la valeur des produits. Par où l'on voit que la doctrine d'Adam Smith n'est pas tellement éloignée de celle de M. Say, qu'on ne puisse trouver entr'elles une analogie assez frappante.

Quoi qu'il en soit, à ce sujet, la manière dont M. Say envisage la production donne-t-elle à nos adversaires quelque avantage, dans la question qui nous occupe en ce moment, celle de la véritable origine de la valeur ? Je ne le pense point ; et on sera bientôt tenté, je l'espère, de partager mon opinion. Quelles que soient les corrections et améliorations introduites par M. Say dans le système de Smith et de Ricardo, et quelque mérite qu'elles supposent dans le célèbre auteur à qui nous les devons, M. Say n'en soutient pas moins que la richesse proprement dite, celle qui fait l'objet de l'économie politique, est tout entière le fruit de la production. Peu importe que la production ne soit plus pour lui ce qu'elle était pour ses devanciers. Telle que M. Say la conçoit, elle n'en est pas moins la, cause de la richesse. Les services productifs ne sont plus seulement des travaux, suivant M. Say : ce sont aussi des services de fond de terre et des services de capitaux. Mais enfin l'utilité n'en est pas moins le fruit de la production, et toutes les choses qui ont de la valeur n'en sont pas moins des choses produites. Cette opinion est une erreur, je suis obligé de le répéter ; mais ce n'est pas ici que je puis la combattre de nouveau. Je veux prouver en ce moment que la valeur ne vient pas de l'utilité, qu'elle ne vient pas non plus des frais de production. De quelque manière qu'on entende cette dernière expression, il ne sera pas plus facile d'y trouver la véritable cause de la valeur.

Chapitre XIII

Et, en effet, adoptons pour un moment la doctrine de M. Say, je n'aurai autre chose à faire, pour combattre et pour réfuter les conséquences qu'on voudrait en déduire, qu'à agrandir le cercle du raisonnement que je faisais, tout à l'heure, à propos du travail. La valeur vient des frais de production, me dira-t-on, et les frais de production ne sont plus seulement des travaux, ce sont aussi des services fonciers et des services capitaux. Qu'importe cette différence dans la conception de la production ? Quels que soient et la nature et le nombre des services productifs, je dirai que la valeur vient de la rareté. Et, en effet, dans le système de M. Say, comme dans celui de Smith et de Ricardo, la valeur des choses qui en ont une, représente toujours la valeur des services qui ont concouru à leur production [1]. Si la richesse proprement dite, n'est que de la richesse produite, il s'ensuit que la valeur des produits n'est autre chose, sous un autre nom, que la valeur des services productifs. Or, pour mettre mes adversaires dans un embarras inextricable, il me suffira toujours de leur demander : Pourquoi les services productifs ont-ils une valeur ? J'ai déjà démontré que la valeur du travail ou des services industriels, ne pouvait trouver sa cause ailleurs que dans la rareté. Les services fonciers et les services capitaux sont évidemment dans le même cas. On les paye uniquement parce qu'ils sont rares. S'il y avait dès terres à foison, s'il existait des capitaux pour tout le monde, qui se mettrait en peine d'en acheter ou d'en louer ? Les terres et les capitaux n'auraient aucune valeur, et leurs services ne se vendraient pas, dans le cas où leur quantité serait illimitée. Un fait contraire à cette supposition entraîne des conséquences toutes contraires. Les terres étant limitées, les capitaux l'étant aussi, les terres et les capitaux ont une valeur ; leurs services obtiennent un prix ; et ce prix n'est évidemment que la conséquence naturelle de leur limitation ou de leur rareté.

M. Say n'a point placé la source de la valeur dans les frais de la production. Il fait venir la valeur de l'utilité, comme on l'a déjà vu

---

1 *Note de J.-B. Say* : Et vous avez soutenu jusqu'à présent que je prétendais que l'unique cause de cette valeur était l'utilité ! Maintenant vous prétendez que je soutiens qu'elle réside dans les frais de production !

Auguste Walras

; et j'ai essayé de réfuter son opinion à ce sujet. Je n'ai donc pas ici le dessein de combattre, chez M. Say, une opinion qu'il ne partage point, et qu'il a combattue lui-même avec, tout son talent. Mon but est de répondre aux économistes qui placeraient la source de la valeur dans les frais de la production, et qui, pour soutenir cette doctrine, s'appuieraient de la théorie de la production, telle qu'elle a été conçue et exposée par M. Say. On voit, par tout de qui précède, que cette manière de concevoir la production ne contribuerait en rien au succès de la cause que je combats, et que de quelque, manière qu'on entende la production et les services productifs, on sera toujours forcé de reconnaître que la valeur de ces services prend sa source dans leur rareté, et que la valeur des produits dépend elle-même de la valeur et de la rareté des services qui les ont fait naître.

En raisonnant ainsi, je suppose toujours que la richesse proprement dite, soit de la richesse produite, ou que l'objet de l'économie politique sorte tout entier de la production. Si cette opinion était fausse, la doctrine qui s'y rattache comme à un principe nécessaire, tomberait d'elle-même. Or, j'ai déjà montré que cette opinion était une erreur, et qu'il existait des valeurs qui ne doivent pas leur origine à la production. Tous les produits sont bien des valeurs, mais toutes les valeurs ne sont pas des produits. Une plus longue preuve de cette assertion exigerait des développements qui ne sont pas de nature à entrer dans cet ouvrage. Je ne m'occupe en ce moment que de l'origine ,de la valeur, et je dois me contenter d'établir que quand il serait vrai que la production engendre toute la richesse, il n'en serait pas moins certain que la valeur vient de la rareté. En supposant que je me trompasse sur le véritable caractère de la production, en admettant, comme on le dit, que la richesse proprement dite, consistât dans l'utilité produite, il n'en serait pas moins démontré que la valeur de cette utilité a pour fondement la rareté des services productifs qui concourent à sa création.

Mais pour comprendre et accepter cette doctrine, il ne faut pas se méprendre sur la nature de la rareté ; il faut consentir à ne voir autre chose dans ce phénomène, que la conséquence immédiate et nécessaire de la limitation qui borne la quantité de certains biens, ou de certaines choses utiles. Si l'on s'obstine à voir dans la rareté ce que le vulgaire appelle de ce nom, il sera impossible d'y trouver la véritable cause de la valeur ; et c'est pour avoir confondu les idées vulgaires avec les idées rigoureuses de la science, que les économistes les plus célèbres se sont mis hors d'état de reconnaître et de signaler la véritable cause de la valeur, le vrai fondement de l'économie politique.

« Les choses, dit David Ricardo, une fois qu'elles sont reconnues utiles par elles-mêmes, tirent leur valeur échangeable de deux sources, de leur rareté et de la quantité de travail nécessaire pour les acquérir. »

« Il y a des choses dont la valeur ne dépend que de leur rareté. Nul travail ne pouvant en augmenter la quantité, leur valeur ne peut baisser par leur plus grande abondance. Telles sont des statues ou des tableaux précieux, des livres et des médailles rares, des vins d'une qualité exquise, qu'on ne peut tirer que de certains terroirs très peu étendus, et dont il n'y a par conséquent, qu'une quantité très bornée, et d'autres objets de même nature, dont la valeur est entièrement indépendante de la quantité de travail qui a été nécessaire à leur première production. Cette valeur dépend uniquement des facultés, des goûts et du caprice de ceux qui ont envie de posséder de tels objets. »

« Ils ne forment cependant qu'une très-petite partie des marchandises qu'on échange journellement. Le plus, grand nombre des objets que l'on désire posséder étant, le fruit de l'industrie, on peut les multiplier, non seulement dans un pays, mais dans plusieurs, à un degré auquel il est presque impossible d'assigner des bornes, toutes les fois qu'on voudra y employer l'industrie nécessaire pour les créer. »

Auguste Walras

« Quand donc nous parlons de marchandises, de leur valeur échangeable, et des principes qui règlent leurs prix relatifs, nous n'avons en vue que celles de ces marchandises dont la quantité peut s'accroître par l'industrie de l'homme, dont la production est encouragée par la concurrence, et n'est contrariée par aucune entrave. »

« Dans l'enfance des sociétés, ajoute Ricardo, la valeur échangeable des choses, ou la règle qui fixe la quantité que l'on doit donner d'un objet pour un autre, ne dépend que de la quantité comparative du travail qui a été employé à la production de chacun d'eux [1]. »

Et, autant que j'ai pu comprendre la doctrine de Ricardo, il me semble que cet auteur a consacré une partie de son ouvrage à établir que la chose se passait de même, dans la société la plus avancée, ou que le paiement des fermages ne changeait rien à la règle qui fixe et détermine, suivant lui, la valeur échangeable des différentes marchandises, et que quant à l'accumulation des capitaux, si cette circonstance apportait quelque modification à son principe, par la différence qui s'établit entre le capital fixe et le capital circulant, entre la durée de tel capital fixe et la durée de tel autre capital fixe, elle ne pouvait pas cependant en altérer la vérité d'une manière essentielle.[48]

On voit par cette citation, que David Ricardo n'est presque pas sorti dit principe d'Adam Smith, qui considère le travail comme la source de la richesse, et qui enseigne que toutes les valeurs sont des produits de l'industrie humaine. Ce principe n'est rien moins que prouvé dans la doctrine de ces deux auteurs, et j'ai déjà annoncé que, pour ma part, j'étais loin de le partager. Mais comme sa vérité ou sa fausseté ne peut avoir aucune influence sur la question qui nous occupe en ce moment, je n'en fais point ici l'objet d'une nouvelle attaque, et j'admets, pour à présent, que la doctrine de mes

---

1 *Des Principes de l'Économie politique et de l'impôt,* traduction française, t. 1er, p. 4.

adversaires soit irréprochable sur ce point.

On voit encore, par ce qui précède, que David Ricardo divise toutes les marchandises en deux classes, celles qui sont rares, et celles qui ne le sont pas. Le principe de cette distinction est également facile à saisir. David Ricardo appelle rares, les choses que l'industrie humaine ne peut pas, multiplier, et il refuse ce nom à celles que l'industrie humaine multiplie. Or les choses rares, poursuit Ricardo, doivent leur valeur à leur rareté; mais quant à celles qui sont le fruit de l'industrie, et que l'industrie peut multiplier, elles ne doivent leur valeur qu'à la quantité de travail qui a été dépensé pour les produire.

Cette doctrine montre évidemment que Ricardo a mal compris la rareté et l'abondance, et qu'il n'a vu, dans ces expressions, rien de plus que ce qu'y voit le vulgaire, qui oppose la rareté à l'abondance, qui appelle rares les choses qui sont très-rares, et abondantes les choses qui sont moins rares. Mais, je le répète, cette opposition est inadmissible dans le langage de la science pour qui l'abondance et la rareté sont un seul et même phénomène, sous des noms divers, comme la grandeur et la petitesse, comme la vitesse et la lenteur, comme la pesanteur et la légèreté.

Cela posé, il est impossible d'établir, parmi les marchandises, ou parmi les choses que nous appelons des richesses proprement dites, ou des valeurs, une distinction fondée sur ce que les unes sont rares et que les autres ne le sont pas. Tous les biens limités sont rares ; et il n'y a que les biens illimités qui échappent à cette condition. Les principes de David Ricardo se concilient, au fond, avec les nôtres, et cet auteur en dit plus long qu'il ne paraît le croire ; car quelles sont les choses auxquelles David Ricardo refuse le caractère de la rareté ? Ce sont celles que l'industrie humaine peut multiplier. Et, de grâce, cette faculté de pouvoir être multipliées, et d'être multipliées, en effet, n'est-elle pas la preuve la plus frappante de leur limitation et de leur rareté ? Que multiplie-t-on, si ce n'est les choses rares ;

et pourquoi les multiplie-t-on, si ce n'est parce qu'elles sont rares ? Sans doute, les choses que l'on multiplie ne sont presque jamais ce qu'on appelle rares, dans le sens le plus vulgaire et le plus commun ; mais elles n'en sont pas moins rares, dans le sens de la science, et c'est précisément parce qu'elles sont rares qu'elles ont de la valeur et qu'on les multiplie.

Ce serait anticiper mal-à-propos sur la marche naturelle des idées économiques, que d'attaquer ici la grave question de la production ; et cependant il ne me sera pas défendu, le l'espère, d'indiquer en passant le véritable caractère de ce phénomène. Quiconque réfléchira mûrement sur la position de l'homme ici-bas, et sur le caractère du travail et de l'industrie, n'aura pas de peine à comprendre que le travail est une guerre déclarée à la parcimonie de la nature, et que l'industrie, sous quelque point de vue qu'elle se présente, est une lutte ouverte et permanente contre la valeur et contre la rareté qui en est la cause.[49] Or, l'existence de la lutte est la preuve la plus convaincante de l'existence du phénomène qui la motive et qui la produit. Pourquoi multiplier certaines marchandises, si elles n'étaient pas rares ; et comment les rendre plus abondantes, si elles ne l'étaient pas déjà moins qu'il ne faut ? La seule possibilité de multiplier certains objets, prouve que ces objets ne sont pas illimités, qu'ils tombent naturellement dans la sphère des utilités rares, et qu'ils deviennent l'objet de l'économie politique.

Cette difficulté n'est pas la seule qui se présente dans la doctrine de Ricardo. Il y a dans son opinion, comme dans celle d'Adam Smith, sur l'origine de la valeur, une pétition de principe qu'il est facile de signaler. *Les choses*, dit cet auteur, *une fois qu'elles sont reconnues utiles par elles-mêmes, tirent leur valeur échangeable de deux sources, de leur rareté et de la quantité de travail nécessaire pour les acquérir.* Abandonnons les choses rares, comme le fait Ricardo, et ne nous occupons, avec lui, que de celles des marchandises que l'industrie humaine peut multiplier, parce qu'elles sont le fruit du travail. Celles-ci doivent leur valeur au travail qui les a produites. Je dirai donc à

Ricardo que la valeur de ces marchandises représente la valeur du travail qui a été dépensé pour les produire, et alors je lui demanderai d'où vient la valeur de ce travail. Que la valeur des produits soit due aux frais de production, je le veux bien. Mais d'où viennent les frais de production ? L'idée de la *valeur* est dans l'idée de *frais*. Car qu'est-ce que les frais d'un produit, si ce n'est ce qu'on a payé, ou la valeur qu'on a donnée, pour avoir ce produit ? On n'a, donc pas tout dit, en avançant que la valeur vient des frais de production. Cela revient à dire que la valeur des produits vient de la valeur du travail. Mais la valeur du travail d'où vient-elle donc ? Pourquoi le travail a-t-il une valeur ? Telle est la question que Ricardo n'a pas résolue, qu'il n'a même pas posée, qui n'en existe pas moins, malgré sa négligence, et qu'on ne résoudra jamais qu'à l'aide de la rareté. Et, en effet, si le travail a de la valeur, c'est parce qu'il est rare ; et si les produits valent quelque chose, c'est parce qu'ils représentent la valeur et la rareté du travail qui les a produits.

Auguste Walras

Chapitre XIV

De la doctrine de M. Say comparée a celle de Smith et de Ricardo. - avantage de la première sur la seconde. - inconvénients de l'une et de l'autre.

Deux erreurs capitales et fondamentales dominent, je l'ai déjà dit, tout le système économique de M. Say, et se reproduisent avec plus ou moins d'intensité dans toutes les parties de sa doctrine. Cette fâcheuse circonstance a jeté de l'obscurité sur plusieurs principes importants, dont nous devons la démonstration au célèbre auteur du *Traité d'économie politique ; et* par une autre conséquence non moins naturelle, elle l'a empêché de réfuter d'une manière assez solide et assez péremptoire, les objections qui lui ont été adressées par des hommes moins avancés que lui dans la science de la richesse. M. Say pense que l'utilité est le véritable fondement de la valeur, et il prétend, en même temps, que la richesse proprement dite ne se compose que de produits, ou qu'elle est entièrement le fruit de la production. J'ai signalé ces deux propositions comme deux erreurs, et je crois avoir suffisamment prouvé mon assertion, relativement à la première. Quant à la seconde, je ne l'ai sans doute pas combattue d'une manière aussi directe et aussi complète ; et je suis loin d'avoir exposé tous les arguments qu'on peut invoquer contreclé avec succès ; mais je crois en avoir dit assez pour faire naître le doute dans les bons esprits ; et, sans chercher à épuiser la discussion sur ce sujet, je me suis principalement attaché à prouver que la solution de cette question ne pouvait nuire en aucune façon à la cause que je défends dans cet essai. Que l'utilité qui vaut soit de l'utilité spontanée ou de l'utilité produite ; que la richesse proprement dite soit entièrement le fruit de la production, ou qu'il y ait des richesses antérieures à la production et aux services productifs, cela n'empêche pas que l'utilité ait été faussement considérée, par M. Say, comme la cause de la valeur, et que la valeur soit l'effet de la rareté et de la rareté seule.

Je dois tant à M. Say, j'ai tellement profité à la lecture de ses excellents ouvrages,[50] que si le zèle de la vérité me force à combattre et à réfuter les opinions erronées qui lui sont échappées, je veux au moins me dédommager de cette pénible obligation, en mettant au jour le véritable mérite qu'il a fait paraître dans ses divers écrits. Or, je le dis avec conviction : sa doctrine, toute imparfaite qu'elle est, me semble encore préférable à celle de ses devanciers. Elle présente un avantage incontestable sur celle de Smith et de Ricardo. Il s'agit de montrer en quoi M. Say a véritablement dépassé les économistes de l'Angleterre.

Personne n'ignore aujourd'hui que ce qui a fait la gloire d'Adam Smith, ce qui lui a valu la haute réputation dont il jouit, c'est d'avoir placé dans le *travail* l'origine de la richesse. Dans une contestation survenue entre M. Malthus et M. Say [1], on a cherché de part et d'autre, quel était le principe fondamental, la pierre angulaire du système d'Adam Smith. M. Malthus ayant prétendu qu'il fallait attribuer ce caractère à la distinction du travail *productif* et du travail *improductif,* M. Say a répondu que la gloire éternelle de Smith, et le principe fondamental de son ouvrage, était d'avoir reconnu et proclamé que la richesse était la *valeur échangeable.*[51] Je ne partage point l'opinion de M. Malthus, et je n'adopte pas non plus l'avis de M. Say. Sans doute Smith a établi mal-à-propos une distinction insoutenable entre le travail productif et le travail improductif ; sans doute, et avec plus de raison, Smith a placé la richesse proprement dite dans la valeur échangeable, ou, pour mieux dire, après avoir proclamé l'existence d'une *valeur d'utilité* et d'une *valeur d'échange, il* s'est exclusivement occupé, dans tout le cours de son ouvrage, de cette dernière espèce de valeur ;[52] mais ce n'est ni dans l'un ni dans l'autre de ces deux faits, qu'on peut trouver, suivant moi, le principe fondamental de sa théorie. La pierre angulaire de son système, c'est, comme je l'ai dit, d'avoir donné le travail pour cause à la richesse. Ce qui fait la base de sa doctrine, ce qu'il a mis du sien dans son ouvrage, ce qui lui appartient en propre, c'est ce principe célèbre que la richesse proprement dite vient du travail, qu'elle est de création

---

1 Voyez les *Lettres à M. Malthus,* sur différents sujets d'Économie politique, p. J.-B. Say, lettre 1re, p. 40.

Auguste Walras

humaine, que l'homme peut s'enrichir par ses propres forces, par son industrie et par sa volonté. « Le travail annuel d'une nation, dit Adam Smith, est la source primitive d'où elle tire toutes les choses propres aux besoins et aux commodités de la vie, et qui composent sa consommation ; et ces choses sont toujours ou le produit immédiat de ce travail, ou achetées des autres nations, avec ce produit [1]. » Voilà la pierre angulaire de l'ouvrage d'Adam Smith : voilà la base de son système, énoncée dès la première page de son livre; et tel est aussi, n'en doutons point, le principe pour lequel on l'a loué et admiré. Telle est la grande et importante vue pour laquelle il a été nommé le père de l'économie politique. Telle est aussi la prétendue découverte que ses disciples lui attribuent avec raison ; et cela est si vrai, qu'ils répètent cette maxime à l'envi les uns des autres, et qu'il n'y en a pas un seul, parmi eux, qui, de manière ou d'autre, ou, pour mieux dire, de mille manières, ne dise et ne redise que la richesse vient du travail, que la richesse c'est le travail.

Or, s'il faut dire ce que j'en pense, cette maxime est une erreur. Non qu'elle soit erronée en elle-même et d'une manière absolue. Mais elle le devient par l'importance exorbitante qu'on lui attribue, et par le rôle capital qu'on lui fait jouer en économie politique. Je ne prétends pas dire, à Dieu ne plaise, que le travail de l'homme ne contribue pas à son bien-être. Mais le principe de Smith est exclusif ; et cela suffit pour vicier toute sa doctrine. Sans doute le travail a de la valeur ; oui, le travail est une richesse ; mais ce n'est pas la seule. Il y a d'autres valeurs, d'autres richesses que le travail ; et c'est pour avoir méconnu cette vérité que Smith a fait un système, rien qu'un système, et qu'il n'a pas trouvé le véritable fondement de la science à laquelle il a néanmoins consacré de si longs et de si beaux travaux.

Les économistes du XVIIIe siècle avaient placé dans la *terre* l'origine de la richesse. Suivant Quesnay et ses disciples, toute valeur venait de la terre. Le travail n'était rien et ne produisait rien, sous le rapport de la richesse. Le rôle du travail était singulièrement méconnu par

---

1 *Richesse des* nations, t. 1er, p. 5, traduction de G. Garnier, 2e édition.

les économistes ; mais le besoin d'échapper à cet étroit système, jeta Smith dans un système non moins étroit. Comme les économistes avaient mis dans la *terre* la source de toute richesse, Smith la mit tout entière dans le *travail*.

Je pense, sauf meilleur avis, que Quesnay et Smith, et les deux écoles qui les représentent, se sont partagé le champ de l'économie politique, et qu'il faut réunir ces deux systèmes, si l'on veut obtenir toute la vérité. La terre est une richesse ; car elle a de la valeur. Le travail est une richesse ; car il vaut quelque chose. La terre et le travail sont deux valeurs ou deux richesses primitives, naturelles et nécessaires, qui peuvent être considérées comme la source de toutes les autres. Que si l'on vient à chercher pourquoi la terre et le travail ont une valeur, pourquoi ils constituent l'une et l'autre une richesse proprement dite, on reconnaîtra, je l'espère, que ce sont des biens limités dans leur quantité, des utilités rares, et que s'ils jouissent d'une valeur, ils la doivent uniquement à cette limitation même, à cette rareté qui les rend tout à la fois appropriables et échangeables.

Tel est, je crois, le principe auquel il faut remonter pour trouver la clef de l'économie politique, et pour asseoir sur une base aussi large qu'inébranlable, la théorie de la richesse proprement dite, ou de la valeur, ce qui est une seule et même chose. Quant à la terre et au travail, je ne pourrais en dire davantage, en ce moment, sans m'écarter mal-à-propos du but que je me propose d'atteindre dans cet ouvrage. Je reviens à Adam Smith et à son système.

Smith, je l'ai déjà dit, s'est beaucoup occupé de la *mesure* de la valeur; il s'est moins occupé de son *origine*. La place qu'il a accordée à cette dernière question est, beaucoup trop petite, pour ne pas dire nulle ; et si l'on cherche, dans son ouvrage, l'idée qu'il s'en faisait, et la manière dont il a voulu la résoudre, on sera réduit à des conjectures, et l'on s'apercevra que c'est là que commence son embarras et l'obscurité de sa doctrine ; car il place la cause de la valeur tantôt dans l'utilité et tantôt dans le travail, tantôt dans le travail qu'une chose peut acheter, et tantôt dans le travail qu'elle coûte à produire. Cette dernière opinion était assez conforme au principe de sa doctrine. Smith ayant placé dans le travail l'origine de la richesse proprement dite, et la richesse n'étant autre chose, suivant lui comme suivant moi, que la valeur échangeable, il était assez naturellement conduit à placer dans le travail, ou dans les frais qu'il occasionne, l'origine de cette valeur. Telle est aussi la conséquence qui ne pouvait échapper à ses disciples et à ses commentateurs. Smith ne l'a pas tirée d'une manière très-rigoureuse. Il admet que le travail est la mesure dé la valeur, dans l'enfance des sociétés, ou dans ces temps grossiers qui précèdent l'appropriation des terres et l'accumulation des, capitaux, D'autres ont été plus hardis que lui. Ce qu'Adam Smith avait admis pour l'enfance des sociétés, ils l'admettent également pour les sociétés les plus civilisées. La doctrine de Ricardo était au bout de celle d'Adam Smith. Ricardo n'a pas eu d'autre but que de développer le principe de Smith, et de le réduire à son expression la plus rigoureuse. Tous ceux qui ont adopté la doctrine du philosophe écossais sur l'origine de la richesse, en la plaçant dans le travail ou dans la production, se sont vus nécessairement appelés à placer l'origine de la valeur dans les frais même de la production, sauf à ne pas se demander d'où venait la valeur des services productifs eux-mêmes. Tel est aussi le vide qu'ils ont laissé dans leur système. Ils disent bien que la valeur des produits vient du sacrifice de temps et de peine, qu'on est obligé de faire, ou du travail qu'il faut dépenser, pour confectionner ces produits. Mais demandez-leur d'où vient que le travail et la peine ont une valeur, ils ne vous répondront rien, ils garderont le plus profond silence. Ainsi ont procédé en Angleterre, Ricardo, James Mill et Macculloch,[53] et parmi nous, M. de Tracy.

M. Say a suivi une autre route, et s'est mis en état de répondre, tant bien que mal, à la question de l'origine de la valeur des services productifs. M. Say ne conteste point à Adam Smith que la richesse sociale ne vienne du travail, ou pour mieux dire, de la production ; et cependant M. Say n'a pas placé dans les frais de la production l'origine de la valeur qui caractérise cette richesse. M. Say a cru à

Chapitre XIV

propos de soutenir que la valeur vient de l'utilité, et il a combattu la doctrine de Ricardo qui repose sur une déduction assez logique des principes d'Adam Smith. Il paraît que M. Say a senti qu'en expliquant la valeur des produits par la valeur des services productifs, on ne faisait que reculer la question sans la résoudre, et qu'il fallait toujours chercher où était la cause de la valeur des services, productifs, quels que fussent d'ailleurs la nature et le nombre de ces services. Aussi je regarde comme un progrès, en économie politique, la publication de la doctrine de M. Say. Le principe de l'utilité donnée pour cause à la valeur est assez général pour s'appliquer tout à la fois et aux produits et aux services productifs. La manière dont M. Say a résolu le problème qui nous occupe, doit nous faire croire qu'il s'est demandé d'où venait la valeur des services productifs, et que non content de connaître pourquoi les produits avaient une valeur, il a voulu savoir aussi pourquoi les services productifs valaient quelque chose. Or, je le répète, cette seule question indique une marche, un progrès dans la science. Je ne crois pas, il est vrai, que M. Say ait répondu à cette question d'une manière satisfaisante ; mais il y a toujours plus de mérite à poser une question, de quelque manière qu'on la résolve, qu'à laisser de côté une question importante, et qui n'en existe pas moins, malgré l'oubli qu'on en fait.

J'ai déjà prouvé comment M. Say a été induit en erreur en plaçant dans l'utilité l'origine de la valeur soit des produits, soit des services productifs. J'ose dire que M. Say n'avait point analysé l'utilité d'une manière aussi sévère et aussi complète que je l'ai fait, dans les chapitres précédents. Peut-être si le savant économiste vient à jeter les yeux sur cet ouvrage, reconnaîtra-t-il la supériorité de mon principe sur le sien. Je pense, quant à moi, que j'ai indiqué la véritable manière de résoudre une des questions les plus importantes de l'économie politique ; et je crois que ma solution est la seule qui, en dominant la doctrine de Ricardo et celle de M. Say, puisse mettre un terme aux longues dissensions qui les divisent eux et leurs disciples.

« C'est l'utilité d'une chose et non les frais de production qui en fait la valeur, dit M. Say ; car un poêle coûterait en Italie des frais de production, et cependant n'y aurait point de valeur; mais il faut qu'en chaque lieu, l'utilité soit assez grande pour déterminer les hommes à payer les frais de production que coûtera la chose. En Suède, un poêle est assez utile pour valoir ses frais de production ; mais il ne les vaut pas en Italie. En France, les chemises qu'on y vend valent leurs frais de production ; elles ne les y valaient pas autrefois : on n'en demandais pas, parce qu'on n'en éprouvait pas le besoin. »

« Comme les choses ne sont pas produites, quand elles ne valent pas leurs frais de production, et que d'un autre côté, elles sont produites du moment que les consommateurs consentent à payer ces frais-là, plusieurs auteurs ont écrit que c'étaient les frais qui étaient la cause de la valeur [1]. »

Ceux qui ont écrit que les frais de production étaient la cause de la valeur, sont tous partis de ce principe qui leur avait été légué par Adam Smith, et que M. Say a recueilli comme eux dans l'héritage de cet illustre auteur, que la richesse proprement dite est la richesse produite, Or en plaçant dans le travail ou dans la production l'origine de la richesse, ils étaient naturellement conduits à placer dans les frais de la production, la cause de la valeur qui caractérise cette richesse. La seule inconséquence qu'ils aient commise a été de ne pas se demander pourquoi le travail avait une valeur, pourquoi les services productifs valaient quelque chose. Il est évident, en effet, que le travail n'a pas son origine dans le travail ; et si toute richesse vient du travail ou de la production, de quelque manière qu'on entende ce dernier mot, il faut, si l'on veut remonter aussi haut qu'il est nécessaire de le faire, rechercher pourquoi le travail lui-même a une valeur, pourquoi les services productifs valent quelque chose. Que si l'on remonte jusque-là, sans prévention et sans préjugés, on reconnaîtra, je l'espère, que la valeur du travail, ou de tout autre service productif, ne vient que de la rareté, de la limitation qui borne la quantité de ce service, relativement à la somme des besoins qui en

---

1 *Catéchisme d'Économie politique*, 3e édition, n. 4.

sollicitent la jouissance.

M. Say a eu le mérite de se demander pourquoi les services productifs avaient une valeur, et par cela seul il s'est placé sur la bonne voie un peu plus loin que Smith et Ricardo.[54] Mais M. Say s'est trompé en avançant que les services productifs valaient en raison de leur utilité. J'ai déjà réfuté son opinion à ce sujet, et j'ai montré que l'utilité seule ne suffit pas pour donner de la valeur aux choses. J'ai reconnu néanmoins que l'utilité était nécessaire à la valeur, qu'il n'y avait point de valeur sans utilité ; et cette concession exigée par la raison et par la vérité, me fournira le moyen de répondre au passage de M. Say que je viens de citer.

Un poêle coûterait en Italie des frais de production, dit M. Say, *et cependant il n'y aurait point de valeur.* Pourquoi ? Parce qu'un poêle est inutile en Italie. Quelque rare qu'il puisse y être, et quelque forte dépense qu'on pût être obligé de faire pour l'y construire, on ne parviendra pas à le vendre, parce que personne ne s'en soucie, et que par conséquent personne ne s'inquiète de son abondance ou de sa rareté, non plus que des frais qu'il pourrait coûter à produire. En Suède, au contraire, un poêle est assez utile, pour qu'on en éprouve le désir ; et comme d'ailleurs un poêle est rare dans ce pays, il s'ensuit qu'il s'y vend et qu'il s'y achète. Dès-lors celui qui se consacre à la production d'un poêle sait qu'il emploie son temps, avantageusement ; car après avoir troqué son teins et, sa peine contre un poêle, il sait qu'il troquera le poêle contre de l'argent, ou contre toute autre marchandise. Mais si les poêles étaient si abondants en Suède que personne n'en désirât, que personne n'en éprouvât le besoin, celui qui s'emploierait à fabriquer des poêles, perdrait son temps et sa peine, quoiqu'il fît une chose utile et très-utile, et quoiqu'il pût dépenser beaucoup de travail pour la produire. Le principe de la quantité offerte et de la quantité demandée, voilà la source et la règle de la valeur. Or la demande et l'offre n'expriment pas autre chose, comme je le montrerai plus tard, que la somme des besoins et la somme des choses utiles, et c'est précisément ce rapport entre la quantité offerte et la quantité demandée que j'ai voulu désigner jusqu'à présent par le mot *rareté*.

Au principe de l'utilité invoqué par M. Say, dans le passage précédent, et dans tout le cours de ses divers ouvrages, substituons donc celui de la rareté, et nous aurons la véritable source de la valeur. Celle-ci ne vient pas de l'utilité ; elle ne vient pas non plus des frais de production. La valeur vient de la rareté, et de la rareté seule. Si un objet travaillé coûte plus cher qu'un objet brut, c'est que la valeur du travail s'ajoute à la valeur de la matière. Mais la valeur du travail lui-même ne provient pas d'une autre cause que de sa limitation ou de sa rareté. Si l'utilité, à son tour, a une influence sur le prix des choses, ce n'est aussi, comme on l'a vu, qu'une influence médiate ou indirecte. Lorsque l'utilité d'une chose augmente, dans son intensité ou dans sa direction, lorsque l'usage s'en répand, ou que la consommation s'en propage, sa rareté augmente en même temps, et la valeur croît avec la rareté. Si la valeur paraît se proportionner à l'utilité, c'est uniquement parce que la rareté suit elle-même la progression de l'utilité. Mais dans le fait, la valeur n'a pas d'autre règle que la rareté, parce qu'elle n'a pas d'autre cause que celle-là, et c'est toujours par la rareté d'un objet que sa valeur se détermine en définitive.

Cette proportion naturelle qui doit exister entre la valeur et la cause quelconque qui la produit, est encore une idée dont M. Say n'a pu se rendre un compte parfaitement exact. Mais le savant économiste a été moins embarrassé qu'il n'aurait dû l'être, parce qu'il a admis, avec les écrivains anglais, que nos richesses proprement dites, les biens qui ont de la valeur, sont entièrement le fruit de la production. Cette opinion lui a rendu plus facile une explication qui, sans cela, aurait été impossible. La voici, du reste, telle que M. Say nous l'expose dans son catéchisme.

« *La valeur est-elle toujours proportionnée à l'utilité des choses ?* »

Chapitre XIV

« Non ; mais elle est proportionnée à l'utilité qu'on leur a donnée.»

« *Expliquez-vous par un exemple.* »

« Je suppose qu'une femme ait filé et tricoté une camisole de laine, qui lui ait coûté quatre journées de travail : son temps et sa peine étant une espèce de prix qu'elle a payé, pour avoir en sa possession cette camisole, elle ne peut la donner pour rien, sans faire une perte qu'elle aura soin d'éviter. En conséquence, on ne trouvera pas à se procurer des camisoles de laine, sans les payer un prix équivalent au sacrifice que cette femme aura fait. »

« L'eau, par une raison contraire, n'aura point de valeur au bord d'une rivière, parce que la personne qui l'acquiert pour rien peut la donner pour rien ; et, en supposant qu'elle voulût la faire payer à celui qui en manque, ce dernier, plutôt que de faire le moindre sacrifice pour l'acquérir, se baisserait pour en prendre. »

« C'est ainsi qu'une utilité communiquée à une chose lui donne une valeur, et qu'une utilité qui ne lui a pas été communiquée ne lui en donne point [1]. »

On retrouve, dans ce passage, la même erreur que j'ai déjà signalée à plusieurs reprises dans la doctrine de M. Say, et qui consiste à croire, comme je l'ai dit, que la richesse proprement dite, ou la richesse sociale, comme l'appelle M. Say, est entièrement le fruit de la production. Cette opinion qui prend sa source [2] dans la doctrine d'Adam Smith, a été admise par la plupart de ses disciples, et a produit dans leurs écrits des embarras toujours croissants. Elle se

---

[1] *Catéchisme d'Économie politique,* 3e édition, p. 7.

[2] *Note de J.-B. Say : prend* sa source ! Mes opinions n'ont jamais pris leur source que dans la nature des choses. Adam Smith m'a quelquefois aidé à reconnaître la nature des choses, mais pas dans ce cas-ci.

Auguste Walras

confond, jusqu'à un certain point, avec celle de M. de Tracy, qui ne connaît d'autre richesse que le travail, d'autre valeur que celle du travail, et qui, du reste, ne s'occupe pas le moins du monde de savoir ce que c'est que la valeur, ni pourquoi le travail a une valeur. Je me propose de combattre un jour toutes ces opinions, et de tracer les bornes de la sphère où le travail exerce son influence incontestable. Ce que je cherche à établir, en ce moment, c'est que l'utilité des choses n'est pas le véritable fondement de leur valeur ; et je soutiens, à ce propos, que si la valeur venait de l'utilité, il faudrait que l'effet fût proportionné à la cause qu'on lui assigne. Or j'ai prouvé que cela n'avait pas lieu, généralement, et que si la valeur paraît quelquefois être en proportion avec l'utilité, ce n'est que parce que la rareté se proportionne elle-même à l'utilité ; d'où je conclus que le véritable fondement de la valeur se trouve dans la rareté. M. Say reconnaît avec moi que tout effet doit être proportionné à la cause qui le produit. Mais il a déjà proclamé que l'utilité était la cause de la valeur. Voyant donc que la valeur n'est pas toujours proportionnée à l'utilité, il se trouve conduit, dans l'intérêt de son principe, à distinguer, dans chaque objet, deux espèces d'utilité : celle qui lui a été communiquée, et celle qui ne lui a pas été communiquée. C'est l'utilité communiquée, dit-il, qui donne une valeur à l'objet, et cette valeur est toujours proportionnée, suivant M. Say, à la cause qui l'a produite. Quant à l'utilité qui n'a pas été communiquée, elle ne produit, suivant lui, aucune valeur. Je ne partage point cette dernière opinion de M. Say. Je pense qu'il y a des choses naturellement utiles et qui ont une valeur, sans que leur utilité provienne d'aucune autre source que de leurs propriétés naturelles. Or cette valeur est uniquement le fruit de la limitation ou de la rareté, et, comme telle, elle est toujours proportionnée à la cause qui la fait naître.

M. Say pense que l'utilité est le véritable fondement de la valeur. Sa conviction, à cet égard, est pleine et entière. Il ne veut pas se départir de ce principe dont il n'a garde de soupçonner la vérité. Et cependant la justesse de son esprit est telle qu'il ne peut pas s'empêcher de voir et de reconnaître les faits qui s'opposent à sa théorie. Au lieu de sacrifier son principe, que fait-il donc ? Il cherche des explications.

Ces explications ne sont point subtiles ; je rends justice à leur sagacité ; mais l'explication d'une erreur, pour être plausible, doit reposer sur une autre erreur. Tel est le cas où s'est déjà trouvé M. Say, lorsqu'il a voulu expliquer par le monopole une seule espèce de valeur. Tel est aussi le cas où il se trouve en ce moment. Pour pouvoir soutenir avec une apparence dé vérité que l'utilité était le véritable fondement de la valeur, il a fallu qu'il chassât de la sphère de l'économie politique toute espèce d'utilité qui n'est pas créée par l'homme, et qu'il avançât d'abord que la richesse proprement dite, ou la richesse sociale, comme il l'appelle, est entièrement le fruit de la production. Je ne puis pas combattre de nouveau cette partie de sa doctrine ; mais il m'est bien permis de la signaler, chaque fois que l'occasion s'en présente, comme une erreur très-grave, et qui mérite la plus sérieuse réfutation.

En attendant, je suppose que M. Say ait raison, sur ce dernier point, ou que la richesse proprement dite, celle qui fait l'objet de l'économie politique, ne se compose que de produits, il me sera toujours facile d'établir, d'après les propres paroles de M. Say, que cet auteur est d'accord avec moi, sur l'origine de la valeur, et qu'il m'accorde, malgré lui, ce que je réclame en faveur de la rareté. Et, en effet, qu'est-ce qui communique de l'utilité aux choses qui n'en ont pas naturellement ? qu'est-ce qui augmente l'utilité de celles qui en ont déjà ? C'est l'industrie ou le travail de l'homme. Un objet auquel on communique une certaine utilité, et qui acquiert une valeur, par ce moyen, que représente-t-il dès-lors, sinon le sacrifice qui a été fait par celui qui a produit l'utilité, et l'équivalent nécessaire que doit donner au producteur celui qui veut acquérir l'objet ainsi rendu utile ? La femme qui a tricoté une camisole de laine, et qui a employé quatre journées à ce travail, a sacrifié un bien naturel, une chose naturellement utile et naturellement limitée, c'est à savoir son temps et son travail. Son temps et son travail, outre le prix de la laine, sont, comme le dit fort bien M. Say, une espèce de prix qu'elle a payé, une valeur qu'elle a donnée pour avoir une camisole en sa possession. L'utilité de l'objet qu'elle met à notre disposition, dans le cas où elle veut s'en défaire, représente donc l'utilité de son temps et de son

Auguste Walras

travail. La valeur de la camisole, abstraction faite de la valeur de la matière première, ne fait que reproduire, sous une autre forme, la valeur du temps et de la peine qui ont été employés par la tricoteuse. Or pourquoi le travail, pourquoi le temps et la peine qu'il exige ont-ils une valeur ? Telle est la question qu'il faut résoudre, et à laquelle il faut continuellement revenir. Est-ce donc, parce que le temps et le travail sont utiles, et que cette utilité leur a été communiquée ? Évidemment non. C'est parce que ce sont-là des biens rares, des utilités limitées. Le travail est un bien, comme tout autre objet; c'est une chose utile que le temps. Mais le teins et le travail sont des choses rares, des utilités limitées ; par conséquent, elles sont précieuses, et elles ne sont précieuses que parce qu'elles sont rares. Tout le monde n'est pas disposé à donner son teins gratuitement, et en général personne n'est en état de le faire. Un travail quelconque ne peut être exécuté que par certaines personnes et à certaines conditions. La valeur d'une camisole représente donc la valeur du temps et du travail que la tricoteuse a sacrifiés pour l'obtenir ; et comme le teins et le travail n'ont de valeur que par leur rareté, il s'ensuit encore une fois que la valeur est fille de la rareté, et que l'utilité d'un objet, de quelque part qu'elle provienne et quelque grande qu'elle soit, n'entre pour rien dans sa valeur, quoiqu'elle en soit la condition et la condition nécessaire.

La preuve de cette vérité ressort également du second exemple allégué par M. Say. Si l'eau n'a point de valeur au bord d'une rivière, ce n'est pas parce que l'utilité de l'eau est un fait naturel, une utilité non communiquée ; c'est parce que l'eau n'est pas rare au bord d'une rivière, mais qu'il y en a, au contraire, une quantité plus que suffisante pour répondre à tous les besoins qui peuvent en réclamer la jouissance. Mais aussitôt qu'on s'écarte du bord de la rivière, l'eau commence à devenir rare, et par conséquent à acquérir de la valeur, ou, pour mieux dire, ce qui devient rare, ce qui obtient de la valeur, dans ce dernier cas, c'est le teins qu'il faut employer, la peine qu'il faut prendre, pour en aller quérir.

Aussi voyons-nous que les porteurs d'eau reçoivent un salaire, pour la, peine qu'ils se donnent en portant l'eau depuis la rivière jusques chez nous, en la plaçant sous notre main, dans nos appartements. L'argent que nous donnons à un porteur d'eau représente encore ici la valeur de son teins et de son travail ; et le travail du porteur d'eau, comme celui de la tricoteuse, comme celui d'un artisan quelconque, n'a et ne peut avoir de valeur que par sa rareté. Ainsi, que la richesse vienne du travail ou qu'elle n'en vienne pas, qu'elle soit ou non le fruit de la production, toujours est-il que la valeur vient de la rareté, et qu'elle ne peut avoir d'autre origine que celle-là.

M. Say commet donc, comme on peut le voir, et comme je l'ai déjà fait observer, une double erreur. En disant que la valeur vient de l'utilité, ou que l'utilité est le véritable fondement de la valeur, il exagère la portée de l'utilité : il méconnaît le principe que j'ai démontré, qu'il n'y a que l'utilité rare qui vaille quelque chose. Et, d'un autre côté, en disant que la production est la source de la richesse sociale, ou que l'utilité produite est la seule qui ait de la valeur, il rétrécit mal-à-propos le domaine de l'économie politique ; car il méconnaît que l'utilité rare a de la valeur, abstraction faite du travail et de la production : que l'utilité rare vaut quelque chose, soit qu'elle ait été communiquée ou non, soit qu'elle provienne de la nature, ou qu'il faille voir en elle un effet de l'art. L'utilité rare, je le répète, voilà la vraie valeur, et cette valeur est toujours proportionnée à la rareté même qui la produit.

Et ce qu'il n'est pas moins important de signaler, dans la doctrine de M. Say, c'est la contradiction qui existe, entre les deux principes sur lesquels elle s'appuie ; car après avoir dit que l'utilité est la source de la valeur, M. Say prétend que la richesse sociale ne se compose que de produits, et que la valeur se proportionne à l'utilité produite seulement. Mais s'il est vrai que l'utilité produite soit la seule qui ait de la valeur, il n'est plus possible de rattacher la source de la valeur à l'utilité considérée en elle-même et d'une manière absolue. Si la richesse sociale ne se compose que de produits, la valeur de cette richesse ne vient plus de l'utilité, elle provient uniquement de l'élément quelconque qui a produit l'utilité valable ; et si cet élément lui-même n'est autre chose que le travail, ou les frais de la production, il faut dire que le travail ou les frais de la production sont la véritable cause de la valeur. Que si l'on repousse cette doctrine, ainsi que l'a fait M. Say, il faut également renoncer à soutenir que la richesse sociale ne se compose que de produits, et à ne tenir pour valables que les utilités produites. Les deux principes ne sauraient subsister en même temps. Il est donc évident que les deux propositions que j'ai combattues dans M. Say, ont cela de particulier, que non-seulement elles sont erronées l'une et l'autre, mais qu'elles sont contradictoires ; en sorte que si la première était vraie, la seconde serait fausse, et réciproquement ; mais le fait est qu'elles sont fausses toutes les deux.

Chapitre XIV

Chapitre XV

Confirmation des principes exposés dans les chapitres précédents, par des passages empruntés a différents auteurs.

Si la véritable doctrine sur la nature de la richesse proprement dite, et sur l'origine de la valeur, ne se rencontre pas chez les économistes, où elle devrait être naturellement, il semble qu'elle ne devrait pas non plus se trouver ailleurs, et surtout chez les publicistes qu'on ne peut pas accuser, jusqu'à présent, d'avoir prêté trop d'attention aux théories économiques ; et cependant la marche de l'esprit humain est si bizarre et si capricieuse, en apparence, qu'il ne faut jamais désespérer de la vérité ; car elle se fait jour en tout temps et en tout lieu, sous toutes les formes possibles, et malgré les obstacles de toute nature. La doctrine que je viens de présenter à mes lecteurs, sur la nature de la richesse et sur l'origine de la valeur, est si peu nouvelle, si peu moderne, qu'elle a été déposée, il y a long teins, dans un ouvrage de droit public, écrit en français et publié aux portes de la France. Je veux parler des Éléments du droit naturel, par Burlamaqui.[55] Après avoir rempli le cadre qu'il s'est tracé sur la propriété et sur son établissement parmi les hommes, le publiciste genevois parle du prix des choses et des actions qui entrent en commerce. Voici ce qu'il dit de la valeur :

« Les fondements du prix propre et intrinsèque sont, premièrement l'aptitude qu'ont les choses à servir aux besoins, aux commodités ou aux plaisirs de la vie en un mot leur utilité et leur rareté. »

« Je dis premièrement leur utilité, par où j'entends, non-seulement une utilité réelle, mais encore celle qui n'est qu'arbitraire ou de fantaisie, comme celle des pierres précieuses ; et de là vient qu'on dit communément qu'une chose qui n'est d'aucun usage est dite de nul prix. »

Auguste Walras

« Mais l'utilité seule, quelque réelle qu'elle soit, De suffit pas pour mettre un prix aux choses, il faut encore considérer leur rareté, c'est-à-dire la difficulté que l'on a de se procurer ces choses, et qui fait que chacun ne peut pas s'en procurer aisément autant qu'il en veut. »

« Car bien loin que le besoin que l'on a d'une chose a décidé de son prix, l'on voit ordinairement que les choses les plus nécessaires à la vie humaine sont celles qui sont à meilleur marché, comme l'eau commune. »

« La rareté seule n'est pas non plus suffisante pour donner un prix aux choses, il faut qu'elles aient d'ailleurs quelque usage. »

« Comme ce sont là les vrais fondements du prix des choses, ce sont aussi ces mêmes circonstances combinées différemment qui l'augmentent ou le diminuent. »

« Si la mode d'une chose passe, ou que peu de gens en fassent cas, dès lors elle devient à bon marché, quelque chère qu'elle ait été auparavant. Qu'une chose commune, au contraire, et qui ne coûte que peu ou rien, devienne un peu rare, aussitôt elle commence à avoir un prix et quelquefois même fort cher, comme cela paraît, par exemple, de l'eau dans les lieux arides ou en certains teins, pendant un siège, ou une navigation, etc. »

« En un mot, toutes les circonstances particulières qui concourent à faire hausser le prix d'une chose, peuvent se rapporter à leur rareté. Telles sont la difficulté d'un ouvrage, sa délicatesse, la réputation de l'ouvrier. »

« On peut rapporter à la même raison ce que l'on appelle prix d'inclination ou d'affection, lorsque quelqu'un estime une chose

Chapitre XV

qu'il possède au-delà du prix qu'on lui donne communément, et cela par quelque raison particulière ; par exemple, si elle lui a servi à le tirer d'un grand péril, si elle est un monument de quelqu'événement remarquable, si c'est une marque d'honneur, etc. [1]. »[56]

Cette citation est irrécusable. Les réflexions qu'elle contient sont d'une justesse frappante. Elles répondent victorieusement à M. Massias et à M. Say. Après avoir lu ce passage, il n'y a qu'une seule question à faire. Comment une pareille doctrine est-elle restée enfouie dans un traité de droit naturel ? Pourquoi n'a-t-elle pas déjà passé dans les écrits des économistes ? Elle y aurait produit les fruits les plus avantageux.[57]

Mais que dis-je ! La doctrine de Burlamaqui, qui est la mienne, et qui s'accorde, si je ne me trompe, avec le sens commun, n'est restée étrangère à aucun bon esprit. Et maintenant je crains d'avoir fait tort aux écrivains que j'ai cités et combattus jusqu'à présent, et peut-être me suis-je fait tort à moi-même, en avançant que la plupart d'entr'eux avaient placé dans l'utilité, la seule et véritable cause de la valeur et de la richesse proprement dite. Cette dernière idée se trouve exprimée dans leurs ouvrages, cela est vrai ; elle y est même érigée en principe ; j'en ai offert à mes lecteurs des preuves assez convaincantes ; mais la doctrine que j'ai essayé de substituer à la leur, ne s'y trouve pas énoncée d'une manière beaucoup moins formelle ; et je craindrais de manquer à la vérité, et de lui dérober quelque chose de sa propre force, si je laissais ignorer qu'elle s'est fait jour à travers les opinions qui la compromettent, qu'elle a pénétré au milieu des systèmes qui la répudient. Les économistes nous disent bien, ceux-ci, que l'utilité est la source de la valeur, ceux-là, que la valeur vient du travail ou des frais de la production mais les uns et les autres ne tardent pas à se contredire, et à réfuter, par leurs propres aveux, une opinion qu'ils ont d'abord émise trop légèrement. Après avoir considéré l'utilité dans sa nature et dans son caractère, comme dans ses diverses modifications, ils en viennent à la considérer aussi

---

1 Éléments de droit naturel, 3e partie, chap. II.

Auguste Walras

dans sa somme ou dans sa quantité ; et il est très-facile de prouver, par de nombreuses citations, qu'ils adhèrent, bon gré mal gré, au principe que j'ai émis sur l'influence de la rareté. Comme il serait beaucoup trop long de recueillir ici tous les passages de leurs livres où cette opinion est professée ou supposée, d'une manière plus ou moins ouverte, je me contenterai d'en citer quelques-uns des plus saillants, et je prierai mes lecteurs, lorsqu'ils viendront à parcourir les ouvrages de M. Say, de M. Massias, et des économistes de la même école ou de toute autre, de remarquer combien de fois ces estimables écrivains ont été infidèles à leurs premières assertions, et par combien d'observations pleines de justesse, ils ont eux-mêmes pris le soin de nous apprendre que l'utilité ne suffit pas pour produire la valeur des choses, et que la valeur ne vient pas du travail.

Nous avons déjà vu M. Massias affirmer qu'utilité et valeur étaient synonymes, qu'on n'avait besoin de valeurs que parce qu'elles étaient utiles, que tout ce qui était utile correspondait à un besoin, et avait des équivalents ; et puis ensuite, ou, pour mieux dire, au même instant, entraîné par la force des choses, et dominé par le sentiment de la vérité, avouer que des objets très-utiles, mais qui étaient communs à tout le monde, n'avaient point de valeur. Nous avons vu comment cette restriction apportée à sa doctrine la faisait absolument retomber dans la nôtre. Mais nous avons reproché à M. Massias de n'avoir pas cherché pourquoi les biens communs à tout le monde n'ont aucune valeur ; et nous avons prouvé, je crois, que cette différence, entre les biens communs et les biens appropriés, tient uniquement à ce que les premiers sont illimités et incoercibles, tandis que les seconds sont limités, et par conséquent coercibles, et, comme tels, susceptibles d'appropriation et de valeur, ce qui les soumet au droit naturel et à l'économie politique. Voici encore un passage de M. Massias, où le sentiment de la vérité lui a arraché des concessions très-importantes pour notre cause, et où nous pouvons retrouver la même négligence que nous lui avons déjà reprochée, unie à d'autres erreurs non moins remarquables.

« Lorsque, en économie politique, il s'agit d'utilité, de valeurs, on n'entend que celles qui naissent du travail et qui peuvent être échangées, en raison de ce que, sollicitées par un besoin, elles sont toutes réclamées par un autre besoin. On ne désire, on ne demande, ni on n'échange ce qui est commun à tout le monde. L'air, la lumière, le calorique, l'eau, la terre ne sont valeurs que lorsque notre action sur ces objets les a appropriés à nos désirs, les a rendus échangeables, en les rendant désirables à ceux qui n'en jouissent pas. Les modifications que nous leur avons fait éprouver y ont laissé une empreinte, partie de nous-mêmes, et en ont soumis le transport à nos volontés. L'étymologie du mot propriété en explique ainsi le droit. Un objet commun n'appartient qu'à la personne qui se l'est approprié. Le courant d'eau est à celui qui le dirige sur la roue de son usine ; le souffle du vent, au meunier qui a profité d'un monticule pour l'arrêter dans son vol ; la vapeur, au mécanicien qui la captive dans sa pompe et ne lui rend sa liberté que lorsqu'elle a rempli les fonctions qui lui ont été prescrites. On voit au reste que toutes ces propriétés sont une dépendance du sol, source primitive de toutes les valeurs[1]. »

Ce qu'on voit le mieux, dans l'ouvrage de M. Massias et dans beaucoup d'autres, c'est la confusion et l'obscurité qui règnent dans les idées de leurs auteurs, relativement à la source de la valeur, ou à l'origine de la richesse proprement dite. Les économistes nous disent d'abord que le travail est la source de la richesse, qu'il n'y a de valeurs que celles qui naissent du travail. Ensuite ce sont les lumières, les facultés intellectuelles qui sont la source féconde de la richesse. Enfin vient la terre ou le sol qui est aussi la source primitive de toutes les valeurs. De bonne foi, peut-on s'en rapporter à des auteurs qui changent de principes, à tout moment, et qui déplacent continuellement, au gré de leurs besoins, la source de la valeur et l'origine de la richesse ? Valeur capitale, dit M. Massias. En est-il une plus capitale que le sol d'où naissent toutes les valeurs ? Et certes, oui, il en est une plus capitale, s'il faut s'en rapporter à vous-mêmes, lorsque vous dites que toute richesse vient du travail, que les seules

1 *Rapport de la nature à l'homme, et de l'homme à la nature, t. III, p. 297.*

Auguste Walras

valeurs dont il soit question, en économie politique, sont celles qui naissent du travail. Si le travail produit la richesse, il a donc une valeur plus capitale que le sol ; et si l'économie politique ne s'occupe que des valeurs produites par le travail, qu'a-t-elle à faire de la terre qui n'est certainement pas un produit du travail ? Je ne vois pas pourquoi vous placez dans la terre la source primitive de toutes les valeurs, après avoir dit formellement que toute richesse vient du travail. Décidez-vous donc entre ces deux sources, une bonne fois, et dites-nous, de grâce, quelle est la bonne. Mais il vous serait bien difficile de nous l'apprendre ; car vous n'en savez rien vous-même ; et, dans l'incertitude qui vous domine, vous professez alternativement la doctrine de Smith et celle de Quesnay. Mais quel que fut celui de vos principes auquel vous croiriez devoir donner la préférence, la science n'y gagnerait rien, puisqu'ils sont aussi faux l'un que l'autre, puisque la richesse ne vient, pas plus du travail que de la terre, et que la valeur n'a son origine ni dans le sol, ni dans les facultés humaines. La vérité est que la valeur vient de la limitation ou la rareté des choses utiles. Si le sol a une valeur, c'est parce qu'il est utile et limité. Si le travail vaut quelque chose, c'est parce qu'il est utile et rare tout ensemble. Si le sol produit des richesses, si le travail engendre des valeurs, c'est que le sol et le travail produisent des utilités rares. Sans rareté, point de valeur. C'est un principe qui se trouve implicitement contenu dans la doctrine de M. Massias, comme je l'ai déjà prouvé, et comme je vais le prouver encore.

Lorsque, en économie politique, il s'agit d'utilité, de valeurs, dit M. Massias, *on n'entend que celles qui naissent du travail et qui peuvent être échangées en raison de ce que, sollicitées par un besoin, elles sont toutes réclamées par un autre besoin.*

J'ai signalé comme une erreur capitale, en économie politique, cette opinion qui prétend que toute valeur vient du travail. On voit par ce passage, que M. Massias adhère au principe de M. Say et de M. de Tracy, qui est aussi le principe d'Adam Smith. Je combattrai cette doctrine, en teins et lieu. Or M. Massias dit positivement que les seules *valeurs* dont il soit question, en économie politique, sont celles qui peuvent être *échangées*. En vérité, je voudrais bien savoir où il y en a d'autres. Toutes les valeurs peuvent être échangées. Ce sont précisément les choses échangeables qui constituent les valeurs. J'ai déjà dit que l'idée de la valeur suppose une comparaison, et qu'elle implique l'existence et, tout au moins, l'éventualité d'un fait particulier qui est l'échange. Tout objet qui a de la valeur peut s'échanger contre un objet de valeur égale. C'est par la faculté qu'il a d'être échangé qu'un objet prouve qu'il a de la valeur. Les mots *valeur* et *échange* sont synonymes dans l'essence. Qui dit valeur dit chose échangeable ; qui dit chose échangeable dit valeur. On ne peut pas avoir l'idée de la valeur, sans avoir celle de l'échange, ni avoir l'idée de l'échange, sans avoir celle de la valeur. Par où l'on voit que M. Massias se trompe en supposant, comme il le fait, qu'il puisse y avoir d'autres. Valeurs que des valeurs échangeables. Ces mots *valeurs qui peuvent être échangées* constituent un véritable pléonasme ; car, encore une fois, tout ce qui est valeur peut être échangé, et tout ce qui peut être échangé est valeur.

Mais maintenant d'où vient cette qualité que possèdent certaines choses d'avoir de la valeur, et de pouvoir être échangées ? Telle est la question qu'il faut résoudre ; et on n'entendra rien à l'économie politique, tant qu'on ne l'aura pas résolue d'une manière satisfaisante. Il ne faut pas y réfléchir longtemps pour se convaincre que la solution de cette question peut seule nous conduire à une bonne théorie de la richesse ; et son importance me paraît telle que je m'expose volontiers à abuser de l'indulgence de mes lecteurs, pour insister sur ce point culminant, et pour exposer dans tous ses détails une opinion qui me parait être la seule conforme à la vérité.

Si la valeur implique l'idée de l'échange, l'échange, comme je l'ai dit, implique la limitation des choses échangeables. Qui dit échange dit sacrifice, et le sacrifice ne se motive que par l'impossibilité morale où l'on se trouve de se procurer autrement l'objet de ses désirs. Il n'est pas moins évident, selon moi, que le sacrifice implique la limitation des choses que l'on sacrifie, et de celles en faveur desquelles on les sacrifie. Puisqu'une valeur ne peut s'obtenir, en général, que par le sacrifice d'une autre valeur, il faut bien que tous les objets qui ont de la valeur, et qui peuvent s'échanger les uns contre les autres, soient des objets naturellement et nécessairement limités. Cette limitation est précisément la cause de leur valeur. Une chose utile et limitée devient l'équivalent d'une autre chose utile et limitée. La valeur est en raison directe de la limitation ou de la rareté. Deux choses d'égale valeur sont deux objets utiles également rares.

M. Massias est d'accord avec moi sur ce principe. Ses expressions en disent plus qu'il ne l'a peut-être voulu.

Mais que nous importe ? Notre doctrine est contenue dans la sienne. Qu'elle y soit contenue d'une manière plus ou moins implicite, elle n'y est pas moins. D'où vient que les choses qui ont de la valeur sont échangeables ? Cela vient, dit M. Massias, de ce que *sollicitées par un besoin, elles sont toutes réclamées par un autre besoin.* En d'autres, termes, cela vient de ce que les choses échangeables sont sollicitées par des besoins rivaux, ou par plusieurs besoins à la fois. Les valeurs sont donc des choses telles qu'il n'en existe pas pour tout le monde et à foison. Ce sont des choses limitées, et que leur limitation même rend désirables, au sens économique de cette expression. *On ne désire, on ne demande ni on n'échange ce qui est commun à tout le monde,* dit M. Massias. A la bonne heure ! cela est vrai. Mais pourquoi ne désire-t-on pas les choses communes, pourquoi ne peut-on ni les demander, ni les échanger ? Parce que personne n'en a besoin, économiquement parlant, parce que tout le monde en possède une quantité suffisante et plus que suffisante. Et pourquoi tout le monde les possède-t-il, si ce n'est parce qu'elles sont illimitées ? Les biens limités, au contraire, n'existent qu'en une certaine quantité ; et quoiqu'ils soient également désirables pour tout le monde, il n'y a qu'un certain nombre d'hommes qui les possèdent. Ceux qui en jouissent en prennent donc avantage sur ceux qui n'en jouissent pas, et ils ne consentent à les céder que moyennant un équivalent. Voilà

Chapitre XV

ce qui fait leur valeur ou ce qui les rend échangeables.

L'air, la lumière, le calorique, l'eau, la-terre ne sont valeurs, ajoute M. Massias, *que lorsque notre action sur ces objets les a appropriés à nos désirs, les a rendus échangeables, en les rendant désirables à ceux qui n'en jouissent pas.* Ceci est une erreur. Ce n'est pas le travail qui produit la valeur des choses, c'est la rareté. M. Massias confond en outre, dans ce passage, des choses véritablement illimitées, avec une chose qui ne l'est pas. L'air, la lumière, le calorique, l'eau commune n'ont jamais de valeur, dans l'ordre naturel des choses ; ce n'est que par exception qu'ils peuvent en acquérir. La terre n'est pas dans ce cas ; elle n'y est pas du moins sous tous les rapports. Le sol cultivable est limité dans sa quantité ; et, comme tel, il a une valeur avant même que le travail s'y applique. C'est une vérité que je me réserve de démontrer lorsqu'il en sera temps. Cette valeur de la terre ne vient que de sa limitation. Si le travail a une valeur, c'est aussi parce qu'il est rare ; et si la terre cultivée vaut plus qu'un terrain en friche, c'est qu'une terre cultivée devient par cela même plus utile, et par conséquent plus rare qu'auparavant.

M. Massias confond encore, dans ce passage, la théorie de la valeur et celle de la propriété. La manière dont il s'exprime montre bien, il est vrai, qu'il a senti le rapport qui existe entre le droit naturel et l'économie politique ; mais elle prouve en même temps qu'il n'a pas assez bien distingué l'un de l'autre, et qu'il n'a pas vu précisément en quoi se touchent la théorie de la richesse et celle de la propriété. Le rapport qui existe entre ces deux sciences consiste dans l'identité de leur objet. Leur origine commune est dans un même fait qui est la limitation de certaines choses utiles. Mais cette limitation produit un double phénomène. Elle entraîne avec elle une double série de conséquences très-différentes, puisque les unes sont d'ordre mathématique, et que les autres sont d'ordre moral. Sans doute la limitation produit la valeur et la propriété, ou, pour mieux dire, l'appropriabilité ; mais après avoir constaté ce fait, il faut soigneusement séparer l'étude de la richesse de celle de la propriété, et ne pas confondre le droit naturel avec l'économie politique. Cette confusion a été l'écueil de plusieurs économistes. Nous avons déjà vu M. Ganilh s'y méprendre complètement,[58] et voilà M. Massias qui nous offre le même spectacle.

Et, en effet, après avoir agrandi la sphère de l'utilité, et en avoir exagéré la portée, M. Massias se trompe aussi sur la propriété dont il élargit mal-à-propos le domaine. Il a tort de supposer que les choses illimitées, les choses véritablement communes puissent être susceptibles d'appropriation. Ce n'est pas le souffle du vent qui appartient au meunier, ni la vapeur qui appartient au mécanicien ; c'est le moulin qui appartient au premier, c'est la machine à vapeur qui appartient au second. Les astres n'appartiennent point au fabricant de télescopes. Mais celui qui fabrique des télescopes, établit, par son industrie, un moyen facile et commode d'observer les cieux : c'est ce dernier avantage qui lui appartient et qu'il nous fait payer, et la chose est d'autant plus juste qu'il n'en jouit pas lui-même gratuitement ; car il l'a achetée au prix de son travail. C'est son teins et sa peine qui forment sa propriété et qui ont une valeur, et ce sont-là les seules choses qu'il puisse échanger, et qu'il échange réellement contre d'autres valeurs. Il en est de même dans tous les cas semblables à celui-là.

Il suffit d'analyser ainsi les expressions et les idées de M. Massias, pour se convaincre que sa doctrine ne répugne pas essentiellement à la nôtre, et que si l'on a quelque reproche à lui faire, c'est d'avoir adopté trop légèrement les idées de M. Say, sur l'origine de la valeur, et sur l'influence de l'utilité en économie politique ; car au fond, il reconnaît avec nous que la valeur implique l'idée de l'échange, et par conséquent celle de la limitation ou de la 'rareté des choses qui en sont l'objet. C'est-là tout ce que nous voulions en obtenir.

Si quelqu'un s'est prononcé en faveur de l'utilité, comme étant la cause et le fondement de la valeur, c'est, sans contredit, M. Say. Nous l'avons vu exprimer cette opinion de mille manières, et la soutenir avec autant de persévérance que de talent. Eh bien ! nous devons lui savoir gré de s'être contredit sur un point aussi important. Les aveux qu'il va nous faire sur la rareté, et sur l'influence qu'elle a sur la valeur, n'en deviendront que plus frappants, et nous prouveront que la vérité est plus forte que tous les systèmes, et qu'elle se mêle toujours, bon gré mal gré, aux idées de ceux qui semblent la méconnaître le plus formellement.

« Quand l'année s'annonce pour être bonne et fertile en vins, dit M. Say, les vins des récoltes précédentes, et même avant qu'on ait pu livrer à la consommation une seule goutte de la récolte nouvelle, baissent de prix, parce qu'ils sont plus offerts et moins demandés. Les marchands redoutent la concurrence des vins nouveaux, et, se hâtent de mettre en vente. Les consommateurs, par la raison contraire, épuisent leurs provisions sans les renouveler, se flattant de les renouveler plus tard à moins de frais. Quand plusieurs navires arrivent à la fois des pays lointains, et mettent en vente d'importantes cargaisons, l'offre des mêmes marchandises devenant plus considérable relativement à la demande, leur prix se fixe plus bas. »

« Par une raison contraire, lorsqu'on a lieu de craindre une mauvaise récolte, ou que des navires qu'on attendait ont fait naufrage, les prix des produits existants s'élèvent au-dessus des frais qu'ils ont coûté[1]. »

Est-ce donc une chose bien difficile que de trouver, dans ce passage, une nouvelle preuve de ce principe que l'utilité n'a aucune influence sur la valeur, que celle-ci vient de la rareté et se proportionne sur elle ? Que le vin et le blé soient abondants, ou qu'ils ne le soient pas, cela ne change rien à leur utilité. Un sac de blé, un tonneau de vin, ont la même utilité que vingt sacs de blé, que cent tonneaux de vin

---

1 *Traité d'économie politique*, 5e édition, t. II, p. 167.

Auguste Walras

; mais dans le second cas, la chose existe en plus grande quantité : voilà toute la différence. Un homme qui a faim ou qui a soif éprouve précisément le même besoin que vingt mille hommes qui ont faim ou qui ont soif ; mais dans le second cas la somme des besoins est bien plus grande qu'elle ne l'est dans le premier. Or suivant que les denrées existent en plus ou moins grande quantité, suivant que la somme des besoins est plus ou moins grande, on voit croître ou diminuer la disproportion naturelle qui existe entre certaines choses utiles et les besoins qu'elles sont destinées à satisfaire. On voit donc croître ou diminuer, en même temps, la valeur qui est la suite nécessaire de cette disproportion. La preuve que M. Say partage au fond mon opinion, résulte évidemment de ce qu'il fait entrer dans ses considérations économiques, la *quantité* des choses utiles et la *quantité* des besoins qui en réclament la possession. Que signifient ces expressions de *quantité offerte* et de *quantité demandée* ? Elles ne peuvent pas exprimer autre chose que le rapport de nombre ou de quantité qui existe entre la somme des besoins, et la somme des choses utiles. Suivant que la première l'emporte sur la seconde, ou que la seconde l'emporte sur la première, il y a augmentation ou diminution de prix, parce qu'il y a augmentation ou diminution de valeur, augmentation ou diminution de rareté.

« L'espérance, la crainte, la malice, la mode, dit M. Say, l'envie d'obliger, toutes les passions et toutes les vertus, peuvent influer sur les prix qu'on donne ou qu'on reçoit. Ce n'est que par une estimation purement morale qu'on peut apprécier les perturbations qui en résultent dans les lois générales, les seules qui nous occupent en ce moment[1]. »

Si l'espérance, la crainte, la malice, la mode, etc., si toutes les passions et toutes les vertus exercent quelque influence sur la valeur, ce n'est qu'en exerçant une influence sur la rareté; car la valeur n'a pas d'autre cause que celle-là ; et c'est toujours à ce principe, comme dît Burlamaqui, qu'il faut ramener les différentes circonstances qui font

1 *Traité d'Économie politique*, 5e édition, t. II, p. 168.

hausser au baisser le prix des choses. Si M. Say n'a pas su exprimer nettement la loi générale de la valeur, on s'aperçoit du moins avec plaisir qu'il ne l'a pas complètement méconnue : témoin encore le passage suivant emprunté à un autre ouvrage du même auteur :

« Si le nombre des échanges et le besoin qu'on a de monnaie, ont fort augmenté, dit M. Say, on peut demander pourquoi la valeur de l'argent a baissé depuis la fin du XVIe siècle. C'est parce que l'approvisionnement d'argent fourni par les mines d'Amérique a surpassé l'augmentation survenue dans les besoins. On n'a aucune notion sur la quantité d'argent qui se trouvait répandue dans le monde quand l'Amérique a été découverte ; on sait fort imparfaitement ce que les diverses mines de l'univers en ont fourni depuis cette époque ; mais si la quantité de monnaie d'argent et d'argenterie de luxe, qu'on emploie maintenant, a quadruplé, et si néanmoins, comme il paraît, l'argent est tombé environ au cinquième de son ancienne valeur, il faut que la quantité de ce métal qui circule maintenant en France, ait vingtuplé ; car s'il n'avait que. quadruplé, il aurait conservé sa même valeur. Il faut donc que sa quantité soit cinq fois plus que quadruple, s'il est tombé au cinquième de son ancienne valeur [1]. »

On voit encore, par ce passage, comment M. Say se trouve conduit, bon gré mal gré, à considérer l'utilité non-seulement dans sa nature et dans son caractère, ou dans le service qu'elle peut rendre aux hommes, mais encore dans sa quantité, ou dans le nombre des choses utiles qui peuvent satisfaire aux divers besoins auxquels elles sont corrélatives. En plaçant dans les variations qui sont parvenues dans la *quantité* des métaux précieux, et dans la *quantité* des besoins qui les réclament, la cause des variations qu'on a pu remarquer dans la *valeur* de ces mêmes métaux, M. Say confirme parfaitement l'opinion que nous avons émise sur l'origine même de la valeur.[59]

---

1 *Catéchisme d'Économie politique,* 3e édition, n. 24.

Auguste Walras

Voici venir un écrivain qui s'exprime d'une manière aussi précise et aussi formelle, et dont le témoignage est également bon à recueillir.

Nous avons déjà vu David Ricardo accorder que certaines choses tirent leur valeur de leur rareté. Ces objets, il est vrai, ne composent, suivant lui, qu'une petite partie de ce que nous appelons des *valeurs ou* des *marchandises*. Mais nous avons établi, dans le chapitre XIII, que les marchandises qui sont, suivant Ricardo, le fruit de l'industrie humaine, et que, d'après le même auteur, cette industrie peut multiplier à son gré, ne sont pas moins rares, scientifiquement parlant, que celles à qui David Ricardo attribue exclusivement le caractère de la rareté, et que par conséquent c'est à leur rareté même qu'elles doivent la valeur dont elles jouissent. Voici un passage du même auteur où il s'est trouvé conduit à reconnaître l'influence que la rareté exerce sur la valeur de la monnaie qui est certainement une de ces marchandises que l'industrie humaine peut multiplier, et à corroborer par conséquent la doctrine que nous avons essayé de substituer à la sienne comme à celle de M. Say.

« La monnaie en circulation, dit David Ricardo, ne saurait jamais être assez abondante pour regorger ; car si vous en faites baisser la valeur, vous en augmenterez dans la même proportion la quantité ; et en augmentant sa valeur, vous en diminuerez la quantité[1]. » Que devient donc l'opinion exprimée par Ricardo, à la page précédente, que l'or et l'argent, ainsi que toutes les autres marchandises, n'ont de valeur qu'à proportion de la quantité de travail nécessaire pour les produire et les faire arriver au marché ? Si l'or et l'argent n'ont de valeur qu'à proportion de la quantité de travail employé à les produire, il ne faut pas dire que la valeur de la monnaie se règle, sur sa quantité ; et si la quantité de monnaie qui existe dans un pays est la véritable règle de sa valeur, il faut renoncer à soutenir que la valeur de la monnaie dérive de la quantité de travail employé à la production de l'or et de l'argent.

1 *Principes de l'Économie politique et de l'impôt, t. II, p. 232.*

Chapitre XV

Je ne pousserai pas plus loin cette revue des principaux auteurs qui ont écrit sur l'économie politique ; les passages que je viens de citer et de commenter prouvent suffisamment, comme je l'ai avancé, que ceux qui ont le plus positivement affirmé l'influence exclusive de l'utilité ou du travail sur la valeur, se sont vu forcés à se démentir eux-mêmes par les plus éclatantes contradictions ; et il suffit de la plus mince érudition en économie politique, pour multiplier à volonté le nombre de pareils exemples. Cependant, comme je dois avoir à cœur de ne rien négliger pour faire triompher le principe que j'ai défendu jusqu'à présent, je me permettrai d'invoquer encore en sa faveur une maxime qui est, pour ainsi dire, commune à tous les économistes, ou dont un très-petit nombre d'entr'eux ont contesté la vérité. Je veux parler du rapport de *l'offre* à la *demande,* ou de l'influence qu'ont sur le prix des choses la *quantité offerte* et la *quantité demandée.*[60]

Chapitre XVI

De la quantité offerte et de la quantité demandée que le rapport de l'offre à la demande n'exprime pas autre chose que la rareté, et peut être considéré comme la cause et la règle de la valeur. - distinction entre la demande et l'offre absolues, et la demande et l'offre réelles. - c'est pour avoir confondu ces deux espèces d'offre et de demande, que David Ricardo a nié l'influence de la quantité demandée et de la (quantité offerte sur la valeur.

Après avoir établi, comme on l'a vu, dans le chapitre précédent, que la plupart des économistes admettent, d'une manière plus ou moins explicite, que la limitation de certains biens, ou la rareté des choses utiles, est la véritable cause de la valeur, il me reste, je crois, pour ne laisser rien à dire sur ce sujet, à montrer que le même aveu est implicitement contenu dans cette maxime célèbre, que le prix des diverses marchandises se proportionne à *l'offre* et à la *demande, ou* que la valeur est en raison directe de la *quantité demandée,* et en raison inverse de la *quantité offerte.* Il y a peu d'économistes qui ne conviennent volontiers que la demande d'une marchandise en fait hausser le prix, et que l'offre au contraire, le fait baisser. Je ne connais que David Ricardo et M. Garnier qui se soient refusé à recevoir cette maxime comme un principe général et absolu, et qui aient combattu à cet égard les idées de M. Say et des autres disciples d'Adam Smith. Mais j'expliquerai tout-à-l'heure les motifs de leur opposition, en même temps que j'en ferai remarquer le peu de fondement. Il s'agit d'abord de faire voir que le principe de la quantité offerte et de la quantité demandée consacre, sous un autre nom, le principe que j'ai développé jusqu'à présent.

Qu'est-ce que l'offre d'un produit, si ce n'est la somme ou la quantité de ce produit ? Et qu'est-ce que la demande d'un produit, si ce n'est la somme des besoins qui en sollicitent la jouissance ? Le rapport de l'offre à la demande ou de la demande à l'offre, n'est et ne peut être autre chose que ce que j'ai exprimé jusqu'à présent par l'idée de la rareté, ou par le rapport qui existe entre la somme de certains biens et la somme des besoins qui en sollicitent la possession.

J'ai distingué parmi les choses utiles, celles qui sont limitées de celles qui sont illimitées, et je ne pense pas que personne soit tenté de nier la réalité de cette distinction. Elle est trop sensible et trop remarquable, pour ne pas être regardée comme quelque chose d'évident. Or ce qui n'est pas moins évident, c'est que les choses limitées deviennent rares par la disproportion même que leur limitation établit entre la somme de ces choses et la somme des besoins auxquels leur utilité est corrélative. Et maintenant, qu'on y pense bien, l'idée de l'offre et de la demande peut-elle exprimer autre chose, au fond, que le phénomène que j'appelle la rareté ? Ne faut-il pas qu'une chose soit limitée, pour qu'on la demande ? Ne faut-il pas qu'elle soit limitée, pour être offerte ? N'est-ce pas par une suite de leur limitation qu'on demande et qu'on offre certaines choses ? Il y a donc au fond de ces expressions *offre* et *demande*, une reconnaissance très-réelle de ce fait, que certains biens sont limités dans leur quantité, et qu'ils sont rares, ou qu'il n'en existe pas naturellement assez pour satisfaire tous les besoins auxquels ils sont corrélatifs. Le principe de l'offre et de la demande est donc une consécration formelle du principe de la limitation, et de la rareté qui en est la suite ; et lorsque les économistes ont fait dépendre la valeur ou le prix des marchandises de la quantité offerte et de la quantité demandée, ils l'ont fait dépendre de sa véritable cause, ils lui ont assigné sa véritable origine.

Il convient cependant de s'expliquer un peu plus longuement sur la *quantité offerte* et la *quantité demandée*. La manière dont les économistes se sont exprimés à ce sujet ne prouve pas toujours qu'ils en aient eu une idée bien nette ; et il faut croire que c'est à l'obscurité même qu'ils ont laissée subsister dans leur principe et dans son expression, qu'on doit le peu de succès qu'il a obtenu et l'opposition qu'il a rencontrée chez quelques bons esprits.

Auguste Walras

Lorsque je considère la *demande* et *l'offre* comme un synonyme exact de la *rareté*, ou comme exprimant le même rapport que j'ai désigné jusqu'à présent sous ce dernier terme, je n'entends point parler, comme on peut s'y attendre, de ce que plusieurs auteurs appellent *offre effective, demande effective*, et qui ne désigne pas autre chose pour eux, que l'offre de certaines marchandises, réellement exprimée par la voie du commerce, en un certain temps et à un certain prix, par quelques négociants d'un pays, à quelques négociants d'un autre pays, ou par les marchands d'une certaine ville aux consommateurs qui les avoisinent, et la demande formelle de certaines marchandises, exprimée dans les mêmes circonstances, par certains individus à certains marchands, des choses qui peuvent leur agréer, et qu'ils sont en état de payer. J'entends par le mot *demande*, cette demande générale et absolue, qui est l'expression de tous les besoins réunis, qui se fait en tout temps et en tout lieu, tacitement si l'on veut, mais d'une manière non moins sensible, de toutes les choses rares qui peuvent contribuer au bien-être de l'homme, par tous ceux qui sont en état de connaître et d'apprécier les jouissances qu'elles procurent, abstraction faite des moyens qu'ils peuvent avoir de se les procurer; et j'entends de même par le mot *offre*, cette offre générale et absolue, qui n'est autre chose, dans tous les temps et pour tous les pays, que l'expression de la quantité des biens rares ou limités qui se trouvent à la disposition des hommes, abstraction faite des moyens que certains d'entr'eux ont pour se les procurer, et de la nécessité qui impose au plus grand nombre l'obligation de s'en passer. Je sais bien qu'on a voulu limiter l'idée de l'offre et de la demande à ce qu'on a, avec raison, appelé *offre réelle ou effective, demande réelle ou effective;* mais ce n'est pas ainsi que je puis entendre ces expressions, lorsque je veux y trouver un synonyme de la *rareté*. Pour pouvoir dire avec raison que le rapport de l'offre à la demande n'exprime pas autre chose que la rareté, il faut donner à ces deux mots la plus large acception, et les considérer d'une manière générale et absolue.

Il y a cette différence entre la demande et l'offre *absolues*, d'une part, et la demande et l'offre *réelles*, d'une autre part, que la demande et l'offre réelles peuvent se faire équilibre, ou se surpasser réciproquement ; tandis qu'il n'en est pas de même de l'offre et de la demande absolues. On peut concevoir que la demande réelle réponde exactement à l'offre réelle, et réciproquement, ou que l'offre réelle soit tantôt inférieure et tantôt supérieure à la demande réelle. En d'autres mots, lorsqu'on ne parle que de la demande et de l'offre réelles, on peut admettre trois hypothèses, qui sont celles où l'offre est égale, supérieure ou inférieure à la demande. Mais lorsqu'on parle de l'offre et de la demande absolues, il est impossible de considérer les choses sous le même aspect. L'offre absolue est toujours inférieure à la demande absolue ; elle ne peut jamais lui être égale et encore moins supérieure. Aussitôt qu'il existe des biens limités, il est impossible que la somme de ces biens satisfasse à tous les besoins qui les réclament. Il n'y a personne qui possède tout ce qu'il désire, et qui dans la classe même des biens qu'il possède, en possède autant qu'il le voudrait bien. Les utilités limitées sont toujours rares ; elles sont toujours demandées, absolument parlant, en plus grande quantité qu'elles ne sont offertes ; et c'est cet excès même de la demande absolue sur l'offre absolue, ou de la somme des besoins sur la somme des biens qui leur sont corrélatifs, qui constitue la rareté, et qui occasionne la valeur ; et la valeur est d'autant plus forte que la rareté est plus grande, ou que la demande absolue l'emporte davantage sur l'offre absolue.

Telle est la différence essentielle qui existe entre la demande et l'offre absolues, entre la demande et l'offre qui sont le synonyme de la rareté, et cette autre espèce de demande et d'offre qu'on appelle demande réelle, offre réelle. On conçoit que les mêmes raisonnements ne soient pas applicables à des phénomènes si divers, et qu'on puisse dire des premiers beaucoup de choses qui ne seraient nullement vraies si on les appliquait aux seconds, et réciproquement.

C'est en restreignant l'idée de l'offre et de la demande à la demande réelle ou effective, et à l'offre réelle ou effective, qu'on a pu dire, par exemple, que les frais de production bornent l'étendue de la demande. Cela ne peut être vrai que de la demande réelle, c'est-à-dire de cette demande qui est accompagnée d'une offre équivalente, et qui annonce la résolution de se procurer une chose et la faculté d'en payer le prix. Mais il n'en serait pas de même, si, par le mot demande, on entendait seulement, comme je le fais ici, le désir qui est naturel à tous les hommes de jouir d'une chose utile, quelque rare et quelque chère qu'elle soit d'ailleurs. Les frais de production, ou, si l'on veut, la rareté et la cherté, compriment ce désir, mais ne l'éteignent point. Le goût de toutes les choses bonnes et agréables subsiste chez tous les hommes, comme une virtualité qui n'attend pour se développer et se produire qu'une occasion favorable, et c'est ce dont il est facile de se convaincre, en observant comment la demande effective d'un produit se multiplie à. mesure qu'il baisse de prix. « Si, dans un hiver rigoureux, dit M. Say, on parvient à faire des gilets de laine tricotée, qui ne reviennent qu'à six francs, il est probable que tous les gens auxquels il restera six francs, après qu'ils auront satisfait à tous les besoins qui sont ou qu'ils regardent comme plus indispensables qu'un gilet de laine, en achèteront. Mais ceux auxquels, quand tous leurs besoins plus indispensables auront été satisfaits, il ne restera que cinq francs, n'en pourront acheter. Si l'on parvient à fabriquer les mêmes gilets pour cinq francs, le nombre de leurs consommateurs s'accroîtra de toute cette dernière classe. Ce nombre s'accroîtra encore -si l'on parvient à les donner pour quatre francs ; et c'est ainsi que les produits qui jadis n'étaient qu'à l'usage des plus grandes fortunes, comme les bas, se sont maintenant répandus dans presque toutes les classes.[1] »

On voit, par cet exemple, auquel il serait facile d'en ajouter mille, que le désir de toutes les choses utiles anime constamment l'humanité, et qu'on peut considérer tous les hommes de l'univers, et tous les membres d'une nation, comme disposés à se procurer les jouissances inhérentes à la possession et à l'usage d'une chose utile, autrement dit d'un bien quelconque. Or, nous avons déjà remarqué que tous les biens de la nature se divisent en deux grandes classes, celle des biens illimités et celle des biens limités.

1 Traité d'Économie politique, 5e édition, t. II, p. 163.

Chapitre XVI

Relativement aux biens de la première espèce, les désirs de tous les hommes sont satisfaits aussitôt que formés, A peine peut-on dire que nous les désirons. L'air atmosphérique et la lumière du soleil ne se font pas attendre ; les jouissances qu'ils nous procurent sont contemporaines aux besoins que nous en éprouvons. Il n'y a pas là de demande proprement dite. Pour ce qui concerne les biens limités, ou les utilités de la seconde espèce, tous les hommes en ont à peu près le même besoin, et en éprouvent le même désir. Il ne faut pas croire que les riches aient seuls besoin de cristaux et de porcelaines, ou que les princes seuls éprouvent le désir d'avoir des palais et des équipages. Certes, le plus bel hôtel de Paris me ferait autant de plaisir qu'il en peut faire à son propriétaire, et une bonne voiture me conviendrait tout aussi bien qu'à mon voisin le millionnaire. Combien de gens n'auraient pas un cheval, s'il ne coûtait pas plus qu'une paire de bottes, et qui voudrait se passer d'un domestique, s'il avait les moyens de le payer ? Mais c'est ici qu'il se présente une grande différence dans la position des familles et des individus. Les biens limités, comme nous l'avons dit, n'existent qu'en une certaine quantité. Il est donc impossible que tous les hommes en jouissent à la fois. Ces biens ne s'acquièrent que par des échanges, ou par le sacrifice d'un bien équivalent. Il y en a donc un grand nombre que tout le monde n'est pas en état d'acquérir; Mais cela ne veut pas dire que nous n'en éprouvions pas tous le besoin ou le désir, et que nous ne soyons pas tous disposés à nous les procurer, dès que nous le pourrons. La limitation de certains biens et la cherté qui en est la suite, peuvent donc bien borner, et bornent en effet la demande réelle, ou la demande accompagnée de l'offre d'un équivalent ; mais elles ne sauraient borner la demande naturelle, la demande générale et absolue, celle que je considère comme le synonyme de la rareté et comme la source et la mesure de la valeur.

C'est pour avoir confondu la demande absolue avec la demande réelle ou effective, que David Ricardo et M. Garnier se sont vus conduits à nier l'influence de la quantité offerte et de la quantité demandée sur la valeur ; et c'est en distinguant, comme nous l'avons fait, ces deux phénomènes, que nous rendrons au premier l'influence qu'il produit en effet, et que nous répondrons aux raisonnements qui ont eu pour but de la nier.

« On ne peut pas dire, dit Ricardo, que la demande d'une chose a augmenté, si l'on n'en achète pas ou si l'on n'en consomme point une plus grande quantité [1]. » Cela ne peut pas se dire, il est vrai, de la demande réelle ou effective. Pour que la demande réelle augmente ou diminue, il faut que la consommation augmente ou diminue, et c'est la consommation seule qui peut servir de mesure à cette demande. Mais il n'en est pas de même de la demande générale et absolue, de cette demande qui se fonde sur la limitation, qui n'est qu'une expression diverse de la rareté, ou qui n'est autre chose que le sentiment même de cette rareté se manifestant dans les désirs que nous éprouvons, dans les vœux que nous ne cessons de former pour notre prospérité matérielle, et dans les efforts auxquels nous nous livrons pour arriver à la fortune. Quelles que soient les bornes ou l'étendue de la consommation, et quel que soit le nombre des consommateurs, cela n'empêche pas que tous les hommes ne demandent et ne demandent vivement tout ce qui peut leur être utile, et principalement les utilités rares. La consommation se mesure, il est vrai, sur les moyens des consommateurs ; mais la demande naturelle et absolue ne se mesure que par la connaissance que nous avons de nos besoins et des choses qui peuvent les satisfaire. La rareté d'un objet m'empêche bien de l'acquérir, mais elle ne m'empêche pas de le désirer, ou de le demander, dans le sens le plus étendu du mot : et au contraire, ce sont les biens les plus rares, qui sont le plus désirés ou demandés, et c'est précisément parce qu'ils sont plus demandés qu'ils sont plus chers.

« Diminuez les frais de la fabrication des chapeaux, dit Ricardo, et leur prix finira par tomber à leur nouveau prix naturel, quoique la demande puisse doubler, tripler, ou quadrupler. Diminuez les frais de l'entretien des hommes, en diminuant le prix naturel de la nourriture et des vêtements qui soutiennent la vie, et vous verrez

[1] *Des principes de l'Économie politique et de l'impôt, t. II, p. 288.*

les salaires finir par baisser, quoique la demande de bras ait pu s'accroître considérablement[1]. »

Il est possible que le prix d'une chose diminue, malgré l'augmentation de la demande réelle ; mais il faut remarquer que, dans ce cas, l'augmentation de la demande réelle est nécessairement précédée d'une augmentation dans l'offre générale, et par conséquent d'une diminution dans le rapport de la demande absolue à l'offre absolue. Qu'est-ce en effet que diminuer les frais de la fabrication des chapeaux, si ce n'est pas en fabriquer le même nombre, avec moins de frais, ou ce qui est encore plus ordinaire, en fabriquer un plus grand nombre, avec les mêmes moyens qui n'en fabriquaient d'abord qu'un petit nombre ? La multiplication des chapeaux a diminué le rapport de la demande absolue à l'offre absolue ; elle a fait baisser le prix des chapeaux ; et c'est cette diminution dans le rapport de la demande absolue à l'offre absolue, ou cette augmentation dans l'offre générale, qui a permis l'augmentation de la demande réelle, comme je le faisais remarquer tout à l'heure. Les chapeaux étant devenus plus faciles à faire, le même travail en a produit une plus grande quantité ; ils ont baissé -de prix, parce qu'ils sont devenus moins rares ; et leur valeur se trouvant proportionnée aux moyens d'un plus grand nombre de consommateurs, l'augmentation de la demande réelle peut et doit être considérée Comme la conséquence nécessaire de l'affaiblissement du rapport entre la demande absolue et l'offre absolue, ou de l'augmentation de l'offre générale.

« La proportion entre l'offre et la demande, dit encore Ricardo, peut, à la vérité, modifier pour quelque temps la valeur courante d'une chose, jusqu'à ce que l'approvisionnement en devienne plus ou moins abondant, selon que la demande peut avoir augmenté ou diminué ; mais cet effet n'aura qu'une durée passagère [2]. » Bien loin de là : l'influence de l'offre et de la demande est un phénomène constant, perpétuel, général et universel. La valeur n'a pas d'autre

1 *Des principes de l'Économie politique* et *de l'impôt*, t. II, p. 287.
2 *Des* principes *de l'Économie politique et de l'impôt*, t. II, p. 287.

Auguste Walras

règle que ce principe, parce qu'elle n'a pas non plus d'autre origine. La demande d'une chose, dans le sens où je l'entends ici, n'est que la somme des besoins qui la sollicitent, et l'offre d'une chose, dans le même sens, n'est que la somme des biens limités qui répondent à tel ou tel besoin. C'est le même phénomène que j'ai exprimé par l'idée de la rareté; et il est évident que la valeur augmente avec la rareté et diminue avec elle. En d'autres termes, plus les besoins sont nombreux, et moins sont nombreuses les utilités rares, plus leur prix est élevé. Au contraire, moins les besoins sont nombreux, et plus les utilités rares abondent, moins leur prix est élevé. David Ricardo convient lui-même que la valeur diminue avec les frais de production. Or la diminution des frais de production équivaut à une augmentation de l'offre générale, à une diminution de la demande absolue comparée à l'offre absolue, et c'est par cela même qu'elle permet une augmentation dans la demande réelle, dans la demande accompagnée d'une offre équivalente.

Les frais de production forment une limite au-dessous de laquelle le prix des marchandises ne peut pas se maintenir longtemps. C'est une observation qu'on a déjà faite. Mais en s'arrêtant aux frais de production, et en ne faisant pas remonter plus haut l'origine de la valeur, David Ricardo a laissé subsister, dans ses principes d'économie politique, un vide qui n'est que trop facile à signaler. On sera toujours en droit de lui demander ce qui cause la valeur des services productifs. Et comme on ne peut pas invoquer ici de nouveaux frais de production (puisque les services productifs ne sont pas des produits) il faut toujours en revenir au principe de la rareté, ou au rapport qui existe entre la demande et l'offre, entre la somme des besoins et la somme des biens limités.

Je ne quitterai pas ce chapitre de Ricardo,[61] sans invoquer, à l'appui de mon opinion, l'autorité toujours si précieuse de M. Say. Voici la note par laquelle ce célèbre économiste a répondu. Aux arguments de l'écrivain anglais.

Chapitre XVI

« Lorsque divers auteurs qui suivent les mêmes méthodes d'investigation, et qui ont fait preuve de jugement en plusieurs occasions, diffèrent complètement d'avis sur un principe, leur dissentiment ne peut venir que faute de s'entendre. Essayons si l'on peut, dans ce cas-ci, présenter la question sous un jour nouveau qui rallie toutes les opinions.

« La plupart des économistes politiques établissent que la valeur ou le prix d'une chose s'élève ou s'abaisse en raison directe de la demande qui en est faite et en raison inverse de l'offre. M. Ricardo affirme que la demande et l'offre n'y font rien, que le prix baisse par la concurrence des producteurs, jusqu'au niveau des frais de production, et s'arrête là. »

« Mais que fait-on, dans la réalité, lorsqu'on demande à échanger une marchandise contre une autre ; lorsque, par exemple, un homme offre en vente dix-huit livres de froment, qui valent trois francs, pour acheter avec cet argent une livre de café, qui vaut également trois francs ? Il offre les services productifs (ou leur prix, c'est-à-dire les frais de production) qui ont servi à produire dix-huit livres de blé, pour avoir une livre de café, ou ce qu'elle a coûté, c'est-à-dire les frais de production qui ont servi à payer les services productifs dont la livre de café est le résultat. »

« Les services productifs de la livre de café, ou leur prix, et la livre de café, ne sont pas les membres de l'équation : ce sont *une seule et même chose*. Et quand M. Ricardo dit qu'un produit vaut toujours ce que valent ses frais de production, il dit vrai ; mais la question reste à résoudre : *Qu'est-ce que valent ses frais de production ? Quel prix met-on aux services capables de produire un produit appelé une livre de café ?* »

« Je réponds qu'on y met d'autant plus de prix, et qu'on est disposé à les payer d'une quantité d'autant plus grande de tout autre service productif, que les services propres à produire du café, sont plus rares et plus demandés ; et c'est dans ce sens qu'il faut entendre la demande et l'offre, le besoin et l'approvisionnement, le principe si connu des anglais sous les noms de *want and supply.* »

« La quantité de travail, de capitaux et de terrain nécessaires pour accomplir un produit, constitue la difficulté de sa production, sa rareté. Un produit qui ne peut être le fruit que de beaucoup de services productifs, est plus rare que celui qui peut être le fruit de peu de services ; en d'autres termes : un produit est d'autant plus abondant que la même quantité de services productifs en produit davantage. De là une plus grande quantité offerte, un prix plus bas. Lorsqu'au contraire, la quantité de services nécessaires augmente, le prix s'élève. Au lieu de demander pour une livre de café, dix-huit livres de blé (ou les services productifs qui ont servi à faire dix-huit livres de blé), on demandera peut-être vingt livres, vingt-cinq livres, jusqu'à ce qu'il ne se trouve plus un seul acheteur disposé à payer le café, et alors il ne s'en produit pas. C'est le cas de mille produits qui ont ruiné leurs producteurs, parce qu'ils ne valaient pas leurs frais de production. »

« Une plus grande puissance de produire équivaut à une plus grande quantité de services productifs versés dans la circulation. Si quelque grand perfectionnement en agriculture me permet d'obtenir trente-six livres de blé là où je n'en obtenais que dix-huit, c'est comme si je doublais l'offre de mes services propres à faire du blé. Ils baisseront de moitié, et l'on pourra obtenir alors dix-huit livres de blé pour une demi-livre de café seulement. Les services productifs propres à faire dix-huit livres de blé, vaudront autant que les services productifs propres à faire une demi-livre de café. »

« Dans le système de M. Ricardo, qui professe dans tout le cours de ce livre, que la quantité du travail nécessaire pour faire un produit, est le seul élément de son prix, et qui ne tient nul compte de ce que peut avoir coûté le concours du capital et du fonds de terre, voici comme j'exprimerais le même principe : on met d'autant plus de prix au travail nécessaire pour faire une chose, c'est-à-dire, on est disposé à le payer d'une quantité d'autant plus grande de travail propre à faire toute autre chose, que le premier est moins offert et plus demandé, et *vice versa* [1]. »

On voit, par cette excellente note de M. Say, que cet habile économiste a parfaitement compris et signalé le vice de la doctrine de Ricardo. Ce n'est pas tout, en effet, que de dire que la valeur vient des frais de production. Il faut savoir encore pourquoi les frais de production ont une valeur, pourquoi la production entraîne des frais, d'où vient que les services productifs valent quelque chose, et qu'ils s'échangent, soit contre des produits, soit contre d'autres services productifs. Or, M. Say convient que les services productifs ont d'autant plus de valeur qu'ils sont plus demandés, et qu'ils valent d'autant moins qu'ils sont plus offerts. Et si l'on veut savoir ce que M. Say entend ici par la demande et l'offre, il est évident qu'il entend la *demande* et *l'offre absolues,* la demande et l'offre, dans le sens le plus général. La preuve qu'il interprète ainsi ces expressions, c'est qu'il exprime le même rapport par l'idée de la rareté, comme je l'ai fait moi-même. Le mot utilité ne se trouve pas même prononcé dans toute cette note. La doctrine de M. Say s'y produit d'une manière entièrement conforme à celle que j'ai exposée jusqu'à présent ; et tels sont aussi les principes qui me paraissent véritablement destinés, comme je m'en flatte, et comme l'espère M. Say, à rallier toutes les opinions.

Mais David Ricardo n'est pas le seul qui ait combattu celle de M. Say et de la plupart des autres économistes politiques sur l'influence de la quantité offerte et de la quantité demandée.

Cette influence a été contestée aussi par M. Garnier, dans les

---

1 *Des principes de l'Économie politique et de l'impôt, t. II, p. 294 et suiv.*

notes qu'il a jointes à la traduction d'Adam Smith;[62] et quoique ses raisonnements ne fassent guère que reproduire ceux de Ricardo, ils valent cependant la peine qu'on les analyse et qu'on en montre la faiblesse.

Chapitre XVI

Chapitre XVII

Suite du chapitre précédent. - examen et réfutation de la doctrine de M. Garnier sur le rapport de l'offre à la demande et sur la rareté.

« Il est à croire, dit M. Garnier, que les écrivains qui ont imaginé d'attacher l'origine des valeurs au rapport existant entre l'offre et la demande de la marchandise, ne se sont pas fait une idée bien nette de ces deux mots. Il n'y a pas d'offre ni de demande simple ; tout demandeur d'une denrée ou marchandise fait en même teins lui-même l'offre d'une autre valeur en échange ; de même que le marchand qui offre sa marchandise ne fait son offre qu'avec demande d'un prix. Quand la rareté du blé le rend plus cher, c'est parce que celui qui fait demande de blé offre plus d'argent que l'équivalent ou le prix naturel, et que celui qui offre le blé au consommateur demande plus d'argent que n'en vaut le prix moyen ou ordinaire. Ainsi, quoiqu'il soit vrai de dire que dans une année de cherté, la quantité de blé offerte est au-dessous de la quantité demandée, il n'en est pas moins vrai que cette circonstance ne produit d'effet sur le prix que parce qu'il y a alors plus d'argent offert et plus d'argent demandé pour des quantités égales de blé, qu'il n'y en a d'offert et demandé dans les teins ordinaires [1]. » On voit, par cette citation, que M. Garnier a commis lui-même la faute qu'il reproche aux autres, et que, pour me servir de ses expressions, il ne s'est pas fait une idée bien nette de la *quantité offerte* et de la *quantité demandée. Il n'y a pas d'offre ni de demande simple,* nous dit-il. J'ai montré, au contraire, qu'il y a une demande pure et simple, une demande générale et absolue, qui n'est autre chose que la somme de tous les besoins, et une offre également générale et absolue, qui représente la somme de tous les biens limités d'une certaine espèce. C'est de la comparaison qui se fait, ou du rapport qui s'établit entre cette espèce d'offre et de demande, que résulte la valeur des biens limités ; et cette valeur est d'autant plus grande que la demande est plus considérable relativement à l'offre, et d'autant plus faible que l'offre est plus considérable relativement à la

---

1 *Richesse des* nations, 2e édition, t. V, p. 295.

Auguste Walras

demande. La demande générale et absolue n'est pas nécessairement accompagnée de l'offre d'un équivalent. Elle se conçoit très-bien, au contraire, abstraction faite des moyens que chacun de nous peut avoir pour se procurer l'objet de ses désirs, et de la nécessité qui l'oblige souvent à s'en passer. Lorsque M. Garnier nous dit que la demande d'une marchandise emporte l'offre d'une autre valeur, et que de même le marchand qui offre sa marchandise, ne fait son offre qu'avec demande d'un prix, il rétrécit évidemment l'idée de l'offre et de la demande, il ne l'applique plus, comme on le voit, qu'à *l'offre effective*, qu'à la *demande réelle*. Or, l'offre effective, la demande réelle, peuvent bien avoir une influence sur la *valeur vénale ou* sur le *prix courant ; mais* ce n'est pas de cette espèce d'offre et de demande que vient la valeur considérée en elle-même. La valeur ne provient que de la demande absolue comparée à l'offre absolue, ou du rapport qui existe entre la somme de certains besoins, et la somme des biens limités qui peuvent les satisfaire.

C'est en confondant l'offre absolue et la demande absolue avec l'offre et la demande effectives, ou en s'occupant exclusivement de celles-ci, que M. Garnier a pu supposer, comme il le fait, que la demande et l'offre peuvent se balancer dans les temps ordinaires, et se trouver égales l'une à l'autre. Un pareil équilibre n'existe jamais, comme je l'ai dit, entre la demande et l'offre absolues. La première est toujours inférieure à la seconde.[63] Les biens limités ne peuvent pas satisfaire tous les besoins auxquels ils sont corrélatifs, comme le font les biens illimités. Les utilités rares ne sauraient répondre à tous les désirs qui les sollicitent, et c'est-là ce qui constitue leur rareté, ce qui rend leur possession avantageuse à celui qui en est investi, ce qui leur donne de la valeur, et qui engage le propriétaire à ne les céder que contre un bien équivalent.

Quand la rareté du blé le rend plus. cher, dit M. Garnier, *c'est parce que celui qui fait demande de blé offre plus, d'argent que l'équivalent ou le prix naturel, et que celui qui offre du blé au consommateur demande plus d'argent que n'en vaut le prix moyen ou ordinaire.* M. Garnier

Chapitre XVII

confond ici la cause avec l'effet ou plutôt il prend l'effet pour la cause, et réciproquement ; il renverse mal-à-propos l'ordre logique des événements. Ce n'est pas parce que celui qui demande du blé offre plus d'argent, et que celui qui offre du blé, en demande un plus haut prix, que le blé est cher et rare ; c'est Parce qu'il est plus rare et par conséquent plus cher, que celui qui le possède en demande davantage, et que celui qui veut l'acquérir en offre un prix plus élevé, soit en argent soit en toute autre marchandise.

« Cette opinion, poursuit M. Garnier, sur le rapport des offres aux demandes, regardé comme constitutif des prix, est née d'un préjugé vulgaire et généralement répandu, qui répute toute marchandise chère ou à bon marché, en raison de sa *rareté* ou de son *abondance;* ce qui nous conduit à examiner quel sens on doit attacher à ces deux mots en économie politique[1]. »

Je n'avais donc pas tort de dire, on le voit maintenant, que l'idée de la *rareté* était étroitement liée au principe de *l'offre* et de la *demande*, et que ceux d'entre les économistes qui ont fait dépendre le prix des différentes marchandises du rapport qui existe entre la quantité offerte et la quantité demandée, étaient tous, au fond, d'accord avec moi sur l'origine de la valeur, telle que je l'ai exposée dans le cours de cet ouvrage. L'opinion de M. Garnier vient appuyer la mienne, à ce sujet. Il est vrai que M. Garnier ne partage pas mes idées sur l'origine de la valeur. Il se déclare également contre le principe de la rareté, et contre celui de la demande et de l'offre. Et en cela il se montre conséquent. Mais il suffit qu'il considère la théorie de l'offre et de la demande comme tenant à celle de la rareté, pour me justifier de l'opinion qui me fait considérer le premier de ces principes comme l'équivalent du second, et pour me donner gain de cause vis-à-vis des économistes qui voudraient faire dépendre le prix des marchandises de la quantité offerte et de la quantité demandée, et qui nieraient en même temps que la valeur vienne de la rareté et de la rareté seule.

---

1 *Richesse des nations*, 2e édition, t. V, p. 298.

Auguste Walras

M. Garnier combat, comme on le voit, le principe de l'offre et de la demande, et il taxe de préjugé vulgaire l'opinion qui fait dépendre la cherté des marchandises de leur rareté, et leur bon marché de leur abondance. Si ce principe est généralement répandu, comme il le dit, ce n'est pas au moins parmi les savants. Ils ont cherché à la valeur bien d'autres causes; et quoiqu'ils aient avoué, comme malgré eux, l'influence de la rareté, ils ne l'ont jamais érigée en principe, ils n'en ont pas fait la base de leurs raisonnements. Pour moi qui ai adopté les idées vulgaires, je ne crois pas devoir me repentir de me trouver d'accord avec le sens commun ; et je m'estimerais heureux si je pouvais me flatter d'avoir développé, avec toute la rigueur qu'exige la science, des idées qui existent au fond de tous les esprits.

Mais rendons hommage à M. Garnier. L'idée que le principe de la rareté était un préjugé vulgaire, ne l'a point porté à le rejeter dédaigneusement et sans explication. Il s'est cru, au contraire, obligé d'examiner quel sens on doit attacher en économie politique aux mots *rareté* et *abondance,* et cette conduite nous impose à nous-mêmes l'obligation de rechercher s'il n'aurait pas mieux réussi que nous dans l'analyse de ces deux phénomènes. Que si M. Garnier s'en est fait une idée très-peu scientifique, s'il a considéré la rareté et l'abondance comme deux choses opposées, s'il a cru que la petitesse n'avait rien de commun avec la grandeur, et que la lenteur ne ressemblait en rien à la vitesse ; en un mot, si M. Garnier est resté plus que nous soumis aux préjugés vulgaires, nous pourrons nous flatter que sa doctrine ne saurait porter aucune atteinte à la nôtre.

« La rareté ou l'abondance d'une production ou marchandise, dit M. Garnier, est une circonstance accidentelle qui ne peut agir directement sur la valeur de la production ou marchandise, mais qui peut influer puissamment sur les dispositions du vendeur ou de l'acheteur, et par là élever ou abaisser le prix actuel de la chose dans des proportions qui n'ont aucun rapport avec sa valeur[1]. »

---

1 *Richesse des nations, 2e édition, t. V, p. 299.*

J'en demande pardon à M. Garnier ; mais la rareté et l'abondance, telles que je les entends du moins, ne sont point une circonstance accidentelle, en économie politique. Elles sont, au contraire, un fait fondamental, la considération la plus importante qui s'offre à l'économiste, puisque c'est elle qui lui fournit son point de départ, et la base de la science. La rareté, telle que je l'ai considérée jusqu'à présent, est le principe générateur de l'économie politique, et il est impossible de faire jouer à ce phénomène un rôle secondaire. Si M. Garnier s'en est fait une toute autre idée, c'est, qu'il me soit permis de le dire, parce qu'il a considéré la rareté sous le point de vue le plus vulgaire, n'appelant rares que les choses très-rares, et faisant de l'abondance un phénomène essentiellement opposé à la rareté, absolument comme le vulgaire oppose la petitesse à la grandeur et la lenteur à la vitesse. Mais nous qui nous sommes fait de la rareté une idée plus scientifique, et qui ne voyons dans la rareté et dans l'abondance qu'un seul et même phénomène, sous des noms divers, il nous est bien permis de persévérer dans notre doctrine, et de ne pas nous laisser effrayer par des objections qui ne vont point au fond de la question, et qui reposent, malgré le talent de leurs auteurs, sur des observations superficielles et sur des préjugés vulgaires.

Cela posé, il est évident que la rareté a une influence sur la valeur, et une influence proportionnée à la rareté même qui la produit. Il ne sert à rien de dire que la rareté influe sur le prix, et cela, dans des proportions qui n'ont aucun rapport avec la valeur. C'est, au contraire, parce que la rareté influe sur la valeur, qu'elle influe sur le prix. En effet, comment peut-on admettre ou même comprendre la distinction que fait M. Garnier entre une action directe sur la valeur, et une influence indirecte et néanmoins toute puissante sur le prix, c'est-à-dire sur les dispositions du vendeur et de l'acheteur ? Agir sur les dispositions du vendeur et de l'acheteur, n'est-ce donc pas agir sur la valeur ? Qu'entendons-nous donc par valeur et qu'entendons-nous par échange ? J'ai déjà dit que lorsqu'on faisait un échange, on sacrifiait une certaine somme d'avantages, dans un certain genre, pour se procurer la même somme d'avantages dans un genre différent. La valeur n'exprime pas autre chose, pour chaque objet, que le pouvoir de servir d'équivalent à un autre objet d'une autre nature ; et ce pouvoir est entièrement relatif à la somme existante de chaque objet, et à la somme des besoins qui en réclament la possession. La rareté ou l'abondance d'une marchandise ne peut agir directement sur la valeur, d'après M. Garnier ; et cependant ce phénomène a une influence puissante sur le prix, ou sur les dispositions du vendeur et de l'acheteur. C'est-là, si je ne me trompe, une vaine subtilité ; c'est une distinction de mots et non de choses. A quelle influence le vendeur et l'acheteur peuvent-ils céder, si ce n'est pas à l'influence de la valeur ? Quelle considération les domine, si ce n'est pas celle de la valeur et de la rareté ? Qu'est-ce qui peut décider un homme à acheter une chose à un certain prix, sinon qu'il sait qu'elle vaut bien le prix qu'on lui en demande ? Qu'est-ce qui engage un marchand à demander tel ou tel prix de sa marchandise, (sauf le cas où il fraude, où il surfait), sinon la certitude où il est que sa marchandise vaut bien ce prix ? Les dispositions morales du vendeur et de l'acheteur ne sont qu'une traduction fidèle de la valeur et de la rareté, une expression nouvelle de ces phénomènes. Dire que la rareté et l'abondance ont une influence sur ces dispositions, n'est-ce pas reconnaître en termes formels que la rareté et l'abondance influent sur la valeur, n'est-ce pas avouer d'une manière assez positive que la valeur vient de la rareté et se proportionne sur elle ? Voyons comment M. Garnier échappe à cette conclusion.

M. Garnier distingue la *valeur* du *prix*. La rareté ou l'abondance influent bien sur le prix, ou sur les dispositions du vendeur et de l'acheteur, mais elles n'influent point sur la valeur. Quelle idée devons-nous nous faire de cette distinction entre la valeur et le prix courant ?

Les passages que je viens d'emprunter à M. Garnier sont tirés d'une longue note sur la distinction du *prix courant* et du *prix naturel*. M. Garnier a eu pour but, dans cette partie de ses commentaires, de défendre la doctrine d'Adam Smith, contre les objections de quelques économistes plus modernes et notamment de MM. Say,

Malthus et Ricardo.[64] Je ne puis pas m'appesantir ici sur cet objet. Mais je suis obligé de dire dès à présent que M. Garnier a peut-être exagéré le vice de cette distinction, en faisant de la valeur et du prix courant deux choses essentiellement opposées, et en soutenant qu'elles étaient régies par des principes différents.

« Dans une note sur l'ouvrage de M. Ricardo, dit M. Garnier, M. J.-B. Say s'exprime ainsi : La *distinction entre le prix naturel et le prix courant paraît être tout à fait chimérique. Il n'y a que des prix courants en économie politique... Il y a, pour chaque genre de produit, une quantité d'offres et de demandes qui règle la valeur courante, le prix courant de tous les différents services. Il n'y a point de prix naturel, de taux commun et fixe dans tout ce qui lient aux valeurs.* M. Ricardo, de son côté, n'admet point de valeur absolue, il ne connaît que des valeurs relatives une marchandise vaut ce qu'elle obtient en échange le prix qu'on en donne est son équivalent.[65] M. Malthus a reproduit les mômes idées dans les *Principes, d'économie politique* qu'il vient de publier. »

« Avec de telles doctrines, poursuit M. Garnier, il n'y a plus de lois d'économie politique, et les valeurs circulent aveuglément, comme la matière du chaos dans la confusion de l'anarchie. Si la valeur d'une chose n'a d'autre mesure que son prix courant, et les autres choses qu'elle obtient en échange, ce ne sont plus les prix qui varient, ce sont les valeurs elles-mêmes. Ainsi, lorsque la nouvelle subite et imprévue d'un grand deuil publie, fait monter tout-à-coup de 25 % le prix du drap noir et fait baisser peut-être dans la même proportion celui des soieries et des étoffes de couleur, on pourra dire que c'est la valeur même de ces deux sortes de marchandises qui a haussé et baissé, et non pas leur prix seulement. Dans ce système, la valeur d'une chose n'a plus pour mesure le travail qu'elle a coûté, le travail qu'elle épargne à celui qui la possède. La valeur n'est plus une qualité qui existe dans le sujet, une qualité inhérente à la chose même et indépendante des échanges contingents que la marchandise peut avoir à subir. La valeur sera la chose la plus vague et la plus incertaine

Auguste Walras

de toutes, elle sera soumise à toutes les circonstances et aux chances des événements qu'on peut le moins prévoir. Une marchandise acquerra tout à coup de la valeur, sans qu'aucun travail, aucune dépense additionnelle y concoure, mais uniquement parce qu'un fait qui lui est étranger multiplie les demandes de cette marchandise à tel point, que la quantité mise au marché se trouve infiniment au-dessous du besoin actuel de la consommation. Une autre marchandise perdra un tiers ou un quart de sa valeur réelle, parce que le marchand qui la tient, désespérant de vendre la provision qu'il a en magasin, et pressé de satisfaire à ses engagements, se résigne à perdre plutôt que de faillir, et l'offre à un prix fort inférieur à ce qu'elle lui coûte. Si vous admettez cette manière de raisonner, il faut renoncer aux études de l'économie politique, car elles ne peuvent plus vous conduire vers un but utile[1]. »

Je ne viens pas défendre l'opinion de MM. Say, Malthus et Ricardo, sur la nullité de la valeur absolue, et sur l'importance exclusive du prix courant ; mais cela ne me fera pas abonder non plus dans le sens de M. Garnier. Il y a, ce me semble, exagération de part et d'autre, Sans doute, il ne faut pas confondre la valeur avec le prix courant, et je me propose d'indiquer un jour la véritable différence qui existe entre ces deux idées;[66] mais il ne faut pas mettre non plus entre les deux phénomènes qu'elles expriment, une différence telle qu'elles n'aient plus rien de commun, et il faut bien se garder de considérer la valeur ou le prix naturel, comme quelque chose de fixe, d'immuable et d'invariable qui ne puisse changer de la moindre manière, sans plonger l'économie politique dans le chaos.

Si la valeur d'une chose n'a d'autre mesure que son prix courant, et les autres choses qu'elle obtient en échange, dit M. Garnier, *ce ne sont plus les prix qui varient, ce sont les valeurs elles-mêmes.* Voyez le malheur ! Et qui vous a dit que la valeur ne variait pas ? Qui vous a dit qu'elle fût ou qu'elle dût être une chose fixe et immuable, comme une dimension de la terre, ou comme la grandeur d'un angle droit?

---

1 *Richesse des nations, 2e* édition, t. V, p. *291 et suiv.*

Chapitre XVII

Je ne veux pas dire que le prix courant soit le principe de la valeur ; je crois plutôt que c'est la valeur qui est le principe du prix courant; mais je crois pouvoir dire, sans me tromper, que la valeur est sujette à des variations, et que ces variations se traduisent et se réalisent dans le prix courant. *Dans ce système*, dit M. Garnier, *la valeur d'une chose n'a plus pour mesure le travail qu'elle a coûté, le travail qu'elle épargne à celui qui la possède. Ici,* M. Garnier déplace la question sans s'en apercevoir. Ce n'est pas de la mesure de la valeur que nous nous occupons : nous recherchons son origine. Or, dans aucun système, la valeur n'a pour cause ni le travail qu'elle coûte, ni le travail qu'elle épargne. Elle dérive uniquement de la rareté, ou de la demande absolue comparée à l'offre, absolue. *La valeur n'est plus une qualité qui existe dans le sujet, une qualité inhérente à la chose même et indépendante des échanges contingents que la marchandise peut avoir à subir.* De quelque part que vienne la valeur, rien n'empêche qu'elle ne soit une qualité inhérente à un sujet, une qualité qui existe dans la chose même et indépendante de l'échange. L'échange constate la valeur, mais il ne la fait pas. Si la valeur est variable, l'échange constatera ses variations ; voilà tout ce qu'on peut conclure de notre doctrine. *La valeur sera la chose la plus vague et la plus incertaine de toutes, elle sera soumise à toutes les* circonstances et *aux chances des événements qu'on peul le moins prévoir.* Je ne dirai pas que la valeur soit la chose la plus vague et la plus incertaine de toutes ; qui prouve trop ne prouve rien, et il faut se défier de toute espèce d'exagération ; mais je reconnaîtrai volontiers que la valeur est une chose vague et incertaine, ou, pour mieux dire, variable, et qu'elle est réellement soumise à une foule de circonstances, et aux chances des événements, qu'on peut le moins prévoir, ce qui ne l'altère ni ne la détruit. Eh quoi ! la chaleur, la vitesse, la densité, la pesanteur, ne sont-elles pas des phénomènes variables, et cela empêche-t-il les physiciens et les mathématiciens d'en reconnaître l'existence et d'en rechercher les lois ? Parce que la force et le mouvement sont des phénomènes variables, la mécanique en est-elle une science moins certaine ; et parce que la valeur d'une chose peut varier, cela interdit-il aux économistes le droit d'étudier la valeur, et de chercher la cause de ses variations ? Je ne le pense point; et je ne crois pas que l'économie politique doive périr avec la fixité et l'immuabilité de la valeur. Disons-le donc, sans crainte, et en répétant, dans un autre sens, les propres paroles de M. Garnier. *Une marchandise acquerra tout à coup de la valeur, sans qu'aucun travail, aucune dépense additionnelle y concoure, mais uniquement parce qu'un fait qui lui est étranger multiplie les demandes de cette marchandise à tel point, que la quantité mise au marché se trouve infiniment au-dessous de la consommation. Une autre marchandise perdra un tiers ou un quart de sa valeur réelle, parce que le marchand qui la tient, désespérant de vendre la provision qu'il a en magasin, et pressé de satisfaire à ses engagements, se résigne à perdre plutôt que de jaillir, et l'offre à un prix fort inférieur à celui qu'elle lui coûte.*

Tout en admettant cette manière de raisonner, on n'a pas besoin, quoiqu'en dise M. Garnier, de renoncer aux études de l'économie politique, et les phénomènes ainsi considérés peuvent encore nous conduire vers, un but utile. La fixité de la valeur n'est pas une condition indispensable de sa théorie, et les variations qui peuvent survenir dans cette qualité de certains biens, constitue, au contraire, un objet important d'étude pour l'économiste. Ajoutons à cela que nos principes ne sont pas si singuliers et si inouïs, que M. Garnier lui-même ne leur ait rendu hommage, comme malgré lui, et qu'il n'y ait entre sa doctrine et la nôtre, une ressemblance essentielle, une conformité frappante, comme il sera facile de nous en convaincre.

« En considérant les productions et marchandises, dit M. Garnier, relativement aux variations de prix qui peuvent procéder de leur rareté ou de leur abondance, on les divise en deux classes; savoir : 1° celles que l'industrie humaine peut multiplier et produire, à mesure que croissent les demandes des acheteurs ; 2° celles qu'il n'est pas au pouvoir de l'homme de multiplier à son gré. »

« Dans la première classe sont presque tous les produits de la culture et des manufactures. »

« Dans la seconde sont certaines espèces de gibier ou de poisson qui s'offrent rarement aux chasseurs et aux pêcheurs ; les fleurs et les fruits produits artificiellement par des tentatives dont le succès est incertain ; des pierres, des diamants, des perles que leur forme, leur volume et certaines qualités peu communes font rechercher les curiosités de l'histoire naturelle, et celles des arts les monuments historiques ou littéraires, comme médailles, manuscrits, exemplaires de livres ou d'estampes d'une époque ancienne, etc. [1]. »

M. Garnier reproduit ici, comme on le voit, la doctrine de Ricardo, sur les marchandises qui peuvent être multipliées par l'industrie humaine, et celles qu'il n'est pas au pouvoir de l'homme de multiplier à son gré. Il convient que pour ce qui regarde ces dernières, leur valeur provient de la rareté ; et quant aux marchandises de la seconde espèce, M. Garnier dépassant, en cela, la doctrine de Ricardo, ne dissimule pas que l'abondance et la rareté ont une influence sur elles ; et M. Garnier expose fort bien l'influence que la rareté et l'abondance ont sur les produits de l'industrie humaine, et il signale avec beaucoup de sagacité les divers degrés de cette influence sur cette dernière espèce de produits, suivant que ce sont des produits agricoles ou des produits de manufactures, et suivant que les produits agricoles sont ou ne sont pas de première nécessité, En un mot, et par une contradiction singulière, M. Garnier développe très-bien la théorie de la valeur et de son origine, tout en la niant. Cette partie de sa note est très-remarquable d'un bout à l'autre, et je regrette qu'elle soit trop longue, pour pouvoir être citée dans son entier; mais je ne puis trop engager mes lecteurs à en prendre connaissance. Ils y apprendront, par un exemple de plus, de combien on peut approcher du but, sans le toucher.[67]

Et, en effet, ce qui empêche la doctrine de M. Garnier d'être une reproduction fidèle de la mienne, c'est tout uniment, la préoccupation qui anime notre économiste, et qu'il porte dans toute cette discussion, au sujet de cette malheureuse distinction établie

---

1 *Richesse des nations, 2e édition, t. V, p. 299.*

Auguste Walras

par Adam Smith, et que M. Garnier veut à toute -force maintenir, entre le prix naturel et le prix de marché, entre la valeur et le prix courant. Que la rareté ait une influence incontestable sur les prix courants, c'est ce que M. Garnier ne nie point ; mais ce qu'il ne veut pas admettre, c'est qu'il n'y ait pas au-delà de ces prix courants ou de ces prix de marché, un prix naturel, fruit du travail qui a produit la marchandise, une valeur parfaitement indépendante de la rareté et de l'abondance, de la quantité offerte et-de la quantité demandée. C'est par cette malheureuse distinction entre la valeur et le prix courant, et par l'importance extraordinaire qu'il lui attribue, ou, si l'on veut, par la séparation profonde qui existe, suivant lui, entre le prix naturel et le prix du marché, que M. Garnier échappe aux conclusions vers lesquelles l'entraînent sa science et sa sagacité. Mais d'abord il n'est pas vrai que toutes les marchandises soient le fruit du travail ; et dès-lors il est impossible d'admettre qu'il y ait en elles un prix naturel, une valeur absolue qui soit le résultat du travail. Et en second lieu, peut-on croire de bonne foi qu'il y ait une si grande différence entre la valeur et le prix courant, qu'il n'y ait aucun rapport entre ces deux idées, et que les phénomènes qu'ils représentent soient régis par des principes tout différents, ou par des lois tout à fait opposées ?

Je ne veux point reproduire, je l'ai déjà dit, d'une manière tranchante et absolue, la doctrine opposée à celle de Smith et de M. Garnier. Je ne partage point les opinions de MM. Say, Malthus et Ricardo, sur l'importance exclusive du prix courant. Mais je ne puis admettre avec M. Garnier, qu'il y ait une différence essentielle entre la valeur et le prix vénal, entre ce qu'on appelle le prix *naturel* et le *prix de* marché. Le prix vénal est essentiellement lié à la valeur, et le premier de ces phénomènes dépend évidemment du second. Si la valeur d'une chose augmente, on voit augmenter le prix qu'on donne, pour se la procurer, ou qu'on reçoit, pour s'en défaire ; et si la valeur diminue, on voit diminuer le prix en même temps. Je ne sache pas qu'aucun économiste ait avancé que le prix pouvait baisser tandis que la valeur haussait, ou réciproquement. Les variations du prix tiennent aux variations de la valeur ; et c'est uniquement parce que la, valeur d'une chose augmente ou diminue, qu'on se trouve conduit à augmenter ou à diminuer le prix qu'on offre, pour s'en procurer la possession, ou celui qu'on demande, pour consentir à la céder. C'est ce que nous aurons occasion de voir plus amplement, lorsque nous nous occuperons de la véritable différence qui existe entre la valeur et le prix vénal, entre ce que M. Garnier appelle, d'après Adam Smith, le prix *naturel* et ce, qu'il appelle le prix *de* marché.

Mais il y a dans la doctrine de M. Garnier, un autre principe sur lequel je ne puis me taire. C'est la différence introduite par l'auteur, entre les marchandises qu'on peut multiplier, et celles qu'on ne peut pas multiplier. Cette distinction est empruntée, comme on le voit, à Ricardo ; et l'on n'a pas oublié, je l'espère, la manière dont je me, suis déjà exprimé à ce sujet. Il est impossible, en effet, d'appeler *rares* les choses qu'on ne peut pas multiplier, et de refuser ce nom aux choses que l'industrie humaine peut multiplier à son gré. La seule idée de pouvoir multiplier une marchandise en implique la limitation, et la limitation produit, la rareté. Aussitôt qu'une espèce de biens ou de choses utiles est limitée dans sa quantité, elle devient rare, et elle obtient une valeur proportionnée à sa rareté même. L'industrie humaine a beau multiplier ces biens, elle n'en fera jamais des biens illimités. Sans doute, elle en diminuera la rareté, et par cela même la valeur ; et tel est, en effet, le but que se propose l'industrie, tel est le terme auquel aspire toute production ; et c'est par-là, comme nous l'avons dit, qu'elle supplée à la parcimonie de la nature, et qu'elle remédie à l'inconvénient qui se trouve nécessairement attaché à la valeur de certains biens, et à la cause qui produit cette valeur. Mais quels que soient les efforts de l'industrie humaine, et les succès qui puissent les couronner, les utilités qu'elle multiplie n'en resteront pas moins des choses rares, et n'en auront pas moins une valeur proportionnée à cette même rareté.

En adoptant et en reproduisant, d'après Ricardo, cette division des marchandises en objets qui peuvent être multipliés par l'industrie humaine, et en objets qui ne le peuvent point ; en accordant à ces derniers biens le privilège d'être rares, et en le refusant aux premiers, M. Garnier nous montre jusqu'à l'évidence qu'il n'a eu qu'une très-fausse idée de la rareté et de l'abondance, et qu'il n'a nullement compris et signalé le phénomène que j'ai désigné par la limitation de certains biens. La rareté dont nous parle M. Garnier, n'est pas la véritable rareté. Cette rareté, qui a pour opposé l'abondance, c'est la rareté du vulgaire ; c'est la rareté poussée à un très-haut degré ; tandis que la rareté dont j'ai voulu parler moi-même jusqu'à présent, celle que j'ai donnée pour cause de la valeur, n'est que la conséquence immédiate de la limitation. L'abondance ne lui est point opposée. La rareté et l'abondance sont un seul et même phénomène, qui peut bien revêtir deux noms différents, sous un point de vue relatif et par comparaison, mais qui, au fond, et dans un sens scientifique et absolu, ne désigne et ne peut désigner autre chose qu'un seul et même fait : la limitation de certaines choses utiles et la conséquence inévitable de cette limitation : conséquence qui a un nom dans toutes les langues et que nous appelons en français la *rareté*.[68]

On conçoit maintenant pourquoi M. Garnier n'a vu dans la rareté qu'un phénomène accidentel. Il n'a considéré dans la rareté, que l'infériorité de l'offre réelle à la demande réelle, l'impossibilité de répondre par l'approvisionnement réel, à toutes les demandes qui sont faites avec l'offre d'un prix; tandis que la rareté, telle qu'il faut l'entendre, exprime, pour chaque espèce de biens limités, l'intériorité de l'offre absolue à la demande absolue, ou la disproportion que la nature a mise entre la somme d'une certaine utilité, et la somme des besoins qui en réclament la possession.

Mais ce qui prouve encore mieux que tout le reste que M. Garnier ne s'est pas fait une juste idée de la rareté, c'est ce qu'il dit des métaux précieux. Quoi qu'il ait présenté, à ce sujet, des considérations qui ne sont pas à dédaigner, et dont on peut tirer quelque parti, il est évident que ses réflexions perdent beaucoup à être exposées concurremment avec des principes faux ou obscurs.

« La rareté, dit M. Garnier, est un genre d'accident auquel ne peut être sujette une marchandise telle que l'or et l'argent. Pour qu'il y eût rareté de cette matière, il faudrait que le marché général en fût moins approvisionné qu'il ne doit l'être naturellement; il faudrait qu'on n'appliquât point à l'exploitation des mines toute la quantité de travail qu'on peut y appliquer avec profit. »[69]

Évidemment M. Garnier se trompe tout à fait sur la nature de la rareté. En pourrait-on douter encore, en le voyant affirmer que l'or et l'argent ne sont point rares ? Ils ne sont point rares, sans doute, de cette rareté excessive qui les ferait monter à une valeur beaucoup plus grande, qui les élèverait à des prix fous ; mais ils le sont cependant assez pour que tout le monde n'en ait pas à sa disposition autant qu'il en désire, et pour avoir une valeur telle quelle, ou pour ne pouvoir être cédés qu'en échange d'un autre bien, et d'un autre bien limité. Pour que l'or et l'argent fussent rares, il *faudrait*, dit M. Garnier, *que le marché général en fût moins approvisionne qu'il ne doit l'être naturellement, il faudrait qu'on n'appliquât point à l'exploitation des mines toute la quantité de travail qu'on peut y appliquer avec profit.* Mais qu'est-ce donc qu'un *approvisionnement naturel* ? M. Garnier aurait bien dû nous dire ce qu'il fallait entendre par cette expression ? Pour moi, je ne connais que deux espèces d'approvisionnements, aussi naturels l'un que l'autre : celui qui est formé par des biens illimités, et celui que donnent les biens limités. Le premier est un approvisionnement tel que tout le monde possède l'utilité dont il se compose, que chacun la possède à foison, et que personne ne peut jamais la désirer, au sens économique de cette expression. Le second est un approvisionnement tel que tout le monde ne peut pas jouir du bien limité, ou de l'utilité rare qu'il présente ; en sorte que ceux qui possèdent ce bien, ou cette utilité, en tirent avantage sur ceux qui ne la possèdent pas, et qu'ils s'en font payer la cession. Or, l'approvisionnement de l'or et de l'argent est un approvisionnement de ce dernier genre ; l'or et l'argent sont limités dans leur quantité ; et c'est-là ce qui les fait rares, ce qui leur donne de la valeur.

Auguste Walras

On aurait beau appliquer aux mines toute la quantité, de travail qu'on peut y appliquer avec profit, on aurait beau y appliquer toute la quantité de travail imaginable, l'or et l'argent n'en resteraient pas moins des choses rares ; et si la quantité d'or et d'argent qui existe dans les mines de l'Amérique, ou dans toute autre partie du monde, était le double, le quadruple, le vingtuple de ce qu'elle est, et si le travail des mines était rendu cent fois plus productif par la découverte et l'emploi de meilleures machines, l'or et l'argent seraient encore rares, non pas autant, à la vérité, qu'ils le sont aujourd'hui, mais ils le seraient encore assez pour que tout le monde n'en eût pas une quantité illimitée à sa disposition, pour que leur possession constituât encore un avantage pour leurs possesseurs, et pour qu'ils fussent doués d'une valeur quelconque.

Sans doute le marché peut être approvisionné d'or et d'argent, autant que l'exige la demande réelle, la demande qui est accompagnée d'une offre équivalente. Sans doute, il peut se faire qu'on ait appliqué à l'exploitation des mines tout le travail qu'on peut y appliquer avec profit. Mais encore une fois, il ne faut pas confondre la demande réelle, l'offre effective, avec la demande absolue, avec l'offre générale ; cette demande qui détermine le prix courant, avec cette autre demande qui produit et qui détermine la valeur considérée en elle-même, abstraction faite de l'échange dans lequel elle peut figurer pour telle ou telle somme. Voici la différence qui a échappé à M. Garnier, comme à Ricardo ; et c'est pour avoir confondu ces deux idées, et les deux phénomènes qu'elles représentent, que M. Garnier s'est fait une idée également fausse de la rareté et du principe fondamental de l'économie politique. On peut voir à présent, si c'est nous qui avons cédé à d'étroits préjugés, à des opinions de bas lieu, ou si c'est M. Garnier qui a prêté trop d'attention à des idées vulgaires, et qui s'est laissé surprendre et induire en erreur par des observations superficielles.

Chapitre XVIII

*Idée précise de la **rareté**. - la **richesse proprement dite est une grandeur appréciable**. - l'économie politique est une science mathématique. - de la nécessité d'une **unité de mesure de la valeur**, et de l'existence de cette unité, chez tous les peuples de l'univers et à toutes les époques de l'histoire. - distinction entre le **numéraire** et la **monnaie**.*

De tout ce que nous avons dit jusqu'à présent, on peut conclure, sans hésiter, que *l'utilité* et la *rareté* sont les deux conditions indispensables de la valeur; ou, pour mieux dire, l'utilité en est la condition, la rareté en est la cause. Aucun objet ne peut avoir de la valeur, s'il n'est utile et rare en même temps. Ce qui est utile, sans être rare, ne vaut rien ; ce qui est rare, mais inutile, ne vaut pas davantage, et ne mérite aucun prix. La *valeur,* en deux mots, c'est *l'utilité rare*.

Je n'insisterai pas plus longtemps sur ce principe qui me paraît être désormais à l'abri de toute contestation. Je crois avoir répondu à toutes les objections qu'on pourrait y faire. La discussion à laquelle je me suis livré, pour l'établir, nous a fait assez connaître d'ailleurs ce que c'est que l'utilité. On ne peut plus se tromper, je l'espère, sur ce qu'il faut entendre par ce dernier mot. Mais il n'en est peut-être pas de même relativement à la rareté ; et il ne sera pas inutile de revenir sur le phénomène que nous avons assigné pour cause efficiente à la richesse proprement dite. Qu'est-ce donc que la rareté, dans le langage économique, et dans le sens que nous lui avons attribué jusqu'à présent ? Évidemment, la rareté n'est et ne peut être autre chose que le rapport qui existe entre la somme des biens limités et la somme des besoins qui en réclament la jouissance. L'utilité est un rapport de *qualité ou* de nature. La rareté est un rapport de nombre ou de *quantité.* Telle est la différence caractéristique qui existe entre ces deux idées. Il suffit de les distinguer ainsi pour sentir et apprécier sur-le-champ les graves inconvénients qui ont dû résulter, et qui sont effectivement résultés de leur confusion. Voilà pourtant

Auguste Walras

la faute qu'ont commise la plupart des économistes modernes, depuis Adam Smith jusqu'à M. Say. Ils ne se sont pas aperçus que l'utilité pouvait et devait être considérée de deux manières, sous deux points de vue très-distincts, dans sa nature et dans sa quantité. C'était pourtant une différence assez facile à saisir. L'utilité résulte, comme je l'ai dit, de l'analogie qui existe entre nos besoins et les qualités des choses propres à les satisfaire. La rareté résulte, quant à elle, de la comparaison qui se fait ou du rapport qui s'établit, entre la *somme* des besoins et la *somme* des choses utiles.[70] Mais pour que ce rapport soit possible, il faut que les deux termes du rapport, le nombre des besoins, comme le nombre des choses utiles, soient des grandeurs déterminables ou appréciables, et par conséquent limitées. La somme des besoins est toujours dans ce dernier cas, puisqu'elle dépend du nombre des hommes, et que le nombre des hommes est une grandeur appréciable. Quant à la somme des choses utiles, il faut distinguer. Il y a des utilités dont on peut apprécier la somme ou la quantité ; il y en a dont on ne le peut point. Si les choses utiles sont illimitées, comme l'air respirable, ou la lumière du soleil, la rareté s'évanouit, ou, pour mieux dire, elle ne peut pas naître. Si les choses utiles sont limitées, au contraire, comme l'or, l'argent, les pierres précieuses, le pain, le vin, la laine, etc., alors il s'établit naturellement un rapport, et un rapport, appréciable, entre la quantité de ces choses utiles, et le nombre des hommes qui en désirent, ou qui en ont besoin ; et la rareté n'est autre chose que l'expression de ce rapport. Par où l'on voit que si le second terme l'emporte sur le premier ou réciproquement, la rareté devient plus ou moins grande, et l'on voit croître ou diminuer en même temps, la valeur qui en est la suite. C'est la rareté qui occasionne la demande et l'offre. On ne demande point ce que l'on possède abondamment ; on ne peut offrir à autrui ce dont il jouit aussi bien que nous. La limitation de certaines choses utiles est donc la cause et la cause unique de leur *valeur.* Cette limitation produit encore la *propriété* et le *monopole.* Elle rend possible *l'échange* et le *commerce* qui ne pourraient plus avoir aucun but, si toutes les utilités étaient naturellement et nécessairement infinies. La rareté n'exprime donc pas autre chose que le rapport qui existe entre la somme des biens limités, et la somme des besoins qui, pour se satisfaire, en sollicitent la possession. Or, ce rapport est un rapport, mathématique : c'est un rapport de nombre ou de quantité ; et, comme tel, il partage la condition et la nature de tous les rapports, qui sont sujets à varier avec les termes qui les constituent et qui augmentent ou diminuent, suivant que leurs antécédents et leurs conséquents augmentent ou diminuent les uns par rapport aux autres.

Il faut appliquer à la rareté la réflexion que j'ai déjà faite sur la richesse. J'ai dit que la richesse et la pauvreté, de même que la grandeur et la petitesse, n'étaient pas essentiellement opposées entr'elles, dans le langage scientifique. La pauvreté, ai-je dit, n'est qu'une moindre richesse, et la richesse proprement dite, n'est qu'une moindre pauvreté. La rareté, de même que la grandeur, de même que la richesse, en général, ne, doit pas s'entendre d'une manière relative, mais d'une manière absolue. Dans le langage ordinaire, la *rareté* a pour opposé *l'abondance;* mais dans le langage de la science, l'abondance et la rareté ne sont que deux mots différents, pour exprimer un seul et même phénomène. La rareté n'est qu'une moindre abondance, et l'abondance n'est qu'une moindre rareté. Ces deux idées expriment l'une et l'autre, et l'une aussi bien que l'autre, le rapport qui existe entre certains besoins, et la somme des biens limités qui leur sont corrélatifs. On comprendra facilement que ce rapport augmente ou diminue, suivant que les deux termes qui le Constituent augmentent ou diminuent l'un par rapport à l'autre ; mais une comparaison fera mieux sentir ce que c'est que la rareté.

Il n'y a personne qui puisse se tromper sur la nature de la *vitesse.* Tout le monde en a une idée claire et précise. On sait que la vitesse est un rapport entre l'espace parcouru par un mobile, et le teins employé à parcourir cet espace. On sait que la vitesse est en raison directe de l'espace, et en raison inverse du teins. Si l'espace augmente avec le teins, ou que le teins et l'espace diminuent l'un et l'autre, la vitesse reste la même. Mais si l'espace augmente, tandis que le teins reste le même, ou si le teins diminue tandis que l'espace

Auguste Walras

ne varie pas, la vitesse devient plus grande. Au contraire, si l'espace restant le même, le teins vient à augmenter, ou si l'espace diminue, tandis que le teins reste le même, on dit que la vitesse du mobile a diminué. Ce qui est vrai de la vitesse est également vrai de la rareté. La rareté est un rapport entre la somme des besoins et la somme des biens limités, et ce rapport est en raison directe des besoins, et en raison inverse de la quantité des biens. Si le nombre des besoins augmente avec la quantité des biens limités, ou si les besoins et les biens limités diminuent en même temps, la rareté restera la même. Mais augmentez le nombre des besoins, tandis que la quantité des choses utiles reste la même, vous augmentez la rareté. Diminuez la quantité des choses utiles, tandis que la somme des besoins reste la même, vous augmentez encore la rareté. Dans l'un et l'autre cas, vous augmentez la valeur qui en est la suite. Diminuez la somme des besoins, sans toucher à celle des biens limités, vous diminuez la rareté. Augmentez la somme des biens limités, sans augmenter celle des besoins, vous diminuez encore la rareté. Dans l'un et l'autre cas, vous diminuez la valeur des choses rares.

Ceci confirme parfaitement ce que j'ai déjà fait pressentir plus d'une fois, savoir : que la valeur est une chose susceptible de plus et de moins, et que la richesse proprement dite est une grandeur, et, ce qui est encore plus important, une grandeur appréciable. Aussi bien, personne n'ignore que la richesse se compte et se mesure, et que l'économie politique relève de l'arithmétique[71]. C'est par là qu'elle satisfait aux espérances des bons esprits qui se flattent, avec raison, de la voir un jour se placer au rang des sciences mathématiques, et arriver à la certitude qui distingue d'une manière si avantageuse cette importante branche de nos connaissances. En attendant, il est aisé de voir que la richesse, comme toutes les autres grandeurs appréciables, se soumet aux lois qui régissent les nombres, On compare des valeurs, comme on compare des lignes, des angles, des surfaces, etc., et ce sont les mêmes principes qui gouvernent toutes ces comparaisons.[72]

Chapitre XVIII

Au reste, quelque avantage que me paraisse offrir cette manière de considérer la science de la richesse, elle ne saurait avoir pour but de dissimuler les difficultés qu'elle présente, et les travaux qu'elle nécessite pour nous conduire à des résultats importants. Une assez belle tâche restera toujours offerte à ceux qui voudront s'occuper sérieusement du bien-être matériel des peuples et des particuliers. En élevant l'économie politique au rang des sciences exactes, on ne promet pas aux économistes plus de loisir ; et les questions qui peuvent se résoudre par des chiffres, ne perdent rien en importance et en difficulté. Elles laissent assez de place à l'observation et à la sagacité de ceux qui les abordent; car la difficulté n'est pas de savoir que six et six font douze ; elle, consiste ici, comme partout ailleurs, à reconnaître et à constater l'existence de six objets, d'une part, et de six objets, d'une autre part, qui forment, par leur réunion, douze objets de même nature. L'application des mathématiques aux différentes branches de la science naturelle, présuppose toujours des faits antérieurement connus qui ne peuvent être saisis et recueillis que par l'observation. Ainsi en est-il du phénomène de la rareté, comme de ceux de la chaleur et du mouvement, de la lumière et de la pesanteur.[73]

Ce doit être maintenant une chose fort simple que de se faire une juste idée de la richesse proprement dite, et du phénomène que nous avons appelé de ce nom. ÊTRE riche c'est posséder une valeur, et la valeur est cette qualité qui réside dans un objet utile et rare, et qui le rend égal à un autre objet qui a aussi son utilité et sa rareté. La valeur est une suite de la rareté et se mesure sur elle. Deux objets qui ont une valeur égale ne sont autre chose que deux objets utiles qui sont également rares. La valeur, dans un sens relatif, c'est l'égalité de rareté.

C'est un principe de la science des nombres que mesurer n'est autre chose que comparer, et que pour mesurer une grandeur quelconque, il faut avoir l'idée d'une grandeur déterminée de même espèce qu'elle, qui puisse nous servir de terme de comparaison. Ce

Auguste Walras

terme de comparaison s'appelle l'unité de mesure, et deux grandeurs de même espèce se rapprochent ou s'éloignent d'autant plus l'une de l'autre, que chacune d'elles contient l'unité de mesure un plus ou moins grand nombre de fois. Ainsi le mètre sert à mesurer les longueurs, l'hectare sert à mesurer les surfaces, le gramme sert à mesurer les poids, et c'est à l'aide du litre et de l'hectolitre qu'on évalue et qu'on compare les différentes capacités. Il suit de là que pour se faire une idée nette de la valeur, et pour appliquer Cette idée aux différents besoins de la vie économique, à la commodité des transactions dont elle se compose, il faut connaître l'unité à l'aide de laquelle on peut mesurer une valeur quelconque. Lorsque nous étudions les différentes grandeurs appréciables qui se présentent à nous dans la nature, nous en rencontrons quelquefois qui, se trouvant naturellement et rigoureusement déterminées, nous offrent des unités de mesure toutes formées. Ainsi, pour calculer le temps, ou pour apprécier la durée, nous avons les *jours* et les *années* qui sont, pour ainsi dire, des unités naturelles. Si nous voulons évaluer les longueurs, rien ne nous empêche d'emprunter aux dimensions de la planète que nous habitons ou de tout autre objet, une unité de mesure invariable, un terme de comparaison qui puisse se connaître et se retrouver partout et en tout temps. On sait que les principales unités de longueurs ont été longtemps empruntées aux dimensions du corps humain, et ce système, tout imparfait qu'il fût, ne laissait pas que d'être assez naturel. D'un autre côté, parmi les diverses grandeurs d'une même espèce, il y en a souvent certaines qui sont plus propres que les autres à fournir un terme de comparaison. Ainsi la *ligne droite*, par exemple, sert à mesurer toutes les autres lignes, le *carré* sort à mesurer toutes les surfaces, et c'est par le moyen du *cube* qu'on évalue la solidité de tous les corps. Mais nous n'avons pas toujours cet avantage ; et nous sommes souvent obligés de prendre, pour termes de comparaison, des grandeurs, et, parmi ces grandeurs, des quantités tout à fait arbitraires. Ainsi, pour apprécier la pesanteur, on a choisi l'eau comme étant la substance la plus répandue ; et pour déterminer l'unité de poids, on a pris un centimètre cube d'eau distillée, à son maximum de densité ou à quatre degrés de température au-dessus de zéro. Ainsi, encore, pour évaluer la longueur, quoique la ligne droite s'offre naturellement à servir de mesure commune à toutes les lignes, il n'en reste pas moins à déterminer la longueur ou la ligne droite qui servira précisément de terme de comparaison, ou d'unité métrique; et pour comparer des surfaces, quoiqu'on soit convenu de les évaluer en carrés, il n'en faut Pas moins déterminer la surface carrée qui servira de terme de comparaison. Or, c'est ici, comme chacun sait, que s'ouvre le champ de l'arbitraire, et que le caprice de chaque peuple et de chaque province, pour ne pas dire de chaque ville, varie et multiplie les unités de mesure. Les dimensions du corps humain ne sont pas les mêmes chez tous les individus. Le *pied,* le pas, la *palme,* la *coudée* ont eu différentes longueurs. Le pied anglais diffère encore du pied de France. Ici c'est *l'aune,* là c'est la *verge,* plus loin c'est la *vare ou* telle autre unité, qui sert à mesurer les longueurs ou à les comparer entr'elles. Les distances géographiques se calculent tantôt en *lieues,* tantôt en *milles.* Pour évaluer les superficies, les uns emploient *l'acre,* d'autres *l'arpent,* etc. Autrefois nous comptions les poids par *livres, mares, onces,* etc., aujourd'hui nous employons le *gramme* et ses subdivisions.

Lorsqu'il s'est agi d'apprécier la richesse proprement dite, ou de mesurer la valeur, on a choisi pour terme de comparaison la valeur des métaux en général, et plus particulièrement, celle de *l'argent.* C'est à la valeur de l'argent qu'on a comparé la valeur de toutes les autres utilités rares qui composent la richesse proprement dite. Le choix de cette substance n'a point été arbitraire, il s'en faut bien. Il a son fondement dans des faits naturels indestructibles, et c'est, sans contredit, à l'économie politique qu'il appartient de signaler ces faits. Mais ce n'est pas ici que je puis me livrer à de pareilles recherches.[74] Elles m'entraîneraient trop loin des bornes que je veux donner à cet essai. Contentons-nous en ce moment de remarquer que, comme la pesanteur de l'eau sert à mesurer ou à comparer le poids de tous les autres corps, la valeur de l'argent sert à mesurer ou à comparer la valeur de toutes les autres utilités rares. Quant à la quantité déterminée d'argent qui forme le terme de comparaison, on comprendra facilement qu'il a dû y avoir beaucoup d'arbitraire

Auguste Walras

dans le choix de cette quantité, qu'elle a pu varier avec les temps et avec les lieux; et de fait elle a beaucoup varié. L'histoire de ces variations formerait peut-être plusieurs volumes. Quoiqu'il en soit, on peut facilement se rappeler quelques-unes des unités qui ont été employées à différentes époques, et en divers pays, pour mesurer la *valeur ou* pour calculer la *richesse*. La *drachme* et le *talent*, chez les Athéniens; l'as et le *sesterce*, chez les Romains; la *livre tournois*, chez les Français, il y a quarante ans ; la *livre sterling*, chez les Anglais; le *rouble*, en Russie; le réal, en Espagne, étaient ou sont encore autant d'unités de mesure de la valeur, autant de termes de comparaison destinés à appliquer l'arithmétique à l'économie politique, ou à calculer la richesse.

Le *franc* est aujourd'hui, chez nous, l'unité de mesure de la valeur; et toute la valeur est d'autant plus grande, qu'elle contient un plus grand nombre de francs. Un objet qui vaut *dix* francs, représente une valeur double de celui qui en vaut *cinq,* et une valeur moitié moindre que celui qui en vaut *vingt*. Une maison de *cent mille francs,* représente une valeur cinq fois plus grande qu'une maison de vingt *mille francs* ; et la possession de la première constitue, pour celui qui en est investi, une richesse cinq fois plus grande que la richesse de celui qui possède la seconde. Enfin un hôtel de *cent mille francs,* et un domaine de *cent mille francs,* sont deux valeurs égales, et constituent, pour leurs propriétaires respectifs, une richesse absolument pareille pour chacun d'eux.

L'argent est l'utilité rare dont la valeur sert à mesurer toutes les autres ; et le franc est, comme on le voit, la quantité précise de cette substance employée comme unité métrique. Or deux quantités de métal ne peuvent se comparer entr'elles que sous le rapport de leur poids. Il suit de cette considération que le franc, ou toute autre unité de mesure de la valeur, n'est et ne peut être autre chose qu'un certain poids déterminé d'argent à un titre déterminé. Aussi le franc, comme personne ne l'ignore, est-il égal à cinq grammes d'argent à neuf dixièmes de fin, ou à quatre grammes et demie d'argent pur.

Chapitre XVIII

Tout le monde sait que l'argent s'appelle tantôt la *monnaie, et* tantôt le numéraire. Cette double dénomination répond aux deux caractères que présente ce précieux métal, au double rôle qu'il remplit dans l'histoire de la richesse. Les fonctions de l'argent considéré comme *monnaie* ou comme *numéraire, n'ont* rien d'arbitraire ou de conventionnel. Elles sont un effet naturel et nécessaire des propriétés qui le caractérisent, et qui le distinguent de tous les autres biens limités, et personne ne doute que ces propriétés ne méritent un examen sérieux et attentif. On ne peut pas reprocher aux économistes d'avoir complètement négligé leur tâche à ce sujet ; mais on pourrait, je crois, les accuser de n'en avoir guère rempli que la moitié. Ils n'ont pas mis assez de soin à distinguer la monnaie du *numéraire;* et la plupart d'entr'eux ont confondu ces deux fonctions diverses de l'argent. Ils ont bien vu dans ce métal, la monnaie naturelle, ou l'intermédiaire de l'échange; mais voilà tout. Du numéraire, il n'en est pas question ; et cela ne doit pas trop nous surprendre ; car les économistes s'étant mépris sur la nature de la richesse, et n'ayant pas vu que la valeur était une grandeur appréciable, ils n'avaient aucune raison de signaler l'importance de l'argent, comme ayant une valeur qui sert de terme de comparaison à toutes les autres. Autant la théorie de la monnaie a fait de rapides progrès, autant celle du numéraire est restée en arrière ; et cependant cette dernière fonction de l'argent est aussi importante que l'autre, et repose sur des propriétés tout aussi remarquables. Il est évident que si la monnaie favorise les échanges, le numéraire est destiné à favoriser l'évaluation des valeurs, à faciliter leur comparaison. On pourrait peut-être à la rigueur se passer de monnaie ; on y suppléerait par des échanges en nature ; mais on ne peut, dans aucun cas, se passer du numéraire, ou, pour mieux dire, de l'unité qui sert à compter la valeur et à l'apprécier.

« Les Mandingues, peuple d'Afrique, dit M. Massias, font leur commerce avec la poudre d'or ; à défaut d'une unité monétaire palpable et réelle, ils en ont inventé une abstraite et purement nominale, qu'ils nomment *macule.* Ils font, dans leurs échanges, ce que nous faisons quelquefois dans les nôtres, lorsque l'argent n'en est

Auguste Walras

point l'intermédiaire. - Votre cheval me fait plaisir ; voulez-vous me le donner en retour de cette montre de Bréguet ? - Mon cheval vaut *mille francs*. Allez chez Bréguet, et vous verrez que vous n'aurez pas de montre pareille à la mienne pour moins de *mille francs*. - Ce tas de poudre d'or vaut vingt *macules*. - *Cette* esclave en vaut précisément autant. - Le double marché est conclu à l'aide d'un terme de comparaison abstrait, et en l'absence de tout signe monétaire [1]. »

On voit, par cette citation, que le sentiment de l'importance de l'argent considéré comme numéraire, n'a pas tout à fait manqué aux économistes. Ce sentiment se révèle encore dans plusieurs autres faits qui viennent à l'appui de mon opinion. Ainsi, par exemple, il y a longtemps qu'on a distingué la *monnaie réelle* de la *monnaie de compte*, et l'on a eu raison ; car cette distinction est très-importante. Si ces deux objets paraissent se confondre, à cause d'une dénomination commune, ils n'en expriment pas moins des objets différents. La *monnaie réelle* est une espèce de valeur, une sorte de marchandise qui facilite les échanges, et c'est à l'économie politique qu'il appartient d'en indiquer la raison. Quant à la *monnaie de compte*, ce n'est point un objet matériel, c'est un objet purement idéal. Ce n'est pas autre chose, en un mot, que la systématisation des unités de compte, des expressions numériques, ou, si l'on veut, des termes de comparaison employés pour mesurer la valeur; et ceci prouve encore une fois ce que nous avons déjà dit, que la valeur est une grandeur appréciable, et que l'économie politique est une science mathématique. Tous les peuples civilisés ont eu leur monnaie réelle. Ils ont tous eu aussi leur monnaie de compte. Si l'on a pu quelquefois se méprendre sur la différence caractéristique qui existe entre ces deux objets, c'est uniquement parce que le second étant de sa nature idéal et incorporel, se réalise et s'incorpore dans le premier. Et, en effet, les unités de compte se produisent sous une forme matérielle dans la monnaie. Mais le système de numération employé pour calculer la valeur, n'en reste pas moins indépendant de la monnaie réelle, et des transformations qu'elle peut recevoir. Ce n'est pas ici le moment de nous occuper de la monnaie réelle, de ce qu'on pourrait appeler

1 *Rapport de la nature à l'homme et de l'homme à la nature, t. III, p. 235.*

Chapitre XVIII

exclusivement la *monnaie, ou* du rôle que joue l'argent considéré comme l'intermédiaire du plus grand nombre des échanges ; mais c'était ici qu'il convenait de se faire une juste idée de la monnaie de compte, ou du numéraire, c'est-à-dire, de cette partie du système métrique qui a pour objet de comparer les valeurs, ou d'apprécier les richesses.

« Le système monétaire de tous les peuples, dit M. Garnier, se compose de deux parties qui sont liées entre elles par un rapport nécessaire, mais qui néanmoins sont d'une nature essentiellement différente. La partie *matérielle* du système comprend les monnaies réelles, c'est-à-dire, les pièces de métal au moyen desquelles s'effectuent les achats et les paiements. La partie *idéale* consiste dans les monnaies de compte, qui, comme toutes les quantités arithmétiques, n'existent que dans la pensée, et servent uniquement à apprécier les valeurs et à régler le montant des comptes. Les monnaies réelles ne sont autre chose que des meubles ou des instruments, sujets à s'user et à s'altérer en peu de teins, à cause du fréquent service auquel ils sont destinés, et qui, par cette raison, doivent être souvent renouvelés. Ces meubles peuvent changer dans leur forme, dans leur dénomination et même dans leur valeur individuelle, sans que ces changements apportent le moindre dérangement dans les transactions habituelles de la société, ou dans les conventions et engagements déjà arrêtés entre les citoyens. Quant à la monnaie idéale qui n'a point de forme, puisqu'elle est incorporelle, c'est une des institutions auxquelles le peuple demeure le plus fortement attaché par une longue habitude. Sa dénomination reste la même pendant la durée des siècles, et il n'y a que de graves considérations ou de grands événements politiques qui puissent y amener quelque variation. »

« Cette distinction sera encore plus sensible en l'appliquant à notre propre législation monétaire. La livre de compte instituée par Charlemagne, et qui ne fut jamais représentée par une pièce de monnaie réelle, a conservé sa dénomination, ainsi que ses divisions en sous et deniers, jusques à la fin du XVIIIe siècle, tandis que nos monnaies réelles dans les trois métaux, ont varié à l'infini de nom, de forme et de valeur, non seulement à chaque changement de prince, mais même plusieurs fois sous le même règne. La valeur de la livre a subi, il est vrai, d'énormes diminutions; puisque, à l'époque de sa première institution, elle exprimait un poids d'argent de douze onces, et que, sur la fin de son existence, elle n'indiquait plus qu'un poids d'environ quatre-vingt-dix grains du même métal. Ces altérations successivement opérées dans le cours de dix siècles, ont presque anéanti les contrats dont la valeur avait été appréciée en monnaie de compte, et elles se font remarquer dans notre histoire comme de déplorables vestiges de l'abus du pouvoir [1]. »

« La masse totale de la monnaie réelle, dit encore le même auteur, a pour limites nécessaires les besoins de la circulation ; comme toute machine, elle a un volume proportionné à l'étendue du service qu'elle est destinée à remplir. La monnaie de compte est une mesure idéale qui n'a pas plus de bornes que la pensée. On emploie cette mesure pour exprimer toute espèce de richesse, lorsque celle-ci n'est considérée que sous le rapport de sa valeur d'échange. On dit de tel marchand qu'il possède un million, quoique toute sa fortune réside dans ses magasins, et qu'il n'ait peut-être pas, en nature de monnaie, la centième partie de cette somme. C'est une expression abrégée pour dire que si toutes les valeurs dont il dispose étaient échangées contre de la monnaie d'argent, elles seraient représentées par un million de livres de compte. Tous les revenus publics et privés, toutes les dépenses S'expriment dans cette langue de convention ; les comptes de valeurs, sous quelque forme que ces valeurs existent, sont réglés d'après la même formule ; en sorte qu'il n'y a pas un seul article dans la masse des choses consommables qui ne soit plusieurs fois converti par la pensée en monnaie de compte, tandis que, comparée à cette masse, la somme totale du numéraire effectif est au plus dans le rapport de un à dix. Ce rapport est d'autant plus faible que le pays est plus riche, plus industrieux, plus commerçant, et que

---

[1] Mémoires sur la valeur des monnaies de compte chez les peuples de l'antiquité, premier mémoire, pp. 2 et 3.

le crédit public et particulier y est fondé sur une législation plus sage et sur des institutions politiques plus solides et mieux affermies [1] »

Ces réflexions sont parfaitement justes ; elles expriment très-bien la différence qui existe, et que j'ai voulu signaler dans ce chapitre, entre deux choses essentiellement distinctes, la *monnaie réelle* et la *monnaie de compte, ou, si* l'on aime mieux, la *monnaie* proprement dite et le *numéraire*, c'est-à-dire, la marchandise employée pour faciliter les échanges, et l'utilité rare dont la valeur sert de ternie de comparaison pour mesurer toutes les autres valeurs. Sans doute, c'est l'argent qui est en même temps la monnaie et le numéraire ; c'est toujours le même métal qui joue ces deux rôles : mais ces deux rôles sont différents, et chacun d'eux se fond, si je ne me trompe, sur des propriétés d'un ordre différent. La *monnaie* proprement dite est une marchandise, marchandise qui se distingue des autres, il est vrai, par un caractère particulier; et c'est à l'économie politique, sans contredit, qu'il appartient de déterminer ce caractère ; mais enfin c'est une marchandise ; c'est une espèce de valeur ou d'utilité rare qui sert d'intermédiaire à la plupart des échanges; c'est quelque chose de matériel et de palpable qui a des bornes dans sa quantité, et qui, par cela même, jouit d'une valeur particulière. Quant à la monnaie de compte, elle est idéale de sa nature, elle ne présente pas autre chose qu'une série illimitée d'unités, ou de termes numériques, pour exprimer les valeurs et pour les comparer entr'elles. Seulement faut-il reconnaître que ces unités sont quelquefois rendues palpables dans les pièces de monnaie auxquelles on donne la valeur de l'unité numérique. Mais il arrive souvent que la monnaie réelle ou la monnaie matérielle, ne représente pas exactement l'unité de compte de la valeur ; et cela fait d'autant mieux ressortir la différence qui existe entre deux objets qu'on a trop souvent et trop longtemps confondus.[75]

---

[1] Histoire de la monnaie, t. 1er, p. 77.

Auguste Walras

Chapitre XIX

De la population et du marché. - distinction *entre l'influence
de la* richesse absolue *sur la population, et l'influence de la*
population sur la richesse relative. - du marché *considéré comme
une troisième expression de la limitation ou de la rareté.*

Les conséquences que l'on peut déduire des principes que j'ai
émis et développés jusqu'à présent, ne se bornent pas à ce que j'ai
dit, dans le chapitre XVIII. On voit encore, par tout ce qui précède,
comment la théorie de la population se rapporte à la théorie de la
richesse, et comment elle a pu former une branche importante de
l'économie politique. Puisque la richesse proprement dite, consiste
dans la possession d'une valeur, puisque la valeur vient de la rareté,
et que la rareté n'est autre chose que le rapport de quantité qui existe
entre la somme des biens limités, et la somme des besoins qui en
réclament la possession, il s'ensuit que l'idée de la richesse implique
l'idée de la population, et que le nombre des hommes exerce une
influence directe sur la valeur. Et, en effet, ce sont les hommes
qui éprouvent les divers besoins auxquels les utilités rares sont
corrélatives. Le nombre des hommes constitue la population. Plus
la population est nombreuse, plus les besoins sont abondants ; plus
les besoins sont abondants, plus les biens limités deviennent rares ;
plus ces derniers biens sont rares, plus ils ont de valeur. Au contraire,
si le nombre des hommes diminue, la somme des biens limités
restant la même, la rareté diminue avec lui, et la valeur s'affaiblit
du même coup. En résumé, on voit qu'il y a un rapport nécessaire
entre la population et la richesse, et que ce dernier mot ne peut pas
s'entendre, en économie politique, d'une manière absolue, mais
qu'il faut lui donner une acception essentiellement relative. Un bien
limité aura d'autant plus de valeur qu'il sera sollicité par un plus grand
nombre de besoins ; et comme les besoins résident dans l'humanité,
il s'ensuit que plus la population est nombreuse, et plus les utilités
rares augmentent de valeur ; il s'ensuit aussi que plus les hommes
sont nombreux, et plus il leur faut des biens rares ou des valeurs
pour satisfaire à leurs divers besoins. Vingt millions d'hommes sont

plus riches, avec trois milliards de francs, que quarante millions d'hommes ne le seraient avec quatre ou cinq milliards, parce que la population doublant, il faudrait, pour que sa richesse se maintînt au même point, que la somme des valeurs qu'elle possède doublât en même temps, et s'élevât à six milliards. Un homme qui possède dix mille livres de rentes, et qui vit seul, est évidemment quatre fois plus riche que celui qui n'en possède que cinq, et qui est obligé de nourrir et d'entretenir ou sa femme ou sa mère, ou son père ou son fils. Le nombre des consommateurs étant double dans le second cas, il faudrait, pour qu'il y eût égalité, que leur fortune s'élevât au double de ce que possède le premier individu, ou au quadruple de ce qu'elle est actuellement.

Ce n'est pas qu'il n'y ait d'importantes considérations à faire valoir, sur le bonheur dont jouissent les hommes réunis en société, relativement à la distribution des richesses ou des valeurs. Vingt millions d'hommes qui possèdent quatre milliards, et parmi lesquels cette richesse se trouve partagée en parties à peu près égales, peuvent être regardés comme plus heureux que ne le seraient vingt millions d'hommes, avec cinq ou six milliards, si l'on suppose que cette fortune se trouvât partagée entr'eux, de manière qu'un petit nombre d'individus en possédât la majeure partie, et que le reste fût distribué entre la masse des citoyens, par portions infiniment petites. Mais ce n'est pas là la question que je me propose d'agiter ou de soulever en ce moment. Je ne m'occupe point, quant-à-présent, de la distribution même de la richesse, ou de la manière dont elle se partage entre tous les hommes de l'univers, ou entre tous les membres d'une communauté civile ou politique. Je considère la richesse en elle-même, dans la valeur qui la caractérise, abstraction faite de la propriété et de tous les effets moraux qui en résultent; et, dans ce sens, il est évident qu'un certain nombre d'hommes pris en masse sont d'autant plus riches qu'ils possèdent une plus grande somme de valeurs, et que la valeur d'un objet est d'autant plus grande que la possession ou la jouissance de cet objet est sollicitée par un plus grand nombre d'hommes ou de besoins [1].

1 *Note de J.-B. Say* : Comment, Monsieur, les hommes qui sollicitent les choses sont

Auguste Walras

Le rapport qui existe entre la théorie de la richesse et la population, est encore une idée qui n'a point échappé à la sagacité des économistes. Il en est très peu parmi eux qui aient oublié de signaler ce rapport, et qui n'aient pas employé des efforts plus ou moins heureux à le caractériser et à le préciser. Mais il me semble qu'ils se sont généralement trompés dans la position même du rapport, qu'ils en ont renversé les termes, ou, pour mieux dire, ils ont consacré leurs efforts à l'étude et au développement d'un rapport bien différent de celui que je veux établir en ce moment; et la chose est d'autant moins étonnante, que les économistes ayant ignoré jusqu'à présent la véritable nature de la richesse, ou du moins le caractère naturel de celle qui fait l'objet de l'économie politique, la confusion de leurs idées sur ce point si essentiel et véritablement fondamental, a dû se faire ressentir dans toutes les parties de la science.

Nous avons vu qu'il y avait deux espèces de richesse, l'une que l'on peut appeler la *richesse absolue,* et l'autre la *richesse relative.* La première consiste dans la possession des choses *utiles,* et la seconde dans la possession des *valeurs.* Celle-ci est la seule dont s'occupe l'économie politique ; elle a sa source dans la rareté, et l'utilité n'y figure que comme condition. Or c'est ici que les économistes ont fait erreur. Ils ont placé la richesse dans la possession de ce qui est utile, et, par cela même, ils se sont mis dans l'impossibilité d'apercevoir et de signaler le rapport que je viens d'établir entre la valeur et la population. Et, en effet, le nombre des hommes ne fait rien à l'utilité. En faisant consister la richesse proprement dite dans la possession de ce qui est utile, les économistes ne pouvaient faire autre chose que constater l'influence de l'utilité sur le nombre des hommes, autrement dit sur la population, et c'est aussi ce qu'ils ont fait. Tous les économistes se sont aperçus que la richesse, entendue comme ils l'entendaient, c'est-à-dire, la somme des choses utiles avait une influence sur la population ; et, après quelques tâtonnements, et au milieu de quelques contradictions, ils sont arrivés à ce principe que la population se proportionne à la somme des productions, ou à la

moins riches que ceux qui les obtiennent ! Ils deviendraient donc plus pauvres à mesure qu'ils pourraient satisfaire leurs désirs..

Chapitre XIX

somme des choses utiles dont les hommes se servent pour satisfaire à leurs divers besoins. La question envisagée sous ce point de vue, a réuni presque tous les suffrages ; et la théorie de la population, telle qu'on l'a considérée jusqu'à présent, est peut-être une des parties de l'économie politique où l'on trouve le moins d'imperfection, où il règne le plus d'accord parmi les écrivains.[76] Mais ce n'est pas de cette manière que je veux la considérer ici, et le rapport que je signale en ce moment me paraît avoir échappé à l'observation des économistes. Et, en effet, je ne prétends pas dire que la population se proportionne ou non à la somme des choses utiles, à la somme des productions, en général, ou à celle des subsistances, en particulier ; c'est une question sur laquelle je ne veux ni ne puis me prononcer ici. Ce que je vise à constater en ce moment, c'est que la valeur d'un objet se proportionne en même teins à la somme ou à la quantité de cet objet lui-même, et à la somme des besoins qui le réclament, ou au nombre des hommes dans lesquels il est évident que résident ces besoins. La rareté d'un objet, et la valeur qui en dérive, ne sont autre chose que la suite d'un rapport ou le rapport lui-même qui s'établit entre deux quantités, savoir : la somme des biens limités d'une part, et, d'une autre part, la somme des besoins qui en sollicitent la possession. Or, comme les besoins sont dans l'humanité, et dans l'humanité seule, il s'ensuit que le nombre des hommes exerce une influence directe sur la rareté et sur la valeur qui en est la suite. Sans doute, il existe ou il peut exister un nombre d'hommes d'autant plus grand, qu'il existe un plus grand nombre de choses propres à les faire subsister. Mais aussi, et à moins que je ne me sois trompé jusqu'à présent sur la nature de la richesse proprement dite, et sur l'origine de la valeur, il faut reconnaître que les biens limités dans leur quantité deviennent rares, en raison du nombre des hommes qui les réclament; en sorte que si la *richesse absolue* a une influence sur la population, la population a aussi une influence, et une influence incontestable, sur la *richesse relative*, ou sur la valeur qui la constitue ; car la valeur d'une chose est d'autant plus grande que cette chose est plus demandée. Or, encore une fois, ce sont les hommes qui demandent. Il y a donc d'autant plus de valeur, pour chaque chose, qu'il y a plus de besoins qui la réclament, et que la chose propre à satisfaire ces besoins existe

Auguste Walras

en moindre quantité. Et, au contraire, les choses ont d'autant moins de valeur qu'elles existent en plus grande quantité, et que le nombre des besoins qui les réclament est plus petit. La rareté et la valeur se mesurent d'après le nombre des choses qui sont rares, et d'après le nombre des hommes qui en ont besoin. Il ne faut jamais perdre cela de vue ; et c'est en considérant les choses de cette manière, qu'on se convaincra facilement que la population, ou le nombre des hommes, joue, dans la théorie de la richesse, un rôle plus capital et plus essentiel que celui qu'on lui a attribué jusqu'à présent. La population, telle que je l'entends ici, est une idée qui entre dans la conception même de la richesse proprement dite, et sans laquelle on ne peut définir et déterminer ni la valeur qui la caractérise ni la rareté qui la produit, tandis que la manière dont on l'a envisagée jusqu'à présent ne donne qu'un rapport secondaire et accessoire. Les économistes ont bien parlé de l'influence de la *richesse absolue* sur la population ; mais ils n'ont rien dit de l'influence de la population sur la *richesse relative*.

Cette nouvelle manière de considérer la population, et son influence sur la richesse proprement dite, jointe à ce que nous avons dit plus haut de la valeur, et de l'inconvénient qu'elle présente, économiquement parlant, ne fera que mieux sentir l'erreur qu'ont commise ceux d'entre les économistes qui ont demandé aveuglément qu'on encourageât la population, et qui ont considéré l'augmentation des hommes comme un bien absolu. L'accroissement de la population ne peut être un bien, que lorsque la richesse augmente dans la même proportion. S'il arrive que la richesse ne puisse plus augmenter, il est évident que l'augmentation de la population ne ferait qu'accroître la misère et le dénuement des hommes qui ne sont pas déjà très riches, ou qui n'ont pas tout ce qui leur est nécessaire pour satisfaire à leurs divers besoins.

Et cependant, il faut tout dire ; l'humanité joue un double rôle dans l'histoire de la richesse. Si nous consommons des choses rares et précieuses, nous en produisons aussi. L'homme n'est pas seulement soumis à des besoins, qu'il faut qu'il satisfasse, il possède aussi des moyens, des facultés puissantes, qui concourent, pour une grande part, à la création ou à la production de la richesse. Il suit de là que si l'augmentation des hommes, considérés comme consommateurs, est nuisible au bien-être et à l'aisance de tous et de chacun, l'augmentation du nombre de ces mêmes hommes peut devenir un bien, lorsqu'on les considère comme producteurs. Pourvu que la production balance la consommation, il n'y a donc pas de perte de notre part. La situation d'un peuple ou d'une famille ne saurait empirer qu'au moment où sa consommation l'emporterait sur sa production. Mais si la production surpasse la consommation, oh ! alors, notre situation s'améliore visiblement ; et il serait très-difficile de comprendre comment il s'est trouvé plusieurs économistes qui n'ont pas cru devoir approuver cette dernière idée, si la doctrine qu'ils ont soutenue à ce sujet ne trouvait pas son explication naturelle dans les fausses idées qu'ils s'étaient faites sur la valeur et sur son origine, sur la richesse proprement dite et sur le véritable objet de l'économie politique. Mais ce n'est pas ici le lieu de discuter les opinions diverses qu'on a émises sur la production, et de nous jeter à travers la longue polémique qu'elles ont engendrée.[77]

La population ou le nombre des hommes qui existent dans un certain lieu, d'une part, et le nombre des utilités rares, qui s'offrent, dans le même lieu, d'autre part, donnent et constituent le *marché* ; et telle est maintenant l'idée que nous sommes conduits à définir et à analyser. J'appelle *marché* le lieu où se rencontrent des vendeurs et des acheteurs, autrement dit des échangistes, c'est-à-dire, le lieu où il se trouve, d'un côté, des hommes ayant des besoins, et, d'un autre côté, des utilités rares propres à satisfaire ces besoins. La propriété fruit de la limitation, et le monopole qui est la suite de la propriété, sont cause que les utilités rares ne peuvent, tomber dans la possession de ceux qui les désirent, que par le moyen d'un échange qui contient en même temps une vente et un, achat; et tout le monde sait que les valeurs ainsi offertes et demandées, et par suite vendues et achetées, autrement dit échangées, prennent le nom de *marchandises*. Le nom de *marchandises* convient à toutes les valeurs que le propriétaire ne veut pas consommer lui-même, dont il ne veut

Auguste Walras

pas se servir pour son propre usage, mais qu'il veut échanger contre des valeurs égales qui lui sont personnellement plus nécessaires ou plus utiles. L'échange implique la propriété, et cette dernière circonstance ne peut que compliquer l'idée qu'on doit se faire du marché, et qu'on s'en fait réellement. Mais en faisant abstraction de la propriété, du monopole et de leurs conséquences, au nombre desquelles il faut placer l'échange en premier lieu, il est évident que l'idée du *marché* ne contiendra plus, d'une part, que le nombre des besoins, ou le nombre des hommes en qui résident ces besoins ; et, d'une autre part, le nombre des biens limités ou des utilités rares propres à les satisfaire.

Or l'idée du marché ainsi considérée, en la dépouillant de ses accessoires, équivaut de tout point à ce que j'ai appelé jusqu'à présent la rareté, ou la limitation dans la quantité de certains biens. En recherchant l'origine de la valeur, j'ai dû faire abstraction de la propriété et de ses conséquences, et m'attacher aux faits primitifs, essentiels, et par conséquent aux termes les plus généraux. Le mot *rareté* n'est pas d'ailleurs de mon invention, et je l'ai puisé dans la langue commune, comme j'ai cherché à prendre mes idées dans le sens commun. Or, comment ai-je défini la rareté ? J'ai dit que cette idée exprimait un rapport de quantité. Elle nous montre, d'un côté, un certain nombre d'hommes qui ont des besoins, et, d'un autre côté, un certain nombre de choses limitées, propres à satisfaire ces besoins. La rareté résulte de la comparaison qui s'établit entre la somme des besoins, et la somme des utilités limitées ; et suivant que ces deux nombres augmentent ou diminuent, l'un par rapport à l'autre, la rareté devient plus ou moins grande. Elle est en rapport direct avec le nombre des besoins, et en rapport inverse avec le nombre des choses utiles. Là est l'origine de la valeur, ou de cette qualité qui fait que certaines choses s'achètent, c'est-à-dire, qu'elles s'obtiennent par un sacrifice, et par un sacrifice égal à l'acquisition qu'on veut faire, à l'avantage qu'on veut se procurer.

Mais les utilités rares et les besoins qui les réclament ne planent pas dans les airs, ne se perdent pas dans l'espace. Les hommes couvrent la terre, et les utilités rares croissent autour d'eux. C'est toujours dans un certain lieu qu'on trouve une telle quantité d'hommes, et une telle quantité de biens limités. Ainsi la rareté se manifeste, s'applique et se détermine ; et c'est toujours dans un lieu donné que se réalise cette disproportion très-remarquable que nous avons signalée, et que le sens commun a signalée depuis longtemps, entre la somme de certains biens et la somme des besoins qui en sollicitent la possession. Or, encore une fois, le lieu où se manifeste cette disproportion, s'appelle le *marché;* non que l'idée du marché soit tout entière dans cette disproportion ; car, je le répète, l'idée du marché embrasse d'autres éléments ; elle implique l'idée de la vente et de l'achat, autrement dit l'idée de l'échange, et par conséquent elle suppose la propriété et le monopole, et toutes les idées qui dérivent, dans l'ordre moral et social, du fait fondamental et général de la limitation de certains biens ; mais, je le répète, faites abstraction de la propriété et de ses conséquences, ôtez l'échange et le monopole, ne regardez plus que des chiffres ou des quantités : voyez, d'une part, un nombre donné d'hommes et par conséquent de besoins, et, d'une autre part, un nombre donné de choses utiles et limitées, l'idée du marché ainsi tronquée ou dépouillée, ne vous présentera pas autre chose qu'une idée entièrement adéquate à la rareté, à la rareté se réalisant dans un certain temps et dans un certain lieu, pour un certain pays et pour une certaine époque.

J'avais besoin d'analyser ainsi l'idée du *marché,* et de m'en rendre à moi-même le compte que je viens de soumettre aux yeux de mes lecteurs, pour comprendre la doctrine de M. Ganilh, ou, pour mieux dire, cette partie de sa doctrine où il dit que la richesse dérive du marché.[78] Si l'on veut entendre par le marche le rapport qui résulte de la comparaison qui se fait entre la somme des besoins et la somme des biens limités, cette idée, je le répète, ne comprendra pas autre chose que ce que j'ai déjà exprimé tant de fois par le mot *rareté* ; et si c'est ainsi que M. Ganilh a prétendu envisager le marché, sa doctrine est de la plus exacte vérité. Je me plais à lui rendre hommage sur ce point; et je m'estime fort heureux de rencontrer,

Auguste Walras

chez cet auteur, des principes qui s'accordent au fond avec les miens. Je reprocherai cependant à M. Ganilh de n'avoir pas exprimé son opinion d'une manière assez claire et assez précise pour que personne ne pût s'y méprendre. Je lui reprocherai surtout d'avoir placé dans l'utilité l'origine de la valeur, après avoir fait dériver la richesse du marché. Certainement il y a contradiction entre ces deux principes ; et je ne connais rien de pire, dans un ouvrage scientifique, que les propositions contradictoires. En trahissant l'embarras et l'incertitude de l'auteur, elles jettent, dans l'esprit du lecteur, une obscurité profonde, beaucoup plus propre à l'égarer qu'à l'instruire, et une sorte d'anxiété dont il ne peut se délivrer que par les plus grands efforts.

Chapitre XIX

Chapitre XX

En quel sens il est vrai de dire que la valeur augmente avec l'étendue du marché. - qu'il y a toujours deux quantités à considérer dans l'appréciation de la rareté et de la valeur qui en est la suite.

L'idée du *marché* ne se prend pas toujours dans un sens aussi étendu et aussi complet que je l'ai fait dans le chapitre précédent. Tout en faisant abstraction de la propriété et de ses conséquences, de l'échange et de ses résultats, j'ai conservé dans l'idée du marché deux éléments qui m'en paraissent inséparables ; je veux dire le nombre des hommes, d'une part, et d'une autre part, la somme des biens limités ou des marchandises. Il faut absolument entendre le marché comme le résultat de ces deux nombres, si l'on veut y trouver un synonyme de la rareté, une véritable réalisation de la disproportion naturelle qui se fait remarquer entre certains besoins et les choses propres à les satisfaire. Mais il arrive assez souvent qu'on néglige l'un ou l'autre des deux termes qui constituent ce rapport, et principalement le nombre des choses qui s'offrent à être vendues ou échangées. Le *marché* ne représente aux yeux de certains économistes que le lieu où se présentent des acheteurs, ou, si l'on veut, des besoins à satisfaire. « Marché, dit M. Say : lieu où l'on trouve à échanger, ou si l'on veut, à vendre ses *produits*. En économie politique, ce n'est pas seulement le lieu où l'on se rassemble matériellement pour vendre et acheter ; c'est le lieu quelconque où il se présente des acheteurs. Ainsi l'Angleterre est un marché pour le thé de Chine, et l'Asie est un marché pour les *métaux précieux* du nouveau monde. Ce mot, dans beaucoup de cas, peut être remplacé par celui de *débouchés* [1]. » *On* voit que dans cette définition, et tout en se faisant du marché une idée assez générale, M. Say ne tient compte que des acheteurs, ou du moins il accorde une plus grande importance à la somme des besoins, ou au nombre des hommes qui les éprouvent, qu'à la quantité même des objets qui peuvent satisfaire ces besoins. L'idée du marché ainsi exprimée me paraît incomplète; mais n'importe,

[1] *Traité d'économie politique,* 5e édition, t. III, p. 302.

Auguste Walras

l'essentiel est de s'entendre. Si l'on veut définir le marché comme l'a fait M. Say, on déduira de cette définition des conséquences que je ne pourrais pas déduire de la mienne, et l'on ne pourra pas déduire de la première les conséquences qui découlent de la seconde.

Et, en effet, il faut comprendre le marché comme l'a fait M. Say, et comme l'ont fait plusieurs autres économistes, pour convenir de la justesse de cet axiome *que la valeur d'une chose augmente avec l'étendue du marché*. Si le marché n'est pas autre chose que la somme des demandes ou des besoins, il est évident que la valeur d'un objet deviendra d'autant plus grande, qu'on augmentera davantage la somme des besoins qui en réclament la possession. Cette maxime ainsi comprise rentre parfaitement dans mon système qui veut que la valeur d'un objet soit en raison directe des besoins. Si le marché ne comprend pas autre chose que les besoins, si vous excluez de cette idée le nombre des choses propres à les satisfaire, il est évident que le nombre des utilités rares restant le même, tandis que le nombre des besoins va au contraire en augmentant, la rareté se trouve augmentée, et par conséquent aussi la valeur qui en est la suite.

De quelque manière qu'on entende le marché, on en distingue ordinairement de trois espèces : le marché *local*, le marché *national*, et le marché *étranger*. *Si* un bien limité, une utilité rare propre à un certain climat, se trouve consommée par les habitants du canton où croît cette utilité, il s'établit un rapport entre la somme de cette utilité et le nombre des hommes qui la sollicitent, et ce rapport fixe la valeur de l'objet à un certain taux. Si la somme de cette utilité augmente, sans que le nombre des consommateurs vienne à changer, la rareté diminue, et la valeur se fixe plus bas. Mais si la somme de cette utilité reste la même, tandis que la population augmente, et avec elle les besoins que cette utilité peut satisfaire, la rareté devient plus grande, et la valeur augmente en même temps. L'extension du marché équivaut à une augmentation de population ; car le cercle du marché, en s'agrandissant, embrasse un plus grand nombre d'hommes. Tout objet qui, du marché local, passe dans le marché national, et ensuite dans le marché de l'univers, rencontre, de jour en jour, un plus grand nombre de besoins à satisfaire ; et si la somme de l'utilité à laquelle on fait subir ces diverses vicissitudes, n'augmente pas, à mesure que le goût s'en répand, ou que le besoin s'en fait sentir davantage, il arrivera que la rareté augmentera progressivement, et que la valeur s'élèvera en proportion ; car, encore une fois, la valeur est fille de la rareté, et comme elle ne connaît pas d'autre origine, elle ne connaît pas non plus d'autre mesure qu'elle. Supposez que les vins de *Bordeaux* et de *Champagne*, ne fussent goûtés et appréciés que dans le Bordelais et dans la Champagne, il y aurait alors une proportion naturelle, ou, pour mieux dire, une certaine disproportion entre le nombre des tonneaux de vin et le nombre des hommes qui voudraient en boire, dans l'un et dans l'autre pays. Cette disproportion ou cette rareté donnerait à chaque tonneau de vin une valeur qui serait la règle du marché local. Mais maintenant supposez que le goût du *Bordeaux* et du *Champagne* se répande dans toute la France, la rareté de ces vins ne se mesurera pas seulement sur le nombre des Bordelais ou des Champenois, mais sur le nombre de tous les Français ; et l'on voit aisément que la valeur de ces précieuses liqueurs se trouvera considérablement augmentée, par l'augmentation du nombre des hommes qui les désirent. Enfin supposez, par une troisième hypothèse, qui n'est au reste encore que l'expression de la vérité, que les vins de Bordeaux et de Champagne trouvent des consommateurs, non-seulement dans toute la France, mais encore en Angleterre, en Allemagne, en Russie, etc., le nombre des besoins qui sollicitent la possession de ces vins se trouvant par là considérablement augmenté, les vins de Bordeaux et de Champagne acquerront une valeur qui ne trouvera plus de limites que dans les facultés de ceux qui en désirent. Ce que je dis des vins de Bordeaux et de Champagne, on peut le dire également de tous les biens limités, de toutes les utilités rares. D'autres exemples n'ajouteraient rien à cette vérité que la valeur d'un objet se proportionne à l'étendue du marché, lorsqu'on ne fait entrer dans l'idée du marché que le nombre des acheteurs ou la somme des besoins. Mais si l'on définit le marché, comme je l'ai fait plus haut, en tenant compte des besoins et des biens limités, il ne sera plus vrai de dire que la valeur augmente

Auguste Walras

avec l'étendue du marché.

Et, en effet, si l'on ne se contente pas d'envisager la population, et les accroissements qu'elle peut recevoir, mais qu'on veuille bien aussi tenir compte du nombre des choses utiles, et de l'augmentation dont ce nombre lui-même est susceptible, on se convaincra facilement que le marché peut quelquefois s'étendre immensément sans que les marchandises augmentent de prix. Il peut se faire, et cela arrive souvent, que des utilités naturellement rares ou limitées soient susceptibles d'une grande augmentation dans leur quantité, ou d'une multiplication rapide, par le moyen de l'industrie humaine. Alors la population qui réclame ces utilités à beau augmenter, comme les utilités elles-mêmes se multiplient abondamment, leur valeur se maintient au même taux; et il n'est même pas du tout rare que cette valeur diminue, malgré l'étendue toujours croissante du marché, et le nombre prodigieux des besoins qui les réclament. Toutes ces vérités de détail se déduisent facilement des principes ; et il suffit d'être bien pénétré de ceux-ci, pour arriver à toutes les conséquences qu'ils engendrent.

J'ai déjà comparé la rareté à la vitesse, et je ne pense pas qu'on puisse nier la justesse de cette comparaison. Or tout le monde comprend fort bien que la vitesse est en raison directe de l'espace parcouru, et en raison inverse du temps employé à le parcourir. Il n'est pas plus difficile de comprendre que la rareté est en raison directe des besoins, et en raison inverse de l'approvisionnement. Or comme la vitesse doit rester la même, lorsque l'augmentation est proportionnée à celle de l'espace, il est tout aussi évident que la rareté ne changera point, et que la valeur restera la même, si à l'augmentation du nombre des besoins se joint l'augmentation de l'approvisionnement.

En réfléchissant sur ce qui précède, on voit que dans l'appréciation de la rareté, et de la valeur qui en est la suite, il faut nécessairement

Chapitre XX

tenir compte de deux quantités, qui sont : 1° la somme, des besoins, et 2° la somme des biens limités propres à satisfaire ces besoins. Si l'on fait abstraction de l'une ou de l'autre de ces deux quantités, on se fera de la rareté une très-fausse idée, et l'on se mettra hors d'état de comprendre une multitude de phénomènes, qui ne peuvent naturellement bien s'expliquer que par une analyse complète de la valeur et de la cause qui la produit.

Ainsi, par exemple, on a prétendu qu'une denrée de première nécessité était, à quantité égale, plus rare qu'une denrée moins indispensable et que souvent, pour un dixième ou pour un douzième de moins dans la quantité de cette denrée, on en voyait monter le prix au double ou au triple de ce qu'il était d'abord. Ce phénomène tient évidemment à l'étendue que prend, dans cette circonstance, la demande de cette denrée, ou la somme des besoins qui en sollicitent la possession. En même temps que la quantité de la denrée diminue, la somme des besoins augmente. A la diminution de la denrée offerte, se joint une augmentation considérable de la demande ; et c'est ainsi que se réunissent et agissent en même teins, les deux conditions qui font augmenter la rareté et la valeur qui en dérive. Lorsque le marché se trouve suffisamment approvisionné de blé, chacun s'en procure, au fur et à mesure de sa consommation, la quantité qui lui est nécessaire pour subsister pendant un certain teins. Le prix du blé se fixe alors sur la rareté du moment, ou sur le rapport actuel de l'offre à la demande. Que si la disette du blé se fait sentir, par suite d'une mauvaise récolte ou de toute autre cause, la crainte de manquer de pain s'empare de toute la population. Le spectre de la famine se montre à elle, dans un avenir plus ou moins prochain. Personne ne se contente plus de la quantité de blé ou de farine qu'il peut avoir à sa disposition chacun ne pense plus seulement à sa conservation présente il éprouve aussi le désir d'assurer son existence à venir. Il voudra être sûr qu'après avoir épuisé sa provision actuelle, il en trouvera encore une autre quantité à sa disposition, et pourra ainsi échapper à l'embarras où se trouveront ses semblables, si les causes de la disette et de la pénurie viennent à se perpétuer. C'est ainsi que lorsqu'une ville est bloquée par l'ennemi, le prix des subsistances s'y élève aussitôt, les habitants ne se contentant plus de pourvoir à leurs besoins, au jour le jour, mais chacun voulant aussi assurer son existence pendant toute la durée du siège ou du blocus. Chaque consommateur se multiplie alors, pour ainsi dire, par la durée probable que peut avoir cet état de gêne extraordinaire. Il éprouve, en un seul moment, les besoins d'une année entière, et se trouve disposé, si ses moyens n'y mettent pas d'obstacle, à acheter sur-le-champ une quantité de comestibles que, dans des circonstances ordinaires, il aurait acquise à plusieurs reprises, de semaine en semaine, ou de mois en mois, à mesure que les arrivages auraient alimenté le marché. Le prix du blé ou de toute autre denrée, ne se proportionne donc pas seulement, dans les circonstances dont nous venons de parler, à la baisse survenue dans l'offre de cette denrée, il se proportionne encore à l'accroissement survenu dans la demande. Il y a réellement plus de demandeurs pour une denrée, lorsque chaque particulier en demande à la fois deux ou trois quantités pareilles à celle dont il se contentait précédemment. Les faits dont il s'agit ici rentrent parfaitement dans mon système, et, loin d'y porter la moindre atteinte, ils ne peuvent que lui prêter une nouvelle force. Les écrivains qui ont nié l'influence de la rareté, et ceux qui en ont méconnu la nature, se sont mis hors d'état d'expliquer les phénomènes dont nous venons de rendre compte, et quoiqu'ils aient eu le mérite de les signaler, il est évident qu'ils sont restés dans l'impossibilité de les rattacher à aucun principe.[79]

« Les effets de la rareté ou de l'abondance d'une récolte sont différents, dit M. Garnier, suivant la nature de la denrée, et c'est surtout selon son degré d'utilité que la rareté opère avec plus de force. Une récolte de blé qui se trouve d'un douzième au-dessous de la quantité qu'exige la consommation ordinaire, répand une alarme générale, et chacun est frappé de la crainte de manquer de subsistance. Si la provision des années précédentes ne subsiste pas en assez grande quantité pour rassurer sur cette insuffisance, on est porté à s'exagérer le mal, et les possesseurs de blé, bien certains d'un débit avantageux, ne se pressent pas de mettre leur denrée au marché. Dans ce cas, l'élévation du prix est hors de toute proportion avec la quantité du déficit. Les particuliers aisés se hâtent de se prémunir contre la disette qu'ils redoutent, et pour déterminer les possesseurs de blé à leur en vendre, ils élèvent leur offre d'argent en concurrence les uns des autres. Il n'est pas rare de voir, en pareille conjoncture, le prix courant du blé monter à deux et trois fois son prix moyen ou ordinaire [1]. »

Si M. Garnier ne s'était pas trompé, comme il l'a fait, sur la nature de la rareté, s'il avait tenu compte des deux nombres, ou des deux quantités, qui entrent nécessairement dans l'appréciation de ce rapport, il aurait vu que le phénomène dont il parle, dans le passage que je viens de citer, est une confirmation de ma doctrine sur l'origine de la valeur. En ne considérant dans la rareté et dans l'abondance que la quantité même de la denrée, il a été conduit à dire que la rareté et l'abondance avaient des effets différents, suivant les circonstances, ou suivant la nature de la denrée qu'on envisage, tandis qu'il est certain que ces phénomènes, entendus comme ils doivent l'être, produisent toujours le même effet, et que la valeur est toujours proportionnée à la rareté. Seulement faut-il se faire de ce phénomène une idée exacte et complète. Seulement faut-il reconnaître que la rareté n'est que le rapport entre la quantité offerte et la quantité demandée, qu'elle peut augmenter par conséquent, tant par l'abaissement de l'offre, que par l'augmentation de la demande, et qu'elle augmente bien souvent par la réunion de ces deux causes. Ajoutons à cela quelques explications.

Lorsque nous avons parlé de l'utilité, et que nous avons essayé d'en présenter une analyse fidèle et complète, nous avons dit que cette qualité des choses exprimait la relation qui existe entr'elles et nos besoins considérés dans leur nature, et nous avons fait remarquer que les besoins n'étaient pas partout les mêmes, mais qu'ils dépendaient d'une multitude de circonstances qui imposent aux hommes telle ou telle nécessité. Nos besoins, comme tout le monde peut s'en convaincre, dépendent du climat, des mœurs, de l'âge, du sexe, de l'éducation, de la position sociale où nous nous

---

1 *Richesse des nations*, 2e édition, t. V, p. 300.

Auguste Walras

trouvons. Il suffit de passer d'un pays à l'autre, d'une ville à une autre ville, pour trouver des mœurs, des habitudes, et par conséquent aussi des besoins différents. C'est à la géographie et à la statistique à nous apprendre en détail toutes ces particularités. Tout ce que nous avons à consigner ici, c'est que tous les hommes de l'univers n'éprouvent pas précisément les mêmes besoins, et que les choses qui sont -utiles aux uns, sont souvent inutiles aux autres. Or, comme l'utilité est une condition indispensable de la valeur, il suit de cette observation, que ce qui aura de la valeur en Europe pourra ne rien valoir en Amérique, que ce qui se vend très-cher en Afrique, pourra se donner pour rien en Asie, que telle chose sera vendue aux habitants du Nord, et ne pourra l'être à ceux du Midi, et ainsi de suite. D'où il résulte aussi que la rareté et la valeur de chaque objet seront sujettes à varier, suivant la quantité de cet objet, et suivant le nombre des besoins qui en solliciteront la possession.

Mais malgré la réalité de cette observation, et quelles que soient d'ailleurs son importance et l'extension dont elle est susceptible, il est permis de croire que sous une même latitude, sous un même climat, dans un même pays, des hommes qui sont d'ailleurs soumis aux mêmes lois, qui professent la même religion, et ont par conséquent les mêmes mœurs, éprouvent, à peu de chose près, les mêmes besoins. Prenons pour exemple la France ou l'Angleterre. Nous pouvons, je crois, affirmer que, sauf la différence à établir entre les habitants du Nord et ceux du Midi, entre les indigènes de l'est et ceux de l'Ouest, tous les Français ou tous les Anglais éprouvent à peu près les mêmes besoins, et sont soumis aux mêmes habitudes. Tout le monde veut être logé, nourri, vêtu de la meilleure manière possible ; et chacun ne connaît, en cela, d'autres bornes que celles de ses facultés. Il n'y a personne, en France, ou en Angleterre, qui ne désire un vêtement de drap de bonne qualité, une bonne provision de bière ou de vin, un cheval ou un équipage, un logement commode, un ameublement élégant, et ainsi de suite. En se renfermant dans les limites d'une seule nation, d'une seule province, ou d'une seule ville, on, peut donc croire que tous les individus qui la composent partagent les mêmes goûts, éprouvent les mêmes besoins, soupirent après les mêmes jouissances. Ainsi, pour chaque bien limité, ou pour chaque utilité rare qui existe dans le pays, on peut dire que la classe des demandeurs se compose de la totalité même des citoyens, et qu'il n'y en a presque pas un seul qui ne se trouve disposé à acquérir, s'il le peut, ou dès qu'il le pourra, une certaine quantité de chaque denrée, ou de chaque objet consommable qui se présente sur le marché. La totalité des habitants représente donc, pour chaque denrée, la somme des demandeurs, ou la quantité absolument demandée. Le nombre des habitants donne une quantité constante, pour l'expression de la demande. On conçoit alors que la quantité offerte est la seule qui puisse varier, ou dans laquelle on puisse trouver des différences; et comme la quantité offerte sera nécessairement plus grande pour telle denrée et plus petite pour telle autre, il s'ensuit que la rareté sera en raison inverse de la quantité offerte ou de l'approvisionnement, et que la valeur de chaque objet augmentera ou diminuera, à mesure que la quantité de cet objet viendra elle-même à diminuer ou à augmenter. C'est en ce sens seulement que la rareté et la valeur peuvent se proportionner à la quantité offerte. Dans tous les autres cas, il faut, pour bien connaître la rareté, et pour apprécier convenablement l'influence qu'elle exerce sur la valeur, tenir compte des deux quantités qui entrent dans la composition de ce rapport, de la somme des besoins, et de la somme des biens limités, et ne pas oublier que la rareté et la valeur peuvent augmenter et augmenter réellement, tant par la diminution de l'approvisionnement que par l'augmentation de la demande, et qu'il n'est pas rare de les voir augmenter par la réunion de ces deux causes. En un mot, la valeur est toujours proportionnée à la rareté; et c'est dans les variations survenues dans la rareté, qu'on doit toujours chercher la cause du mouvement qui 'Se fait sentir dans la valeur, mouvement uniforme dans tous les cas imaginables, et qui ne peut cesser un seul instant de reproduire fidèlement les variations survenues dans le phénomène dont il dérive.

Mais s'il est vrai que la valeur se proportionne toujours à la rareté et à la rareté seule, s'il est vrai qu'il soit impossible de signaler dans la valeur un changement qui n'ait pas sa cause dans le changement survenu dans la rareté, ou dans les termes qui la constituent, il ne serait sans doute pas aussi exact d'avancer qu'il n'y a qu'une seule et unique manière d'entendre ce rapport, et les deux termes dont il se compose, qu'il n'y a qu'une manière d'apprécier la rareté et la valeur qui en dérive. Je crois, au contraire, qu'on peut se faire de la rareté une idée absolue et une idée relative, qu'on peut l'entendre dans un sens général et dans un sens particulier, qu'il en est de même de la valeur, ou du sacrifice que l'on s'impose pour acquérir un objet dont on a besoin, et qu'il est nécessaire de distinguer ces deux points de vue, pour se faire une idée juste des faits, et pour faire servir la science à des résultats pratiques et usuels. C'est en développant cette nouvelle idée que nous éclairerions d'un dernier trait de lumière, les principes de l'économie politique, et que nous achèverions de cimenter la base inébranlable jusqu'ici, sur laquelle nous avons entrepris d'élever la théorie de la richesse proprement dite, ou la science de la valeur. La distinction entre la *valeur* et le *prix vénal* nous servirait à résoudre un grand nombre de difficultés qui ont embarrassé jusqu'à ce jour les économistes les plus habiles ; elle nous conduirait directement à la théorie du *numéraire* et de la *monnaie,* qui ne laisse pas que d'être encore fort imparfaite. Mais toutes ces nouvelles questions, pour être traitées d'une manière convenable, exigeraient des développements qui formeraient la matière d'un nouveau volume, et dépasseraient singulièrement la portée du titre que j'ai donné à celui-ci. Qu'il me suffise donc, pour aujourd'hui, d'avoir signalé nettement l'objet de l'économie politique, et d'avoir indiqué aux économistes le point précis vers lequel ils doivent désormais diriger leurs efforts. Je crois en avoir fait assez pour leur tracer la nouvelle carrière qu'ils sont appelés à parcourir. Pour moi qui m'y suis lancé avec autant d'ardeur que de zèle pour la vérité, je réclame le droit de m'arrêter un moment dans la poursuite d'une tâche que j'ai entreprise peut-être avec plus d'ambition que de capacité, et d'attendre que le jugement du public ait prononcé sur la valeur de cette tentative, et sur la direction que je me suis donnée. Je n'oserais aller plus loin sans craindre de manquer au respect et à la déférence que je lui dois. Mais pour peu que son approbation vienne répondre à mes premiers efforts, et ajouter à ma bonne volonté, je ne tarderai pas à soumettre à son impartialité les

Chapitre XX

nouvelles découvertes que je crois avoir faites, et celles que je me flatte de faire encore, dans la science de la richesse [1].

FIN

(Notes)

1 Nous pensons qu'il serait tout à fait superflu de fournir ici des références biobibliographiques concernant tant J.-B. Say (1768-1832) que Sismondi (1773-1842). Nous nous bornerons à rappeler que, pour sa critique de Say, A.-A. Walras a utilisé d'une part la 5e édition du Traité d'économie politique (parue en 3 volumes en 1826, la première édition datant de 1803) et d'autre part la 3e édition - 1826 - du Catéchisme d'économie politique, publié pour la première fois en 1817. Ces éditions furent les dernières qui aient été publiées du vivant de l'auteur. Il n'est point fait mention, dans l'ouvrage de Walras, du Cours complet d'Économie politique pratique, édité progressivement en 1828-1829. On notera aussi que les Nouveaux principes d'Économie politique de Sismondi avaient paru pour la première fois en 1819 et avaient été réédités en 1827.

Pour être moins connus, les trois autres noms que cite Walras n'en méritent pas moins quelque attention, en particulier le premier.

Destutt de Tracy (Antoine-Louis-Claude) le Comte, né à Paris le 20 juillet 1754, mort en 1836, successivement militaire, puis philosophe, membre du Sénat après le 18 brumaire, membre de l'Académie des sciences morales et politiques, après sa réorganisation, en 1832. Son œuvre la plus importante, outre un célèbre Commentaire sur l'Esprit des lois de Montesquieu, consiste en des Éléments d'idéologie, dont la partie économique a fait l'objet, en 1822, d'une publication séparée sous la forme d'un Traité d'économie politique (Paris, Mmes Bouguet et Lévi). La philosophie de l'auteur, essentiellement fondée sur l'étude des idées de l'esprit humain, s'apparente à la philosophie de la sensation de Condillac. Sa doctrine économique est nettement libérale,

---

1 *Note de J.-B. Say : Résumé:* M. Say se trompe; Adam Smith se trompe ; Ricardo se trompe; attendu que ces imbéciles ont dit que la richesse était quelque chose. La richesse est la rareté des choses, c'est-à-dire qu'elle West rien, et j'ouvre un champ nouveau à l'Économie politique en montrant comment il faut multiplier les richesses, c'est-à-dire le néant.

Auguste Walras

mais d'un libéralisme reposant sur une infrastructure psychologique et une théorie idéologique de l'individualisme. Par réaction contre les physiocrates, Destutt de Tracy assigne au travail un rôle prééminent et fait de lui l'origine de la valeur. Il se rapproche donc sur ce point sensiblement de Ricardo (cf. Allix, Destutt de Tracy, économiste. Revue d'économie politique, 1912, pp. 424-451).

Ganilh (Charles), né à Allanche (Cantal) en 1758, mort en 1836, successivement avocat au Parlement de Paris avant la Révolution, membre du Conseil de l'Hôtel de Ville en 1789, membre du Tribunal de 1799 à 1802, député du Cantal sous la Restauration (1815-1823). A laissé de nombreuses publications, d'ordre économique et financier, dont : un Essai politique sur le revenu public des peuples de l'antiquité, du moyen-âge, des siècles modernes et spécialement de la France et de l'Angleterre, depuis le milieu du XVe siècle jusqu'au XIXe (1806), des Systèmes d'économie politique, de leurs inconvénients, de leurs avantages, et de la doctrine la plus favorable aux progrès de la richesse des nations (1809), une Théorie de l'économie Politique, fondée sur les faits résultants des statistiques de la France et de l'Angleterre, sur l'expérience de tous les peuples célèbres par leurs richesses et sur les lumières de la raison (1815, 2e éd., 1822), ouvrage cité par A. Walras, de même qu'un Dictionnaire analytique d'économie politique, publié en 1826. Entre-temps avait parue en 1817 une étude sur la législation, l'administration et la comptabilité des finances de la France, depuis la Restauration. Le dernier ouvrage de Ganilh fut ses Principes d'économie politique et de finances, appliqués, dans l'intérêt de la science, aux fausses mesures des gouvernements, aux fausses spéculations du commerce et aux fausses entreprises des particuliers, édités en 1835.

Réformateur et critique financier assez judicieux, Ganilh s'inscrivit en réaction contre les spéculations déductives des premiers classiques et comme un adepte fervent de la statistique, bien que celle-ci fût encore peu développée. Il tira de données numériques assez incertaines des critiques, pas toujours très claires, de l'œuvre d'Adam Smith et, libéral à ses débuts, apporta progressivement à sa doctrine des tempéraments importants (notamment en matière de commerce international).

Quant à Massias (le baron Nicolas), né à Villeneuve-d'Agen en 1764, mort à Bade le 22 janvier 1848, successivement professeur à l'École militaire de Saumur, volontaire en 1792, capitaine d'artillerie, fait prisonnier en Espagne ;

Notes

puis agent diplomatique en Allemagne, on lui doit un grand nombre d'ouvrages d'ordre littéraire, historique, philosophique, politique, voire linguistique, et, en particulier, un Traité de philosophie psycho-physiologique (Paris-1830) où s'affirment des tendances nettement spiritualistes, et une longue étude à fondement assez éclectique - quoique l'auteur en ait dit - intitulé : Rapport de la nature à l'homme et de l'homme à la nature, ou Essai sur l'instinct, l'intelligence et la vie (4 vol., Paris, 1821-23) et qui est celle dont A. Walras a fait usage.

2 A. Walras est resté toute sa vie fidèle à cette idée, l'une des bases essentielles de sa construction scientifique. Il l'a reprise et développée dans ses lettres à son fils Léon des 25 mars et 7 avril 1864. Cf. La Révolution de 1848, 101, année, 1913-1914, p. 332 : « D'un autre côté, la morale et le droit naturel, doivent être mis en demeure de consulter la Science de la richesse, de profiter de ses découvertes et d'organiser, dans l'ensemble des lois civiles et politiques, un système de propriété qui produise une équitable distribution de la richesse. Voilà, si je ne me trompe, le véritable point de vue où l'on doit se placer pour juger la question qui divise les écrivains modernes. » De même, p. 333 : « L'économie politique et la morale sociale sont deux catégories distinctes, dont la première doit nécessairement servir d'introduction à la seconde et dont la seconde doit emprunter les lumières de la première... », et encore pp. 338 et s. : « Ce qui a manqué aux économistes proprement dits, c'est, d'une part, une théorie large et complète de la richesse sociale, d'une autre part, le sentiment de l'identité qui existe entre l'objet de l'économie politique et l'objet de la propriété et, enfin, l'idée qu'il fallait se servir de l'économie politique pour perfectionner le droit naturel et pour concevoir une nouvelle distribution de la richesse. Les physiocrates s'étaient placés dans une bonne voie. C'est Adam Smith qui a jeté la science dans un autre sens... »

3 Cf. un nouveau développement de cette idée dans une lettre de l'auteur reproduite dans L.-Modeste Leroy, op. cit., p. 138 : « Je suis intimement convaincu, et chaque jour vient confirmer en moi cette conviction, que les opinions qui nous divisent, les querelles qui nous passionnent, les systèmes qui nous séduisent, les théories qui nous épouvantent, l'impatience des uns, la résistance des autres, prennent leur source dans une ignorance profonde et complète sur la notion de la richesse sociale et sur la nature des lois qui président à sa formation, à sa consommation et à sa diffusion dans la société. »

Auguste Walras

4   Les nombreux manuscrits laissés par A.-A. Walras, et en particulier La vérité sociale, encore inédite, répondaient à ce but, et représentent un effort en vue d'appliquer la théorie de la richesse à la solution de la question sociale. « Il y a, au fond de la question sociale, une nouvelle théorie de la propriété... et la théorie de la propriété repose sur la théorie de la richesse. » (Lettre reproduite dans Leroy, op. cit., p. 139.)

5   L'élaboration de cette théorie de la propriété, en fonction de la théorie de la valeur d'échange, n'a pu être achevée par l'auteur. Il nous a cependant laissé trois manuscrits essentiels qui se complètent dans une certaine mesure et donnent l'essentiel de sa pensée. Ce sont : 1° La Vérité sociale; 2° deux études sur La Théorie de la propriété, d'une part, et, d'autre part, la distinction à établir entre la richesse et la propriété publique et la richesse et la propriété privée (études qui avaient été primitivement prévues par l'auteur comme, devant constituer les 7e et 8e chapitres de son ouvrage précité : Théorie de la richesse sociale) et enfin 3e son Examen critique et réfutation du chapitre XIV de l'ouvrage de M. Thiers sur la propriété. Les passages les plus notables de La Vérité sociale et de l'Examen critique ont été reproduits par M. Leroy, op. cit., chap. XI et XII. Les deux chapitres sur La Théorie de la propriété ont été cités in extenso (Leroy, chap. IX et X). V. aussi ce qu'en dit Léon Walras : Un initiateur en économie politique, A.-A. Walras. Extrait de la Revue du Mois du 10 août 1908, p. 11.

6   En fait, A.-A. Walras songeait, dès cette époque, à compléter son premier livre par un ouvrage qu'il se proposait d'intituler : De la valeur et du prix vénal, du numéraire et de la monnaie. Les questions monétaires paraissent alors avoir retenu son attention. Mais il ne put donner suite, encore bien modeste, à son projet que dans sa Théorie de la richesse sociale, parue en 1849. (V. chap. II et III.)

7   On sait en effet que Turgot avait consacré son ouvrage principal à des Réflexions sur la formation et la distribution des richesses. Adam Smith s'était préoccupé de la richesse des nations et le Traité de J.-B. Say ne prétendait être qu'une simple exposition de la manière dont se forment, se distribuent et se consomment les richesses.

8   Nous trouvons ici formulée en termes explicites la distinction entre la science

Notes

et l'art, entre l'économie proprement dite et la politique économique, entre ce que l'auteur dénommera lui-même ultérieurement l'Économie politique pure et la Morale sociale (cf. Lettre à son fils du 25 mars 1864, Révolution de 1848, 1913-14, p. 332) - terminologie que précisera et complétera plus tard, à sa façon, Léon Walras, par sa distinction entre l'Économie pure, l'Économie appliquée et l'Économie sociale.

9 Au livre 1er de la Politique, surtout chap. III et IV.

10 Il est vraisemblable que l'auteur fait ici allusion aux thèses développées par un certain nombre d'auteurs financiers et qui tendaient, à la suite de Pinto Berkeley, Melon, Voltaire, Condorcet, etc., à représenter les emprunts publics comme un bien nécessaire à la prospérité du pays. Il est de fait aussi que les principaux ouvrages d'économie politique de l'époque (Adam Smith, Ricardo, etc.), réservaient une très large place aux problèmes relatifs à la richesse publique (et en particulier aux impôts). L'économie politique n'a pas été conçue par ses principaux fondateurs autrement que comme un ensemble de préceptes destinés à promouvoir la prospérité des nations. On se référera aussi à l'ouvrage de Lord Lauderdale, publié en 1807 : An inquiry into the nature and origin of public Wealth, et dans lequel l'auteur, s'appuyant sur ce fait que la disette d'une marchandise, contraire aux intérêts de la société, est par contre avantageuse pour ceux qui détiennent cette marchandise, puisque sa valeur s'en trouve accrue, en tire cette thèse que les principes de la richesse publique sont différents des principes de la richesse privée (cf. critique dans Say, Traité d'économie politique, 6e édit. Paris, Guillaumin, 1841, p. 331 note).

11 Encore qu'il ne s'agisse point du tout du sens étymologique de ce terme.

12 Extrait d'un article signé T. D. intitulé : De l'économie politique en France dans Le Globe, du samedi 20 novembre 1824.

13 Premier paragraphe du Discours préliminaire au Traité. (6e édition, p. 1.)

Auguste Walras

14 Livre 1er, chapitre Jet, 2e alinéa (6e édit., p. 56).

15 On trouvera un exposé critique plus substantiel de toute cette question dans le Mémoire sur l'origine de la valeur d'échange, reproduit en 20 annexe au présent ouvrage.

16 Cf. aussi livre let, chap. 1er du Traité (6e édition, p. 57) : « Cette faculté qu'ont certaines choses de pouvoir satisfaire aux divers besoins des hommes, qu'on me permette de la nommer utilité. Je dirai que créer des objets qui ont une utilité quelconque, c'est créer des richesses, puisque l'utilité de ces choses est le premier fondement de leur valeur, et que leur voleur est de la richesse. »

17 Cf. Sur la distinction entre les travaux productifs et les travaux improductifs : Richesse des nations, livre II, chap. III et la critique qu'en a fait J.-B. Say : Traité, livre 1er, chap. XIII, qui a retenu la séparation entre les produits matériels et les produits immatériels, dont il est question au texte.

18 Nous trouvons ici la genèse d'une distinction entre le capital et le revenu, approfondie par l'auteur dans le chap. IV de sa Théorie de la richesse sociale (Guillaumin, 1849, p. 53) et reprise par son fils dans ses Éléments d'économie politique pure (17e leçon, édition de 1926, p. 177). Cf. une critique dans Pirou : Théories (le l'équilibre économique, op. cit., pp. 54 et 197.

19 Dans l'édition des Œuvres diverses de Guillaumin, 1848, p. 20, note 2.

20 A compléter par la partie II de la 2e Annexe, ci-après reproduite.

21 Dans l'édition des Œuvres complètes de Ricardo par Fontegrand (Guillaumin, 1882), p. 233 : « Le soleil, par exemple, qui nous fournit une lumière et une chaleur si nécessaires au développement des êtres organisés [est un] fonds productif appartenant à chacun de nous, d'une valeur infinie, pour ce qui est de l'utilité qu'on en tire, puisque cette utilité est infinie, inépuisable... »

22 « Il y a, dans ce double fait, une théorie tout entière. Nous ne craignons pas de nous faire illusion ; il y a là de l'étoffe pour faire une science, et, nous osons le dire, une science très curieuse et très importante... » Cf. De la richesse sociale ou de l'objet de l'économie politique. Revue étrangère et française de législation et d'économie politique, Paris, Joubert, 1838, 5e année, p. 119.

23 Il est certainement excessif de prétendre que les biens qui se consomment immédiatement sont, dans leur totalité, limités dans leur quantité. Il peut parfaitement se faire que, en dépit de l'instantanéité de la consommation, la quantité disponible excède les besoins ressentis. (G. L.)

Notes

24 A. Walras reviendra plusieurs fois sur cette impossibilité et en déduira une certaine prudence vis-à-vis des applications, cependant souhaitées par lui, des mathématiques à l'économie politique (cf. la lettre à son fils du 19 mai 1861. - La Révolution de 1848, année 1913-14, pp. 147-150). On sait que Léon Walras, suivi en cela par Pareto, estima par la suite que, bien que l'utilité ne puisse être susceptible d'une mesure directe, par défaut d'une unité de mesure appropriée, le fait qu'elle n'en est pas moins une quantité variable par degrés quantitatifs devrait permettre un usage assez large de l'outil mathématique. Ce problème de la mesure de l'utilité a d'ailleurs été repris depuis lors et a donné lieu à d'intéressants travaux (I. Fisher, Divisia, Ragnar Frisch : cf. Méthodes nouvelles pour mesurer l'utilité marginale. *Revue d'économie politique*, janvier 1932, p. 1).

25 Extrait du *Dictionnaire analytique d'économie politique*, Paris, Ladvocat, 1826.

26 Au livre 1er, chap. XIV du Traité (6e édit., p. 133).

27 Livre 1er, chap. IV du Traité (6e édit., p. 75).

28 Cf. chap. XI du livre II du Traité (notamment 6e édit., p. 423, note 1).

29 Cf. p. 11, note 1 des Œuvres diverses (édition précitée).

30 Nous avons montré, dans notre introduction, comment A. Walras en était venu à préconiser la nationalisation de la propriété foncière, et le remplacement de l'impôt par la rente du sol. (Dans ses manuscrits précités.)

31 Au chap. II des Principes, pp. 42-43 des Œuvres complètes (édition de 1882).

32 Tous ces propos sont à rapprocher des développements consacrés ultérieurement par certains auteurs (Von Wieser, Effertz, Landry, etc.) à l'antagonisme productivité-rentabilité.

33 Au chap. XX des Principes sur les propriétés distinctives de la valeur et des richesses.

34 Les analyses poursuivies, à la suite de Dupuit et Gossen, sur la décroissance de l'utilité et la rente du consommateur, infirment ce dernier passage d'A. Walras et donnent raison aux développements de Condillac sur la productivité des échanges et du commerce (cf. Le Commerce et le Gouvernement. Œuvres complètes. Paris, Lecointe & Tourneux, 1821, t. IV, p. 41).

35 Pour de plus amples développements de l'auteur sur cette distinction entre la richesse absolue, individuelle et la richesse relative, sociale, cf. l'article précité (note 22) : Revue étrangère et française de législation et d'économie politique, p. 356.

Auguste Walras

36 Pour une critique de ces développements, basée sur le fait psychologique que la rareté d'un objet est de nature à accroître fréquemment la jouissance éprouvée par son possesseur, en raison même de cette rareté, cf. Pirou, op. cit., p. 64.

37 L'opinion de Ganilh est extraite du chap. 1er du livre IV, 2, partie, de sa Théorie de l'économie politique, entièrement consacré à une réfutation de la théorie de la valeur d'Adam Smith. La conclusion de l'auteur est qu'il ne saurait exister de lois uniformes de la valeur et que seule importe une théorie des « valeurs de circulation », c'est-à-dire des prix. Quant à la citation de Massias, elle est extraite d'une note (note b, p. 381) additionnelle aux développements contenus dans le tome III de son ouvrage (Rapport de la nature à l'homme, p. 302) et dans lesquels l'auteur, adepte de la thèse de la valeur-utilité, se propose d'établir que tout échange est productif, puisqu'il permet de remplacer « ce qu'on a de trop par ce dont on manque », rendant ainsi les coéchangistes « propriétaires d'une chose qui leur est personnellement plus utile que celle dont ils se dénantissent ».

38 P. 350, note 1 de la 6e édition.

39 Cf. Rapport de la nature à l'homme et de l'homme à la nature, tome Ill, pp. 238-301.

40 Pour une analyse plus approfondie de la notion d'utilité, ainsi entendue par l'auteur, cf. l'article précité (note 22). Revue étrangère..., pp. 349 s.

41 Critique de ce passage dans Pirou, op. cit., p. 69.

42 Catéchisme d'économie politique, chap. II.

43 Il nous paraît nécessaire de souligner l'erreur manifeste que commet ici A. Walras. L'utilité directe (pain, par exemple) conditionne l'utilité indirecte (farine), mais ne saurait être plus étendue que cette dernière. Elle lui est, sous ce rapport, strictement égale.

44 Ce sera là, d'après l'auteur, l'un des deux buts essentiels de la production, celle-ci visant : 1° à multiplier les utilités rares ; 2° à transformer les utilités indirectes en utilités directes (cf. Théorie de la richesse sociale, p. 88).

45 Cf. la partie 1 de l'Annexe II ci-après.

46 Ricardo, Principes, chap. 1er et Biaujeaud, Essai sur la théorie ricardienne de la valeur (avec préface de M. Gaëtan Pirou), Paris, Sirey, 1934. Destutt de Tracy, Éléments d'Idéologie. Seconde Section, 1re partie, chap. III.

47 Traité. Livre 1er, chap. V : Comment se joignent l'industrie, les capitaux et les agents naturels pour produire.

48 La pensée de Ricardo a d'ailleurs évolué sur ce dernier point. V. Biaujeaud,

op. cit., Ire partie, chap. Il et 2e partie, chap. III.

49   On trouvera de plus amples développements sur cette notion de la production envisagée comme une lutte contre la rareté et donc la valeur dans l'article précité de la Revue française et étrangère de législation.... p. 355, ainsi que dans sa Théorie de la richesse sociale, p. 98 : « La multiplication des valeurs échangeables en fait baisser le prix, et ici se présente une difficulté qui a embarrassé quelques écrivains. Comment se fait-il, s'est-on demandé, que la richesse sociale consiste dans la possession des valeurs échangeables, et que le but le plus élevé de l'industrie humaine soit de combattre la valeur échangeable et de faire baisser le prix des marchandises ? N'y a-t-il pas une sorte de contradiction entre ces deux principes ? »

Cf. aussi Antonelli : Un économiste de 1830 Walras. Extrait de la Revue d'histoire des doctrines économiques et sociales, note 21, où se trouve reproduite et commentée une citation de Proudhon empruntée à l'auteur.

50   Dans un discours publie prononcé à Évreux le 9 décembre 1832, peu de temps après la mort de J.-B. Say (cf. Recueil de la Société libre d'agriculture..., du département de l'Eure, janvier 1833, p. 114), A. Walras lui décornait l'éloge suivant : « Écrivain auquel l'économie politique est redevable de toute la popularité qu'elle a acquise dans notre pays, et des progrès les plus importants qu'elle a accomplis dans notre teins. La mort l'a ravi tout récemment à la science et à la France qu'il honorait également, mais son nom et ses ouvrages seront longtemps chéris de tous ceux qui cultivent la science de la richesse et qui s'intéressent à sa propagation. »

51   Cf. Œuvres diverses de J.-B. Say, Guillaumin, 1848, p. 454 et, Malthus. Principes d'économie politique, chap. 1er, section II (dans l'édition Aillaud de 1820. Traduction Constancio, tome jet, p. 20).

52   Sur la distinction entre le travail productif et le travail non-productif : Smith, Richesse des nations, livre II, chap. III. - Sur la distinction entre la valeur en usage et la valeur en échange: Richesse des nations, livre jet, chap. IV, in fine et critique de A. Walras in : Revue française et étrangère de législation.... p. 363.

53   James Mill, père de John-Stuart Mill, né en 1773 à Northwater-Bridge (Écosse), mort le 23 juin 1836, esprit vigoureux, mais étroit, disciple de Bentham (cf. Élie Halévy, La Formation du radicalisme philosophique, t. II : L'Évolution de la doctrine utilitaire de 1783 à 1815, Paris, Alcan, 1901, chap. III) et propagateur de sa doctrine, a tour à tour influencé (cf. Biaujeaud, op. cit., p. 112), et été influencé par Ricardo, faisant, comme ce dernier, un usage exclusif de la méthode déductive. Outre sa Défense du commerce (1807),

son Histoire de l'Inde (1817) et son Analyse de l'esprit humain (1829), on lui doit des Éléments d'économie politique (1819), traduits en français par Parisot (Paris. Bossange) en 1823, et dans lesquels se trouve formulée en termes absolus et sans réserve aucune la théorie de la valeur-travail (et. chap. III, section II)

Quant à Mac-Culloch (John-Ramsay), né à Whitehorn (Écosse), le let mars 1789, mort à Londres le 11 novembre 1864, professeur d'économie politique à Londres en 1828, contrôleur du Stationery Office en 1832, on sait qu'il figure, dans l'histoire de la pensée économique, comme le disciple principal de Ricardo, dont il reprit notamment, en la précisant par l'incorporation du concept de capital, travail accumulé, la théorie de la valeur-travail. (Cf. Biaujeaud, op. cit., pp. 94 et s., 116 et s.) Il exerça même, de ce chef, une influence très nette sur l'évolution de la pensée de Ricardo lui-même, avec lequel il entretint une importante correspondance. Ses Principes d'économie politique furent traduits en français par Augustin Planche (Guillaumin, 1re édition : 1851, 2e édition : 1862). On y trouvera l'exposé de sa théorie de la valeur échangeable au chap. 1er de la IIe partie (l'origine de la valeur d'une marchandise résidant, selon lui, soit dans le travail nécessaire à la production de cette marchandise, soit dans la limitation de la quantité ou telles circonstances rendant l'offre inférieure à la demande : p. 255 de l'édition de 1851).

54 Cette valeur des services productifs « qu'il a fallu consommer pour créer un produit » constitue précisément les frais de production. Cf. Catéchisme, chap. VII.

55 Burlamaqui (Jean-Jacques), né à Genève en 1694, mort en avril 1748, professeur de droit naturel à Genève de 1723 à 1740, puis membre du Conseil souverain ; l'un des principaux représentants, avec Puffendorf, Thomasius, Barbeyrac, Heineccius, de l'école dite du droit naturel ou philosophique, qui s'est efforcée d'édifier un droit immuable sur des principes philosophiques déduits de la nature de l'homme et de celle de l'État. Il a laissé des ouvrages essentiellement théoriques, consacrés surtout au développement des doctrines de Grotius et de Puffendorf, et dont les plus importants sont les Principes du droit naturel (1747, seul ouvrage édité du vivant de l'auteur) les Principes du droit politique (Amsterdam, 1751), les Principes du droit de la nature et des gens (Yverdon, 1766-68) et enfin les Éléments du droit naturel, cités au texte (publiés en latin à Genève en 1754, en français à Paris en 1820, Janet et Cotelle).

56 Cf. op. cit., pp. 156-157.

57 En fait, la notion de rareté comme cause de la valeur était loin d'être

inconnue des économistes avant A.-A. Walras. On la trouve déjà chez les théologiens du Moyen-Age. (Dubois, Précis de l'histoire des doctrines économiques, t. 1er, pp. 90-91.) Elle sera reprise dans beaucoup d'écrits du XVIIIe siècle (Locke, Law, Le Trosne, Turgot) et développée. en particulier par Condillac (v. ci-après annexe Il) et surtout par les économistes italiens, dont notamment l'Abbé Antonio Genovesi (dans ses Lezioni di Economia civile, IIe partie, chap. 1er) et Galiani (dans ses : Della moncta libri cinque au livre ler, chap. II. Cf. collection des Scrittori classici itallani di economia politica. Parlemoderna. t. III, vol. I, p. 54 s.). Le passage le plus caractéristique de Galiani à cet égard a été traduit par M. A. Dubois dans la Revue d'économie politique, 1897, pp. 917-930, comme suite à son étude sur Les Théories psychologiques de la valeur au XVIIIe siècle. R. E. P., 1897, pp. 847-864 (sur la notion de rareté dans la théorie de la valeur de Galiani : pp. 855-857).

58 Cf. ci-dessus, chap. IV.

59 J.-B. Say est même allé plus loin encore que le mentionne A. Walras dans la reconnaissance de l'influence de la rareté sur la valeur. Témoin la note suivante, apposée par lui sous le chap. XXVII du Traité de Ricardo (Œuvres complètes, p. 230, note 1) : « La base de toute valeur est, non pas la quantité de travail nécessaire pour faire une marchandise, mais le besoin qu'on en a, balancé par sa rareté. Le travail, ou en général les frais de production, sont une difficulté à vaincre qui borne la quantité d'une marchandise qu'on peut apporter sur le marché, et c'est en ce sens qu'ils sont un des éléments de la valeur des choses. Mais quand cette rareté est volontaire, l'effet est le même. » Cf. aussi sa note sous chap. 1er (Œuvres complètes, p. 4).

60 Dans son étude de 1838 (Revue française et étrangère, p. 124). A. Walras signalera l'adhésion à sa thèse de Thomas Tooke et de Senior, « qui enseignent comme nous que la limite dans la quantité des choses utiles est une condition nécessaire de leur valeur d'échange ». En fait, le premier de ces deux auteurs avait insisté dès 1828, dans sa correspondance avec J.-B. Say, sur l'importance du facteur-rareté dans la détermination de la valeur (cf. sa lettre du 8 mars 1828. J.-B. Say : Œuvres diverses, p. 532 : « La condition essentielle (pour qu'une chose soit pourvue de valeur échangeable) est simplement que, se trouvant pourvue d'une valeur d'usage (d'utilité), elle soit limitée en quantité. » Pour le second, cf. sa Political Economy (1re édition, 1836, 5e édit. 1863, Londres, Griffin, pp. 7 et 11, où se trouve exposée l'influence prédominante de la « Limitation of supply »). L'ouvrage que connaissait A. Walras était les : Principes fondamentaux de l'Économie politique, tirés de leçons édites et inédites de N. W. Senior, par le Comte Jean Arrivabene, Paris, Aillaud, 1836 (cf. chap. II). Il en avait donné un long compte-rendu critique dans la Revue mensuelle d'économie politique, 1836, pp. 359-368.

61 Chap. XXX des Principes : « De l'influence que l'offre et la demande ont sur les prix. »

62 Garnier (Comte, puis Marquis Germain), né à Auxerre le 8 novembre 1754, mort à Paris le 4 octobre 1821, successivement procureur au Châtelet, secrétaire de Mme Adélaïde, ministre de la Justice in partibus. Membre du Conseil du département de Paris en 1791, émigra, puis revint en France en 1795; préfet de Seine-et-Oise en 1799, comte, puis sénateur de l'Empire, président du Sénat, pair de France en 1814, ministre d'État, puis membre du Conseil privé, connu surtout par ses traductions du William Caleb de Godwin et de la Richesse des nations d'Adam Smith (2. éditions, en 1802 et 1822). Il a laissé cependant une œuvre personnelle assez importante, dont un ouvrage sur La propriété dans ses rapports avec le droit politique (Paris, Clavelin, 1792), un Abrégé élémentaire des principes de l'économie politique (Paris, Agasse, 1796), destiné à l'éducation de la jeunesse et qui peut être considéré comme le premier manuel scolaire qui ait été composé en France, une Théorie des banques d'escompte (Paris, 1806) et une Histoire de la monnaie, depuis les temps de la plus haute antiquité jusqu'au règne de Charlemagne (Paris, Agasse, 2 vol., 1819).

Disciple des physiocrates à ses débuts, fortement imprégné de Cantillon, il subit néanmoins l'influence d'Adam Smith dont il s'efforça d'amalgamer les doctrines avec celles auxquelles il s'était rallié tout d'abord, pour S'en détacher progressivement par la suite. Il reste néanmoins toute sa vie « le représentant de l'économie politique des propriétaires fonciers » (cf. Allix, L'Oeuvre économique de Germain Garnier, traducteur d'Adam Smith et disciple de Cantillon. Revue d'histoire des doctrines économiques et sociales, 1912, pp. 317-342).

L'évolution de la pensée de Germain Garnier à l'égard des physiocrates se manifeste notamment dans les notes qu'il a ajoutées à sa traduction de la Richesse des nations. Celles qui avaient été jointes à la première édition (1802) se trouvaient imprégnées des théories physiocratiques (cf. en particulier une défense vigoureuse dans la note XXIX sur le Système des économistes, t. V, p. 284). On ne les retrouve plus (à quelques exceptions près) dans la seconde édition (1822) dont les notes, plus étendues que pour la première (puisqu'elles occupent deux volumes au lieu d'un) sont en général consacrées à la défense des idées de Smith contre les objections de Multhus, Ricardo et J.-B. Say. Les passages cités au texte par A.-A. Walras relèvent précisément de cette seconde édition et ont été empruntées à la note XIX dans laquelle le traducteur d'A. Smith s'étend longuement (pp. 285-339 du t. V) sur la distinction entre le prix naturel des marchandises et leur prix courant, sur le rapport entre l'offre et la demande, ainsi que sur la signification des termes : rareté et abondance.

63   En réalité, c'est l'inverse qu'il faut lire : La demande absolue, telle que l'envisage A. Walras, est toujours supérieure à l'offre absolue.

64   La distinction de Smith entre le prix naturel et le prix courant, admise par Ricardo (Principes, chap. IV) a été par contre critiquée par Malthus (Principes, chap. II, section III) et J.-B. Say (cf. notamment sa note sous le chap. IV, in fine, de Ricardo (Œuvres complètes, op. cit., p. 58. C'est cette note que cite Germain Garnier et que reprend A. Walras).

65   Il semble que Ricardo se soit tout de même rallié à la distinction d'Adam Smith et-que, négligeant les déviations « accidentelles et passagères » de la valeur échangeable des choses, il se soit uniquement préoccupé de leur prix naturel. (Cf. Principes, chap. IV, in fine.)

66   L'auteur se proposait de donner suite à ce projet dans un ouvrage complémentaire de celui-ci et qu'il avait l'intention d'intituler : « De la valeur et du prix vénal, du numéraire et de la monnaie. » Cet ouvrage ne fut malheureusement jamais publié. Il n'en est resté qu'un certain nombre de fragments manuscrits contenant en particulier une distinction entre la valeur absolue, dérivée de la rareté absolue, « rapport entre la somme totale des besoins d'une certaine espèce et la somme totale des utilités limitées corrélative à ce besoin », et la valeur relative (ou prix vénal, lorsqu'exprimé par rapport à la monnaie), dérivée de la rareté relative, « rapport entre le nombre des hommes qui veulent acheter et le nombre des utilités rares qui sont à vendre ».

67   Cf. notamment les pages 300 à 311 du tome V de la Richesse des nations, édition de 1822 (note XIX). L'argumentation de l'auteur nous parait résumée par le passage suivant (p. 507) : « Ces exemples suffisent pour indiquer tous les cas clans lesquels la rareté ou l'abondance causent un dérangement dans le prix naturel des productions ou marchandises dont il est au pouvoir de l'industrie humaine d'augmenter ou de restreindre la quantité mise au marché, et pour apprécier les effets de ces causes subites et imprévues. On voit que ces effets dépendent toujours d'une disposition morale dans les vendeurs et dans les acheteurs qui détermine les premiers à se désister d'une partie du prix naturel sur lequel ils ont calculé en travaillant à produire, ou les autorise à exiger plus que ce prix naturel ; laquelle, d'un autre côté, décide les acheteurs à sacrifier une portion de leur argent plutôt que de renoncer à un besoin, un goût, une convenance auxquels ils sont assujettis d'une manière plus ou moins impérieuse. »

68   Cf. la Revue française et étrangère de législation, op. cit., p. 122 Ainsi, pour nous, l'abondance n'est qu'une moindre rareté, et la rareté n'est qu'une

moindre abondance. Le véritable opposé de la rareté, pour nous, c'est la surabondance. »

69 Note XIX précitée.

70 Cf. Revue française et étrangère, p. 121 : « Dans le sens que nous donnons au mot rareté, en économie politique, nous ne séparons jamais le nombre des besoins du nombre des biens limités qui leur sont corrélatifs, et il nous suffit que les besoins l'emportent sur la somme des biens pour qu'il y ait rareté. »

71 Passage à rapprocher du suivant, tiré de la Réfutation de la doctrine de Hobbes sur le droit naturel de l'individu (Évreux, Ancelle, 1835, p. 53 : « La moi-ide est régi par les nombres, a dit Platon. Qu'on le sache ou qu'on l'ignore, notre position ici-bas, c'est la pluralité. Par où l'on voit que les théories sociales touchent aux théories arithmétiques. La science du droit n'est pas seulement une science morale, c'est encore une science mathématique. Il y a de la géométrie dans le droit naturel, il y a du nombre dans la politique. »

72 Aussi l'auteur accueillera-t-il avec faveur - du moins quant à la méthode - les Recherches de Cournot sur les Principes mathématiques de la théorie des richesses, parus en 1838 (dans une notice inédite que nous nous excusons de ne pouvoir reproduire ici). Il encouragera de même -quoique avec certaines réserves (voir ci-après) les premières tentatives de son fils en vue d'élaborer une économie mathématique. Cf. Lettre du 18 mai 1861 (Révolution de 1848, 1913-14, p. 148) : « J'ai essayé, dans une théorie de la richesse, de distinguer très nettement l'utilité de la valeur échangeable. Je crois y avoir réussi. J'ai insisté sur ce point de vue que la valeur est une grandeur appréciable, comme la longueur, comme la pesanteur, comme la vitesse. Je n'ai donc pas repoussé les mathématiques du domaine de la richesse sociale. Au contraire, j'ai fait un appel sincère et motivé à leur intervention. »

73 A. Walras apportera donc de nombreuses réserves à l'emploi des mathématiques en économie politique. Plaçant la base des investigations scientifiques dans l'observation des faits, il se différencie donc de l'école mathématique (cf. Pirou, op. cit., p. 60) et soulignera plus tard que l'obstacle fondamental qui « s'oppose à ce que les mathématiques s'emparent de l'économie politique, comme elles l'ont fait de la mécanique, de la physique, de l'acoustique et de l'optique », réside dans l'impossibilité de déterminer une unité de mesure de l'utilité, une unité besogneuse. Lettre précitée du 18 mai 1861. Cf. notamment le passage suivant (p. 148) : « Les mathématiques, quelle que soit leur importance, ne sont pas la science maîtresse. La reine des sciences, à mon point de vue, c'est la métaphysique. Avant d'être chair ou poisson, avant d'être chaud ou froid, long ou large, avant d'être un ou deux, il faut être. Par conséquent, dans toutes mes études, je me suis constamment préoccupé du point de vue métaphysique. C'est ainsi que j'ai procédé en

philosophie, en morale, en économie politique. »

74 Cf. sa Théorie de la richesse sociale, chap. II et III.

75 Cette distinction a été reprise et utilisée par Léon Walras pour l'élaboration d'une théorie monétaire. Cf. Études d'économie politique appliquée, Édition définitive par les soins de G. Leduc. Paris, Librairie Générale de Droit, 1936, p. 93.

A. Walras a consacré de plus amples développements à l'étude de la théorie du numéraire, c'est-à-dire de la fonction d'évaluation des valeurs de l'argent, envisagée comme essentiellement distincte de sa fonction d'intermédiaire de l'échange, dans ses : Considérations sur la mesure de la valeur et sur la fonction des métaux précieux dans l'appréciation de la richesse sociale (Revue mensuelle d'économie politique, 1836, pp. 243-274 et 312-341). Il s'y révèle un adepte convaincu de la théorie de la monnaie-marchandise et un partisan irréductible de l'emploi monétaire des métaux précieux.

76 V. notamment Le Traité de J.-B. Say, livre 11, chap. XI, § 1.

77 V. Théorie de la richesse sociale, chap. VI

78 Cf. le Dictionnaire analytique d'économie politique de Ganilh. Préface, p. 2.

79 En fait il est cependant fort possible qu'une diminution de l'offre n'exerce aucune répercussion directe sur la demande et que cette dernière demeure stationnaire. A Walras a certainement commis là une erreur pour avoir voulu trop prouver.

ISBN : 978-1502704641

Auguste Walras

www.ingramcontent.com/pod-product-compliance
Lightning Source LLC
Chambersburg PA
CBHW070352290526
45790CB00004B/1458